# 常州文博论丛

## 2020年（总第6辑）

常州博物馆 编

文物出版社

**图书在版编目（CIP）数据**

常州文博论丛. 2020 : 总第 6 辑 / 常州博物馆编.
— 北京 : 文物出版社，2020.12
　ISBN 978-7-5010-6887-6

　Ⅰ．①常… Ⅱ．①常… Ⅲ．①文物工作－常州－文集
②博物馆－工作－常州－文集 Ⅳ．①K872.533.04-53
②G269.275.33-53

　中国版本图书馆 CIP 数据核字(2020)第 225637 号

# 常州文博论丛

### 2020 年（总第 6 辑）

常州博物馆 编

责任编辑：张小舟
责任印制：张　丽
书名题签：谢稚柳
封面设计：程星涛

出版发行：文物出版社
社　　址：北京市东直门内北小街 2 号楼
邮　　编：100007
网　　址：http://www.wenwu.com
邮　　箱：web@wenwu.com
经　　销：新华书店
印　　刷：常州报业传媒印务有限公司
开　　本：889mm×1194mm　1/16
印　　张：9.125
版　　次：2020 年 12 月第 1 版
印　　次：2020 年 12 月第 1 次印刷
书　　号：ISBN 978-7-5010-6887-6
定　　价：68.00 元

# 目　录

# 我国药学类博物馆研究现状与发展展望

◇ 杨　瑾

**内容提要**：在国家文物局发布的最新全国博物馆名录中，药学类博物馆数量、种类和区域分布等方面增幅明显，而关于药学类博物馆的研究则反映出博物馆学研究的共性与专业或行业类博物馆的独特个性。相对于其他类别的博物馆，药学类博物馆的研究存在问题意识不强、质量不高、方法论不够前沿等现象。因此，药学类博物馆的发展需要进一步明确定位，实现融合式发展、内涵式发展、前瞻性发展，向基层倾斜，加快数字化建设，探索特色化发展之道。

**关键词**：药学类博物馆　研究　发展

目前我国已有大量的药学类博物馆(纪念馆)，包括医史博物馆、医药博物馆、医学博物馆、医疗博物馆等，因管理机制体制所限，在国家文物局登记备案的仅有(表一)65家，包括42个医药类博物馆，11个人物类纪念馆，3个医学类博物馆，3个医史类博物馆，4个口腔博物馆，美容与健康类博物馆各1个。其中46个国有博物馆(文物类和行业类)，19个非国有博物馆。除了国家文物局登记备案之外，这类博物馆为数不少(表二)，但目前还没有具体数字。笔者基于现有数据，尝试对药学类博物馆的研究现状进行总结回顾，并对其未来发展予以展望。

**一、研究现状**

目前能检索到的关于药学类博物馆的研究包括综合类、专题类和其他类。

(一)综合研究

1.国外药学类博物馆

《中华医学信息导报》从2010年第2期新增"世界医学博物馆巡览"专栏，介绍美国乔治亚州杰弗逊市克劳福德医学博物馆[①]、匈牙利塞麦尔威斯医学博物馆[②]。王晓民、徐新平等介绍了美国武装部队病理学研究所下属的国家卫生与医学博物馆(National Museum of Health and Medicine，建于1862年)，为法医学、人类学、病理学和军事医学提供了丰富的研究资料[③]。王晓民、王德文介绍了美国、俄罗斯、德国、日本等国的军事医学博物馆[④]。甄橙介绍了维尔康姆医学史博物馆、南丁格尔博物馆、弗莱明实验室博物馆、真纳故居博物馆[⑤]。

2.中国药学类博物馆

傅维康将中国医史博物馆事业发展分为首创时期(1937–1949)、发展时期(1950–1965)、停滞时期(1966–1976)、复兴时期(1977–1996)四个阶段，并简述了每个阶段的发展情况[⑥]。海春生呼吁加强现代化蒙医博物馆的建设[⑦]。陈海峰强调利用新中国医药卫生事业历史性实物材料创建有中国特色的药卫生博物馆[8]。舞阳也不断提议建立国家级中国医药文化博物馆[9]。夏青珞认为医学图书馆与医学博物馆应综合成为医学知识中心[10]。王晓民、彭瑞云认为国内唯一的军事医学博物馆中国战伤博物馆利用特种武器、常规武器、高新技术武器,以及军事环境和军事作业对人体和生物损伤的病理标本、实物和文件档案等藏品,进行军事医学教学和培训、公共卫生知识普及[11]。吴敏分析了国内医学博物馆建设和发展中存在的问题,提出了促进医学博物馆规范建设、健康发展的建议[12]。刘刚、张家梁分别讨论了中医药博物馆和高校医学博物馆应重点突出馆藏标本的设计、制作与陈列的科学内涵以及文化建设视觉效果,强化科学管理[13]。金承革、姜华东讨论了人体医学专业博物馆的建设[14]。李应强提出同仁堂博物馆传承中医药文化的重要作用[15]。李建华、和中浚、李沁蓉探讨了高校医学博物馆建设过程中的机遇与挑战[16]。杨科对山东大学附属的广智院医学博物馆在保护、收集、整理、展示医学遗产等方面的研究具有重要意义[17]。姜勇、李甘地讨论华西临床学院病理学博物馆的建设对于中国医学起着很大促进作用[18]。贺霆认为少数民族医药博物馆中医西传分馆模式对于西传针灸等技术保护传承利用起着极大的促进作用[19]。张进川对正骨博物馆建设提出构想[20]。

**(二)专题研究**

**1.藏品研究**

唐思玥认为青海藏医药文物博物馆馆藏的团窠联珠孔雀含绶锦与唐朝初期的波斯、粟特织锦在纹饰、编织工艺等方面极为相似,更接近于粟特锦[21]。程立新、额尔德木图等分析了内蒙古蒙医药博物馆《馆藏古籍文献图解》所辑录内容的文献特征,重点评介了蒙医药、阿俞吠陀医学及藏医学文献著作39部及其在中国民族医药领域中的地位和竞争优势[22]。廖果简介了中国医史博物馆展陈的医药卫生文物的特点与价值[23]。林沁臻对广州中医药大学医史博物馆藏道家练功图进行研究[24]。

**2.陈列展示**

王妮、宋珍民充分肯定了张厚墉先生1978年

主持建设陕西中医学院医史博物馆时提出的中国医学史博物馆的陈列体系,即以中国医学通史陈列为主,结合中国医学专题陈列,以背版展示为主,辅以文物展出的陈列思想。他将该馆功能定位为中国医学史研究中心、高等中医药院校第二课堂、爱国主义教育和中华民族传统文化教育阵地、学术交流和对外开放平台。为弘扬陕西厚重的历史文化、陕甘宁边区的红色医学传统、秦岭的自然特色优势发挥着重要作用,形成了陕西中医学院医学史博物馆的鲜明特色[25]。郭领以北京中医药大学医药博物馆为例,讨论博物馆展示中国传统医药类文化遗产的保护传承与利用[26]。上述研究指出,药学类展览设计普遍存在说教式、专业知识枯燥、互动性和体验感不强等问题。

**3.教育功能**

任庭苏认为上海中医药大学医史博物馆在中国医学史课程教学中具有重要作用,观众通过触摸式教育模,增强医史知识,接受爱国主义教育[27]。张书河、蓝韶清认为中医药博物馆具有开展中医药科学知识教育、中医药文化教育、爱国主义教育、素质教育等功能;教育方式包括动手操作、讲座、培训、知识竞赛、科普剧、实地考察、夏(冬)令营、健康咨询、健康体验、互动教学、送展等[28]。李晓路、侯晓冲、贺建军等收藏和展出口腔器械、教具、书籍等实物4500余套件,为口腔医学发展史的研究提供了丰富的资料,为口腔医学的传承、教育和发展起到了积极的推动作用[29]。孔春芹以云南省中医药民族医药博物馆为例探讨中医药博物馆在高校教学、科研、科普教育、素质教育与对外交流等方面的重要作用[30]。林奇也谈到中医药博物馆有助于学生素质教育[31]。阿古拉认为蒙医药博物馆既面向学校师生,服务于教学与科研,也向社会大众展示蒙医药博大精深,普及蒙医药知识[32]。蓝韶清等认为中医药博物馆对提高素质教育颇为重要[33]。罗月琴以上海中医药博物馆为例,阐述多元化陈列展示形式、丰富多彩的主题活动、科研与科普并重、联合宣教等措施,以及跳出教育"内循环"、融入社会"大循环"的方法有助于提升高校博物馆在终身教育体系中的重要作用[34]。马丹、崔无骄探究中医药博物馆在

大学生专业教育、素质教育、科学研究和科普教育以及对外文化交流等方面的作用[35]。张颖、张燕堂认为应明确医学影像博物馆的教育功能地位,加强医学影像博物馆建设,实施医学影像博物馆教育与大学生科技创新教育相融合,充分发挥医学影像博物馆教育功能,实施医学影像博物馆教育与大学生科技创新教育相融合[36]。曾新华、肖呈生从赣南医学院红色卫生史博物馆育人实践中总结出主题鲜明的陈列展示和文化育人的教育体系是高校医药类博物馆发挥功能的重要手段[37]。张永慧提到中医药科普剧的发展问题[38]。

**4.其他**

**(1)数字化**

陈普、孔春芹认为应采用博物馆数字化方式保护传承云南民族医药文化[39]。马长春、王万军认为数字化对于高校医史博物馆建设非常重要[40]。

**(2)文创产品**

李洋探讨了北京御生堂中医药博物馆运用图形设计的方式传播中国中医药文化[41]。达宜羽分析了青海藏医药文化博物馆文化创意产品设计的民族特色与意义[42]。子萱以伦敦韦尔科姆医疗博物馆为例,讨论多媒体与当代艺术装置对医疗生物科技的巧妙呈现,为科学、历史、人文、艺术建立联系[43]。

**(3)财务**

讨论较少,只有常茂松讨论了医药博物馆的财政支出绩效审计问题[44]。

以上综合研究和专题性研究涉及药学类博物馆的藏品、陈列展示、社会教育、数字化、文创及财务等重要领域,但从学术研究角度予以审视的话,主要存在三方面问题:一是不少文章仅仅是个案讨论或专题工作总结,深度不够,探讨的问题也缺乏大视野大格局的理论总结与提升。二是研究主题存在碎片化现象,反映出不少博物馆缺乏科研的总体规划与宏观指导,而且个案研究缺乏与其他类似机构的关联性。三是研究方法存在明显的碎片化和同质化现象,缺乏相关领域的规范性、前沿性研究范式。当然,在目前我国博物馆学大的研究环境下,这些问题也带有一定的普遍性,笔者认为,药学类博物馆的研究应在国内外博物馆学前沿基础上构建

起具有药学特征的研究范式,推出一批具有创新性研究成果,夯实药学类博物馆的学术基础,提升整个行业博物馆服务社会的意识和能力。

**二、发展现状**

上述研究显示的药学类博物馆发展的现状,归纳如下:

**(一)种类丰富多样**

内容包括医史类、医学类、医疗类、人物类,有文物类、行业类和非国有类,融合了医学(中西医)、医药(回、藏、蒙、苗等)、名医(扁鹊、张仲景、华佗、孙思邈、李时珍、葛洪等)和医史等。有综合类,也有专题类,还有更细的学科分类,如口腔博物馆、眼科博物馆、身心健康医学博物馆等。医药类博物馆包括一些老字号,如陈李济中药博物馆、同仁堂、道一堂、御生堂,民间医药,如中国民间医药博物馆。相关主题如上海民国医药文献博物馆、医药文化博物馆、珠海横琴中医药科技创意博物馆。

**(二)文物精品荟萃**

较为完整地反映了我国医药医学的动态发展过程,其中不乏文物珍品,如上海中医药博物馆1.4万件藏品,北京中医学院晋朝青瓷洗眼杯等数百件文物,成都中医药大学医史博物馆西汉铜药臼、明代石碑拓片、清代松树葡萄纹铜香薰等,宁夏医科大学展品中有不少宋金以来文物古籍。

**(三)专业特征鲜明**

从类型看,在文物部门登记注册的医史类博物馆仅3家,中医药类博物馆41家,人物类纪念馆(博物馆)11家。从归口管理看,在文物部门登记注册的也多为中医药类,医科大学(医学院)附属的博物馆仅有9家,包括中医药、中西医结合、医疗技术及专门学科等,似乎显示出博物馆与药学类高校的密切关系。据不完全统计,我国医药类大学83所,医药类独立学院22家,大多为教学与科研目的而建博物馆,展陈形式和教育也服务于这一功能,更多地强调"物"的作用。有的叙"史",有的"记"事,有的忆"人",有的展"技",皆强调专业应用价值,特别是军事医学博物馆。

**(四)结构和分布失衡**

除了人物类纪念馆外,集中分布于大中城市,

县乡镇较少。从管理体制来看,很多博物馆并未纳入文物部门认证与评估体系,各自归属于行业系统,属性叠合,如既属于高校博物馆,也属于药学类或科技类博物馆。由此存在研究不足等问题,如成果数量相对较少,质量大多不高,影响力不高,缺乏综合性的理论研究。对主流博物馆研究较多,而对非主流(赤脚医生、民间医药)博物馆关注较少。

### 三、发展设想

药学类博物馆对于征集、保护、传承、弘扬药学文化的作用不言而喻,后疫情时代不仅要加强社会传播,而且还要有针对性进行一些新馆建设。无论哪种形式,全球化和信息化时代的药学类博物馆都需要重新定位,重塑边界,树立融合式、内涵式发展理念,增强前瞻性、特色性、差异性发展能力,充分发挥药学类博物馆的公共服务功能和专业建设能力。

#### (一)明确定位

药学类博物馆在类型上具有复合性特征,由此带来属性边界、定位与角色的模糊性以及与之配套的展陈和教育等运作模式。首先,按照博物馆"分类层阶"模式(图一)和"网络节点"分类模式(图二),参照"博物馆业务知识框架+观众认知模式"复合标准[⑤],从顶层指标审视博物馆业务的知识框架以及博物馆使命所申明的博物馆典藏性质确定博物馆的基本类型。其次,根据博物馆类型子指标,如子学科、博物馆藏品特质、区位、观众等,明确博物馆及目标服务人群特点,采取分类层阶模式,确定博物馆子类型。第三,制定发展规划并调整治理机构。

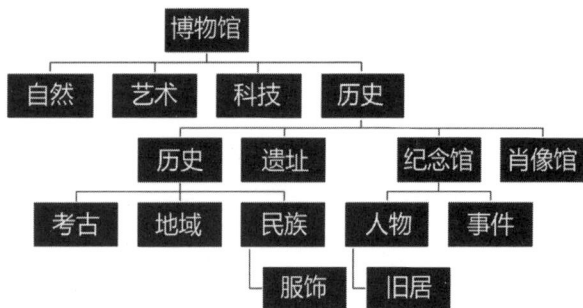

图一　分类层阶示意图
(图片引自宋向光:《博物馆类型研究的意义与启迪》,《中国博物馆》2019年第2期,第32页,图1)

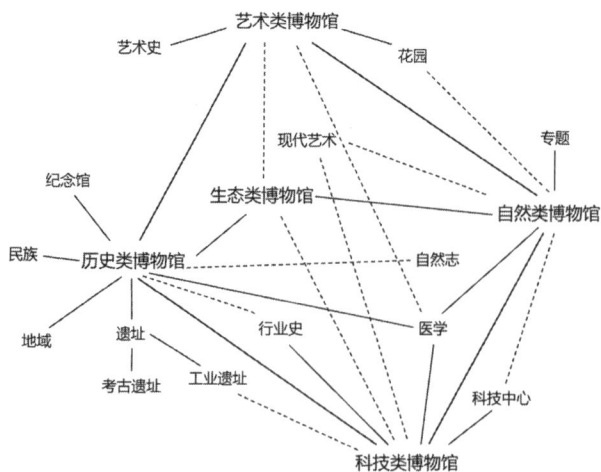

图二　博物馆网络节点模式中的药学类博物馆
(实线示意类型间的显性关系,虚线示意隐性联系,图片引自宋向光:《博物馆类型研究的意义与启迪》,《中国博物馆》2019年第2期,第32页,图2)

#### (二)融合式发展

药学类博物馆之间及其与其他类别博物馆的网络化协同发展。鼓励社会参与,争取更多资源,特别是媒体优势和数字化基础设施,构建线上线下的现代博物馆运作模式,传承发展中华优秀传统文化。专业性与公共性、学术性与教育性、特色性与全球性、艺术与医学的结合。

#### (三)内涵式发展

加强藏品的征集、科技修复与保护、展示与传播,特别是遵照《关于实施革命文物保护利用工程(2018-2022)的意见》,加大对革命类医学医药遗产的保护传承利用。加强与文物管理部门及已定级博物馆的交流,参照国家文物局博物馆运行评估标准来规划、指导博物馆业务运行工作,将专业优势和行业特色相结合,提高博物馆专业化发展水平。

#### (四)前瞻性发展

加强瘟疫、流行病等普及与宣传,增强风险意识,建立公共卫生预防与应对机制,提高感知和抗击风险的能力。加强突发性公共卫生事件的预研究,加强与科研机构的合作,提供全民的公共卫生素养和个人防护能力。通过藏品打造线上线下融媒体传播体系,发挥博物馆的独特作用。以北京军事医学科学院附属的中国人民解放军军事医学病理博物馆暨中国战伤博物馆为例,该馆2006年由全军军事医学病理标本陈列馆(1993年建成)扩建而成,定位和功能上有了极大提升,在四个以军事为主题的展厅之外专门开辟公共卫生疾病控制展厅,将公共卫生与军事医学相结合,强调疾病预防知识和机制的重要性。目前已有网上虚拟中国人民解放军军事医学(病理)博物馆(www.plammmp.com)。

**(五)扶持基层**

如前文所述,药学类博物馆大多分布于大中城市,而广大的地县基层地区则较少,结合美丽乡村建设和乡村(社区)博物馆运动,征集一批乡村药学类物质与非物质文化遗产,特别是近现代和革命类,适当建设一些基层医类博物馆,为更广大的人民群众普及医疗卫生知识。我国的赤脚医生博物馆非常少,仅见徐州医科大学赤脚医生博物馆,有必要予以加强。

**(六)特色发展**

加强公共卫生、防疫类博物馆建设,国家文物局号召各地博物馆征集抗疫主题的藏品,举办主题展览,组织教育活动,也有专家呼吁建立中国抗疫博物馆[46]。公共卫生体系建设、网上展览和教育传播活动、文创产品及研究项目等将成为常态化发展业态。药学类博物馆亦不例外。普及加强与大众的联系,瘟疫、病毒、疾病等专题性博物馆。1998年北京29位科学家联名上书国务院,建议将哈尔滨"东三省防疫事务总管理处旧址(1912-1931)"建成"鼠疫博物馆"[47]。

**(七)加快数字化进程**

在各馆藏品数字化和虚拟化基础上,提高全国性或区域性藏品信息数据库的增容或超级链接能力与开放共享,将是药学类博物馆发展的重要方向和目标。此外,也要加强与非医类博物馆藏品中的医药、医疗器械、医学典籍等开展横向联合,特别是建立线上关联性,不断提高药学类博物馆服务社会的能力。

总之,药学博物馆由于其收集保管内容的专业性,在医学文化的传播上具备独特意义,同时在自身发展的过程中,更是面临着文博、医学、科技、文化的多种专业问题,要不断顺应时代的发展变化而创新,结合多种学科知识开展工作。

**注释:**

①程明伟:《世界医学博物馆巡览(二)克劳福德医学博物馆》,《中华医学信息导报》2010年第4期,第21页。

②张大庆:《世界医学博物馆巡览——匈牙利塞麦尔威斯医学博物馆》,《中华医学信息导报》2010年第2期,第22页。

③王晓民、徐新平、苏玲等:《美国国家卫生与医学博物馆的发展启示》,《中华医史杂志》2008年第1期,第36-38页。

④王晓民、王德文:《各国军事医学博物馆介绍》,《解放军医学情报》1995年第1期,第38-39页。

⑤甄橙:《英国医学博物馆考察记》,《中华医史杂志》2006年第2期,第119-123页。

⑥傅维康:《60年来的中国医学史博物馆》,《中华医史杂志》1996年第4期,第225-230页;王晓民:《中国军事医学博物馆发展回顾》,《中华医史杂志》2012年第2期,第112-114页。

⑦海春生:《关于传承蒙医药文化成立蒙医药博物馆的必要性》,《中国民族医药杂志》2017年第9期,第71-72页。

⑧陈海峰:《创建中国特色医药卫生事业博物馆的建议——抢救和利用新中国医药卫生事业历史性实物资料刻不容缓》,《中国农村卫生事业管理》2013年第8期,第841-842页。

⑨舞阳:《再次提案:建立国家级中国医药文化博物馆》,《光明中医》2008年第4期,第455页。

⑩夏青珞:《医学知识中心——医学图书馆和医学博物馆综合设置设想》,《图书馆杂志》1985年第1期,第14-16页。

⑪王晓民、彭瑞云:《中国战伤博物馆的建设与意义》,《中华医史杂志》2010年第2期,第93-96页。

⑫吴敏:《医学博物馆建设与发展的思考》,《江苏卫生事业管理》2012年第5期,第56-57页。

⑬李刚、李晓娟等:《加强中医药博物馆建设,提高职业教育办学水平》,《中国卫生产业》,2014年第36期,第54-56页;张家梁、邓爱民:《高校医学博物馆建设的探索与设想》,《黑龙江科技信息》2012年第18期,第214页。

⑭金承革、姜华东:《浅谈人体医学专业博物馆的建设和开放》,《科技创新与应用》2015年第18期,第62

页。

⑮李应强：《传承医药文化，皆为同修仁德——同仁堂博物馆与中医药文化遗产》，《紫禁城》2008年第1期，第188—197页。

⑯李建华：《高校医学博物馆建设和发展的探索》，《河南科技》2013年第20期，第242—243页；和中浚：《中医高校博物馆及中医药博物馆建设的喜与忧》，《成都中医药大学学报》(教育科学版)2010年第1期，第49—50页；李沁蓉：《医学博物馆的建设意义和发展探讨》，《兰台世界》2015年第S2期，第48—49页。

⑰杨科：《百年名院建设医学博物馆的探索与思考——以广智院为例》，《中国医学人文》2019年第9期，第50—52页。

⑱姜勇、李甘地等：《华西临床医学院病理学博物馆的建设及作用》，《医学教育探索》2010年第10期，第1300—1302页。

⑲贺霆：《我国人类学民族学博物馆的视野亟需扩展——云南省中医药暨少数民族医药博物馆中医西传分馆的启示》，《民族论坛》2012年第4期，第106—109页。

⑳张进川、白颖等：《树大科普观，扬正骨医术——关于建立正骨博物馆的构想》，《中医药管理杂志》2008年第12期，第908—909页。

㉑唐思琴：《关于青海藏医药文物博物馆馆藏织锦的探讨》，《文物鉴定与鉴赏》2019年第18期，第27—29页。

㉒程立新、额尔德木图等：《透视蒙医药：以古籍抒写历史——解读内蒙古蒙医药博物馆〈馆藏古籍文献图解〉》，《内蒙古医学院学报》2012年第3期，第239—246页。

㉓廖果：《中国历代医药卫生文物特点述要——以中国医史博物馆文物展陈为背景》，《中华医学会会议论文集》，2008年。

㉔林沁臻：《广州中医药大学医史博物馆藏道家练功图研究》，广州中医药大学硕士学位论文，2005年。

㉕王妮，宋珍民：《张厚墉先生关于中国医学史博物馆陈列思想研究》，《陕西中医学院学报》2015年第2期，第78—81页。

㉖郭颌：《传统医药类文化遗产的博物馆展示研究——以北京中医药大学中医药博物馆为例》，中央民族大学硕士学位论文，2015年。

㉗任庭苏：《谈医史博物馆与中医教育》，《中医教育》1998年第3期，第35—36页。

㉘张书河、蓝韶清：《浅析中医药博物馆的教育功能》，《河南中医》2014年第1期，第17—19页。

㉙李晓路、侯晓冲、贺建军等：《第四军医大学口腔医学博物馆在教学中的应用》，《实用口腔医学杂志》2012年第4期，第532—534页。

㉚孔春芹：《中医药博物馆在医学生素质教育中的价值及其应用——以云南省中医药民族医药博物馆为例》，《中国民族民间医药》2018年第15期，第133—134页；孔春芹：《浅析云南省中医药民族医药博物馆功能》，《中国民族民间医药》2018年第16期，第129—130页。

㉛林琪：《浅议中医药博物馆在大学生素质教育中的作用》，《山西中医》2011年第7期，第57—58页；王蕊芳：《医史教育博物馆应成为大学生素质教育基地》，《辽宁中医学院学报》2004年第3期，第257页。

㉜阿古拉：《谈蒙医药博物馆在教学与对外交流中的作用》，《中国民族医药杂志》2009年第4期，第69—70页。

㉝蓝韶清、郑洪、张书河：《中医药博物馆与素质教育》，《博物馆研究》2007年第4期，第19—21页。

㉞罗月琴：《浅议高校中医药博物馆的终身教育作用》，《中医文献杂志》2017年第1页，第58—61页；吴月琴、吴鸿洲：《浅论中医药博物馆的定位与建设》，《中医文献杂志》2016年第1期，第56—57页。

㉟马丹、崔无骄：《基于中医药博物馆功能的现代教育发展模式探究——以吉林省中医药博物馆为例》，《中国中医药现代远程教育》2015年第23期，第1—3页。

㊱张颖、张燕堂：《医学影像博物馆教育与大学生科技创新教育相融合的实践探索》，《科教导刊》2016年第12期，第30—32页。

㊲曾新华、肖呈生：《高校博物馆文化育人的探索与实践——以赣南医学院红色卫生史博物馆为例》，《赣南医学院学报》2019年第7期，第744—747页。

㊳张永慧：《中医药科普剧的发展探析——以广东中医药博物馆为例》，《科教文汇》(上旬刊)2019年第11

期,第 105-107 页。

㊴陈普、孔春芹:《浅析博物馆数字化与云南民族医药文化保护传承之关系》,《中国民族医药杂志》2011 年第 11 页,第 52-54 页。

㊵马长春、王万军:《试谈高校医史博物馆的数字化建设》,《长春中医学院学报》2004 年第 3 期,第 44-45 页。

㊶李洋:《北京御生堂中医药博物馆文创产品设计研究》,北京印刷学院硕士学位论文,2018 年。

㊷达宜羽:《民族文化创意产品的设计与研究——以青海藏医药文化博物馆文化创意产品设计为例》,西北民族大学硕士学位论文,2016 年。

㊸子萱:《艺术激活医学博物馆》,《中国文化报》2012 年 11 月 10 日,第 4 版。

㊹常茂松:《财政支出绩效审计:以 A 医药博物馆为例》,《财会通讯》2012 年第 10 期,第 87-88 页。

㊺宋向光:《博物馆类型研究的意义与启迪》,《中国博物馆》2019 年第 2 期,第 29-33 页。

㊻陈履生:《世界上有许多医学博物馆》,《环球时报》2020 年 2 月 14 日,第 9 版。

㊼李玫:《鼠疫博物馆的警示——1910 年~1911 年伍连德博士扑灭哈尔滨瘟疫纪实》,《黑龙江史志》1998 年第 6 期,第 35-36 页。

(作者单位:陕西师范大学历史文化学院)

表一　国家文物局登记备案的全国药学类博物馆一览表

| 序号 | 名称 | 地理位置 | 性质 | 等级 | 备注 |
|---|---|---|---|---|---|
| 1 | 北京御生堂中医药博物馆 | 昌平区北七家镇王府街 1 号王府公寓 2—35 | 非国有 | 无级别 | |
| 2 | 北京中医药大学中医药博物馆 | | 行业 | 无级别 | |
| 3 | 西安市临潼区扁鹊纪念馆 | 临潼区代王街道办陈东村 | 文物 | | 免费开放 |
| 4 | 空军军医大学口腔医学博物馆 | 西安市长乐西路 145 号空军军医大学第三附属医院北院 | 行业 | | 免费开放 |
| 5 | 西安海棠职业学院中医美容博物馆 | 西安西安市水安路 30 号 | 非国有 | | 免费开放 |
| 6 | 西安健康博物馆 | 西安市西影路 178 号 | 非国有 | | 免费开放 |
| 7 | 西安市吉兆春皮肤医药博物馆 | 西安市高陵区中小企业聚集园 C-4 五楼 | 非国有 | | 免费开放 |
| 8 | 陕西医史博物馆 | 咸阳市世纪大道中段陕西中医学院校园内 | 行业 | | 免费开放 |
| 9 | 药王山博物馆 | 铜川市耀州区药王山景区 | 文物 | | |
| 10 | 孙思邈纪念馆 | 铜川市耀州区药王山景区 | 文物 | | 免费开放 |
| 11 | 哈尔滨圣安口腔博物馆 | 哈尔滨市道外区靖宇十四道街 | 非国有 | 无级别 | |
| 12 | 黑龙江中医药博物馆 | | 行业 | 无级别 | |
| 13 | 吉林省中医药博物馆 | 长春市朝阳区西安大路 9 号 | 行业 | 无级别 | |
| 14 | 辽宁中医药大学博物馆 | | 行业 | 无级别 | |
| 15 | 宁夏回医药文化博物馆 | 银川兴庆区胜利街 1160 号 | 行业 | 无级别 | |
| 16 | 禹州中医药文化博物馆 | 禹州文卫路中段 15 号 | 文物 | 无级别 | |
| 17 | 张仲景纪念馆 | | | | |
| 18 | 新疆维吾尔医药博物馆 | 和田市北京西路 370 号 | 行业 | 无级别 | |
| 19 | 广东中医药博物馆 | 广州市 | 行业 | 二级 | |
| 20 | 广州神农草堂中医药博物馆 | 广州市 | 非国有 | 无级别 | |
| 21 | 中山大学医学博物馆 | 广州市 | 行业 | 无级别 | |
| 22 | 太安堂中医药博物馆 | 汕头市 | 非国有 | 无级别 | |
| 23 | 陈李济中药博物馆 | | 行业 | 无级别 | |
| 24 | 成都中医药大学博物馆 | | 行业 | 无级别 | |
| 25 | 华西口腔医学博物馆 | | 行业 | 无级别 | |
| 26 | 成都中药博物馆 | | 非国有 | 无级别 | |
| 27 | 西南医科大学附属中医医院中医药文化博物馆 | | 行业 | 无级别 | |
| 28 | 李时珍纪念馆 | 黄冈市蕲春县蕲州镇时珍路 168 号 | 文物 | 三级 | |
| 29 | 武汉道一堂中医药博物馆 | 武昌区民主路鸿翔巷 1 号 | 非国有 | 无级别 | |
| 30 | 武汉白求恩纪念馆 | 武汉市汉阳区显正街 122 号 | 行业 | 无级别 | |
| 31 | 华佗中医药文化博物馆 | 谯城区永安街 13 号 | 文物 | 无级别 | |
| 32 | 华佗纪念馆 | 亳州市谯城区永安街 12 号华祖庵内 | 文物 | 无级别 | |
| 33 | 苏州中医药博物馆 | 苏州市姑苏区景德路 314 号 | 行业 | 无级别 | |

（续上表）

| 序号 | 名称 | 地理位置 | 性质 | 等级 | 备注 |
|------|------|----------|------|------|------|
| 34 | 江苏医药博物馆 | 南京市江宁区龙眠大道 639 号 | 行业 | 无级别 | |
| 35 | 江苏药学博物馆 | | 行业 | 无级别 | |
| 36 | 南通中医药文化博物馆 | | 非国有 | 无级别 | |
| 37 | 上海中医药博物馆 | 上海市蔡伦路 1200 号 | 行业 | 无级别 | |
| 38 | 上海童涵春堂中药博物馆 | | | | |
| 39 | 龙潭抗日野战医院旧址陈列馆 | 溆浦县黄茅园镇万寿村 | 非国有 | 无级别 | |
| 40 | 温州叶同仁堂中医药博物馆 | 温州市欧江区望江公园 | 非国有 | 无级别 | |
| 41 | 浙江中医药博物馆 | | 行业 | 无级别 | |
| 42 | 浙江淳德中医药博物馆 | | 非国有 | 无级别 | |
| 43 | 安徽省中医秘笈博物馆 | | 非国有 | 无级别 | |
| 44 | 山东宏济堂博物馆 | | 非国有 | 无级别 | |
| 45 | 青岛宗济堂中医药博物馆 | | 非国有 | 无级别 | |
| 46 | 济宁市广育堂中医药博物馆 | | 非国有 | 无级别 | |
| 47 | 济宁市润美中医药博物馆 | | 非国有 | 无级别 | |
| 48 | 郑州赛思齿艺博物馆 | | 非国有 | 无级别 | |
| 49 | 开封大宋中医药文化博物馆 | | 行业 | 无级别 | |
| 50 | 禹州中医药文化博物馆 | | 文物 | 无级别 | |
| 51 | 北京中医药大学中医药博物馆 | 朝阳区北三环东路 11 号 | 行业 | 无级别 | |
| 52 | 白求恩纪念馆(柯棣华纪念馆) | 河北省石家庄市中国人民解放军白求恩国际和平医院 | 行业 | 无级别 | |
| 53 | 白求恩手术室遗址纪念馆 | 河间市卧佛堂镇屯庄 | 文物 | 无级别 | |
| 54 | 唐县白求恩柯棣华纪念馆 | 河北保定市唐县向阳北大街 66 号 | 文物 | 无级别 | |
| 55 | 白求恩纪念馆 | 山西五台山耿镇松岩口村 | 文物 | 无级别 | |
| 56 | 山西中医药博物馆 | 晋中市太谷县龟静山庄 | 非国有 | 无级别 | |
| 57 | 内蒙古国际蒙医蒙药博物馆 | 呼和浩特市赛罕区大学东路 83 号 | 行业 | 无级别 | |
| 58 | 云南滇南本草植物博物馆 | | 非国有 | 无级别 | |
| 59 | 腾冲中医药博物馆 | | 非国有 | 无级别 | |
| 60 | 甘肃中医药大学博物馆 | | 行业 | 无级别 | |
| 61 | 庆阳岐黄中医药文化博物馆 | | 行业 | 无级别 | |
| 62 | 青海藏医药文化博物馆 | | 行业 | 二级 | |
| 63 | 青海阳光医学历史博物馆 | | 非国有 | 无级别 | |
| 64 | 宁夏回医药文化博物馆 | | 行业 | 无级别 | |
| 65 | 新疆维吾尔医药博物馆 | | 行业 | 无级别 | |

表二　未在国家文物局等级备案的药学类博物馆

| 序号 | 名称 | 地址 | 性质 | 等级 |
|---|---|---|---|---|
| 1 | 青海藏医药文化博物馆 | 西宁市城北区 | 非国有 | 无级别 |
| 2 | 迪庆藏药博物馆 | 迪庆藏族自治州 | 文物 | 无级别 |
| 3 | 赤脚医生博物馆 | 徐州医科大学 | 行业 | 无级别 |
| 4 | 蒙医药文化博物馆 | 辽宁省阜新 | 行业 | 无级别 |
| 5 | 内蒙古国际蒙医蒙药博物馆 | 呼和浩特罕赛区 | 非国有 | 无级别 |
| 6 | 成都中医学院医史博物馆 | 成都市 | 行业 | 无级别 |
| 7 | 重庆中国民间医药博物馆 | 嘉陵江滨江路 | 非国有 | 无级别 |
| 8 | 青岛口腔医学博物馆 | 青岛市南区青岛口腔医院 | 行业 | 无级别 |
| 9 | 青海阳光医学历史博物馆 | 西宁市城中区 | 非国有 | 无级别 |
| 10 | 中国眼科博物馆 | 南通市崇川区 | 行业 | 无级别 |
| 11 | 葛洪博物馆 | 广州惠州博罗县 | 行业 | 无级别 |
| 12 | 泰山医学院医学影像博物馆(CT博物馆) | 山东泰山医学院 | 行业 | 无级别 |
| 13 | 成都中医药大学中医传统文化博物馆 | 成都高新西区 | 行业 | 无级别 |
| 14 | 现代医学教育博物馆 | 上海健康医学院新南苑 | 非国有 | 无级别 |
| 15 | 宁波开明街鼠疫灾难陈列馆 | 宁波市海曙区 | 遗址类 | 无级别 |
| 16 | 民国医药文献博物馆 | 上海市徐汇区 | 非国有 | 无级别 |
| 17 | 江苏省中医药博物馆 | 南京市栖霞区 | 行业 | 无级别 |
| 18 | 甘肃中医药大学博物馆 | 平凉市崆峒区 | 行业 | 无级别 |
| 19 | 山东第一医科大学医学影像博物馆 | 济南趵突泉区 | 行业 | 无级别 |
| 20 | 中山大学医学博物馆 | 广州市中山二路 | 行业 | 无级别 |
| 21 | 中国口腔医学博物馆 | 成都市武侯区 | 行业 | 无级别 |
| 22 | 中国医史博物馆 | 中国中医科学院 | 行业 | 无级别 |
| 23 | 上海健康医学院现代医学教育博物馆 | 上海市浦东新区 | 行业 | 无级别 |
| 24 | 郑州澍青医学高等专科学校医学博物馆 | 郑州市二七区马镇寨 | 行业 | 无级别 |
| 25 | 中草药博物馆(陆有仁) | 湖州市 | 非国有 | 无级别 |
| 26 | 同仁堂博物馆 | 北京 | 非国有 | 无级别 |

# 名实关系视角下博物馆定义之困境

◇ 张雨辰

**内容提要**：对某件事物进行定义，实际上是讨论"名""实"关系的问题，"名符实"是定义的基本原则。定义应具有唯一性、确切性。国际博物馆协会在对博物馆定义的过程中有对博物馆存在之"实"过分解释的嫌疑，带有较大的主观色彩，不仅使部分文本出现了"名"不符"实"的现象，偏离了部分博物馆的客观存在状况，而且导致博物馆存在的边界日益模糊。因此需要对博物馆定义作出修正的同时，各个国家、地区根据本国博物馆实际存在状况，对其属性进行附加解释。

**关键词**：博物馆 名实关系 定义 解释 非营利性

国际博物馆协会（以下简称"国际博协"）自1946年成立以来，先后对博物馆作出了8次定义，其中以1974年定义为转折点，在文本中加入了"非营利性""为社会发展服务"等字眼，标志着博物馆开始从单一的研究、教育机构向社会服务职能转变。由于科技、经济、社会的迅速发展，博物馆存在之"实"的范围空前扩大，从而使现有博物馆定义日益显得"名"不符"实"，其中以"非营利性"表述最为突出。国际博协目前对博物馆的定义，存在着厚客体（观众、社会）而轻主体（博物馆本身）的倾向。本文认为，客体的存在是在不断变化的，但博物馆主体本身的内核具有稳定性，对博物馆的定义应回归到博物馆主体本身去考虑，采用"定义文本+解释文本"的方法去解读博物馆。

## 一、博物馆定义的"名"与"实"

在欧洲，无论是日耳曼语系还是拉丁语系，博物馆一词的词根均为muse，源于希腊语mouseion，意为缪斯女神神庙。神庙最初是一个研究中心，主要研究诗歌、哲学、音乐等，并有柏拉图研究会的图书馆。可见，mouseion一词最初更像具有大学的某种属性，强调其研究功能。文艺复兴以后，mouseion一词用来表示佛罗伦萨美第奇家族庞大的收藏品，尔后又被称呼第一座近代意义上的博物馆——牛津大学阿什米尔博物馆。museum一词是近代社会文化与学术活动的发展与分化，有价值、纪念意义物品的收藏机构继承了"博物馆"之名[①]。从西方的视角来看，博物馆强调"收藏""研究"两种属性。

中国古代哲学非常注重名实关系。韩非子主张"循名而责实"[②]，即按照"名"去了解"实"。在中国，"博物馆"一词是伴随着清朝中后期传教士来华而产生的。最早将museum一词翻译为汉语"博物馆"的中国人是林则徐。按照汉语的字面解释，"博"指"量多、丰富"[③]；"物"指"东西、事物"[④]；"馆"指"收藏陈列文献、文物或进行文体等活动的场所"[⑤]。《现代汉语词典》第7版对博物馆的定义是："搜集、保管、研究、陈列、展览有关革命、历史、文化、艺术、自然科学、技术等方面的文物或标本的机构"⑥，主要从"名"的角度对"博物馆"一词进行建构。林则徐的翻译是一种基于对当时的博物馆存在之"实"的翻译，体现出博物馆存在的基本特点，即"收藏大量文献、文物等物品的文化场所"。从中国近代博物馆思想萌芽阶段来看，博物馆强调"收藏"属性。

定义有属种定义、操作定义、规约定义、含义定义、正反形式共5种方法⑦。目前针对博物馆定义比较常见的是属种定义和规约定义。国际博协对博物馆的定义属于属种定义，即"总类+属性"命名法。2007年的定义为："博物馆是一个为社会及其发展服务的、向公众开放的非营利性常设机构，为教育、研究、欣赏的目的征集、保护、研究、传播并展出人类及人类环境的物质及非物质遗产。"其中"机构"是总类，是"名"的核心，是博物馆最基本的特征，这种定义自1961年以来从未变化过。而"非营利性""为社会及其发展服务""教育"等"名"则是根据社会历史发展而增添的概念，属于"名"中的"属性"部分，是"机构"的延展，不是博物馆的固有存在。规约定义则是人们对某种事物的认识，不能与被定义的事物形成一一对应关系。如"博物馆是促进社会和谐的精神家园"⑧就是典型的博物馆规约定义，该句本身无问题，但所言范围过于宽泛，只是对博物馆社会功能的基本认识；"促进社会和谐的精神家园"也不是博物馆的专属职能，不能体现出定义的唯一性和专属性。从博物馆实际存在来看，另外三种定义方法并不被用于博物馆定义之中，因此本文对该三种方法不加赘述。

名实关系视角下现行国际博协对博物馆定义不符合博物馆最原始的属性，而且也不能体现出该定义的专属性。定义文本部分内容的表述有待商榷。

**二、博物馆定义的边界**

随着信息技术的发展，博物馆之"物"的边界、形态、真实性受到巨大挑战。传统意义上的物是实物，强调其真实性，在历史中真实存在，是能用视觉、触觉直接感知的有形之物。但在数字时代来临的背景下，一些博物馆或某些博物馆展览主题单元中就没有有形之物的展出。中国文字博物馆第五部分"文字信息技术"单元陈列就没有具体实物，而是计算机操作演示。一些博物馆展出的"物"不是历史真实存在，而是根据虚拟文学作品创作。青岛骆驼祥子博物馆里就有根据小说《骆驼祥子》文本内容而创作的祥子拉车的情景。对于"物"的定义，《现代汉语词典》并没有排除虚拟之"物"，也没有排除无法被博物馆直接展示的但真实存在的科学技术。英语《柯林斯词典》对博物馆的定义是："收藏、研究、向公众展示大量有趣、贵重的物体(object)，例如手稿、艺术品或历史作品的建筑物"⑨，其定义中"object"特指有形之物；法语《拉鲁斯词典》对博物馆的定义是："收藏、展示、突出艺术作品、文化物品、科学技术的场所、机构"⑩，将无法直接展示的"科学"也纳入博物馆范畴。不同国家对于博物馆展示之"物"的理解存在不一致的地方，因此对博物馆中"物"的范围需要在解释文本中有所体现。笔者倾向于将通过严密的逻辑推理和科学计算能够推导出来的非有形之"物"也纳入博物馆"物"的解释范畴，因为无论中外，博物馆都与博物学联系密切，而自然科学是博物学研究的重点。笔者对于虚构之物纳入博物馆"物"的范畴持保留态度。2007年加入的"非物质遗产"不是可见具体实物的展出，而是某种技艺的传承，需要以非物质遗产传承人或某种信息媒介作为载体。国际博协如果将非物质遗产也纳入博物馆范畴，就必须对博物馆"物"的概念进行附加解释。

一些私人收藏所、陈列所不能被列入博物馆范畴，因为它们并不具备研究功能。1974年、1989年、1995年、2001年的博物馆定义都明确了部分"博物馆"的范围界定，但2007年定义则取消了对可视为博物馆的组织列举，只保留对博物馆组织目的、性质、功能和工作对象的原则表述⑪⑫。此种定义方法带来了新问题，即一些"类博物馆"机构是否应该划入博物馆范畴。所谓类博物馆就是和博物馆本身具有相同或相似的定义和属性，但不属于目前"博物馆学"研究范畴的机构和场所。一些档案馆、图书馆、科普馆、展览馆等室内场所和目前博物馆定义存在一致性，从其设置的目的、运营方式、展陈内容、社会功能、受众等方面均和博物馆有重叠之处，如中国国家图书馆加挂有"国家典籍博物馆"牌子，展览国家图书馆收藏的典籍；各种遗址公园、动物园、植物园、自然保护区等露天场所也符合 2007 年博物馆定义，这些机构本身也有定义所表述的"征集、保护、研究、传播"功能，如动物园和博物馆间就渊源颇深⑬。因此，2007 年定义目前并不能涵盖所有的博物馆，而且也不是只有博物馆才有的属性，定义所要求的"名""实"严格对应关系被严重削弱。

只要组织宗旨、身份、目的、任务和主要业务活动的基础和内容符合博物馆的原则规定，并经所在国家博物馆组织的认定，就可以被接纳成为博物馆大家庭的成员⑭。但这种处理方式会导致博物馆与其他实体机构的边界日益模糊，更像是一种对博物馆多元化发展趋势的一种妥协。国际博协强调观众的主体性，这样不可避免让博物馆与教育、旅游进行深度融合。一些观众来博物馆并不是为参观学习，而是参加其他社交活动；一些博物馆开放夜场服务，更像是一种吸引观众的娱乐活动。这些行为在一定程度上破坏了博物馆的高雅性和严肃性，从而使其有滑入庸俗娱乐的可能。总之，现行博物馆定义使博物馆日益成为一个无所不包的大社会，这种趋势使博物馆本身内核有被淹没的危险。

**三、"非营利性"定义主观色彩大，偏离实际**

《现代汉语词典》对"定义"一词的定义是："对于一种事物的本质特征或一个概念的内涵和外延的确切而简要的说明。"⑮如果把被定义的事物定为 A，将定义定为 B，则 A 和 B 双方是一种互相充分必要条件，A 和 B 各要素之间要形成唯一映射。因此定义强调"名即是实""实即是名"，范围有严格限定，其内涵外延强调确切性，不允许有例外。博物馆"非营利性"定义有超出实际之嫌，不符合某些博物馆实际存在状况，只能解释部分博物馆的存在。

1974 年国际博协对博物馆加入的"非营利性"定义，是因为当时西方国家的博物馆主要收入来源是政府财政和个人、财团捐赠，不需要或很少需要自己开发相关产业就能维持生存，从而导致了其"非营利性"特征。但随着时代发展，博物馆办馆主

体、展陈内容和运营模式多元化，特别是博物馆和旅游的结合，使得"非营利性"已不再是所有博物馆存在之"实"。即使在高度强调博物馆"非营利性"的中国，也不完全符合实际。目前我国国有博物馆是免费参观，其基本开支和日常运营基本靠国家财政维持，比较符合"非营利性"定义。但我国政府也鼓励国有博物馆发展自己的文化创意产业。2016 年 11 月，国家文物局发布《关于公布全国博物馆文化创意产品开发试点单位名单的通知》，遴选出首都博物馆、中国人民革命军事博物馆等 92 家单位作为全国博物馆文化创意产品开发试点单位。值得注意的是，该《通知》榜单上出现了革命类博物馆，而革命类博物馆是最强调"非营利性"的单位。2018年国家文化和旅游部正式提出了全域旅游的概念，提倡文化和旅游的深度融合。博物馆通过和旅游公司联合，实施商业化运营，成为市场主体，发展博物馆旅游产业，本身就是一种营利行为。

行业类或企业类博物馆是所属行业或企业的一个法人实体，这些博物馆公益性和营利性并存，符合国际博协定义中除"非营利性"之外所有内容。即使其门票收入可以被纳入"非营利性"范畴，但博物馆经营活动，本质上可以认定为是一种营利行为，特别是对纯企业类的博物馆，其运营费用由母体企业拨款和博物馆收益两部分组成。因此，国际博协对博物馆"非营利性"定义就显得十分牵强，更像是强调其"公益性"属性，即在文本中提到的"为社会及其发展服务"。但"营利性"和"为社会及其发展服务"并不是直接对立的概念。目前整体世界经济增长放缓，博物馆如果放弃营利行为，会影响到其正常运行，进而影响到其社会职能的实现。因此，明确界定博物馆"营利性"收入和"非营利性"收入需要在解释文本中有具体体现。

**四、余论**

博物馆定义的难点在于，博物馆的展览内容、表现形式、组织形式、运营方式、运营目标等要素千差万别，并且随着社会存在之"实"的发展而变化。社会的发展使博物馆展陈题材广度被空前扩大，办馆形式和办馆主体日渐多样化，一些传统定义和传统认知也随着社会信息化发展受到越来越大的挑

战。博物馆定义反映出不同国家、不同类型、不同地域、不同文化背景下的博物馆从业者对于博物馆基本认知的撕裂。正如扬·多拉卡认为："从严格的科学观来看，并没有什么公认的、可以被证实或证伪的博物馆定义……与自然科学和技术学科不同，与其说是定义，可能更多地倾向于解读。"⑯

名家代表人物公孙龙认为："其名正，则唯乎其彼此焉。""彼彼止于彼，此此止于此，可。"⑰强调"名"要对应"实"，具有唯一性。目前国际博协对博物馆定义边界不断外延，使博物馆同其他实体形态发生重叠的场域空前增加，导致定义的唯一性、专属性被严重弱化。定义是一个相对恒定的概念，而解释则可以根据社会发展变化之"实"不断作出调整。定义中"应该强调博物馆生产知识的重要性，构建博物馆收藏的目的是收藏系统优质的科研资料"⑱，因为这是博物馆最初的属性，是博物馆存在之核心，没有收藏和研究的机构不应成为博物馆。如果一定要对博物馆作出一个定义，那么收藏、研究、展示、机构应该是博物馆定义文本中的唯四要素，其中前三者是博物馆的功能，"机构"是博物馆的存在方式。

定义和解释是两种不同概念，国际博协的博物馆定义更像是一种主观解释，而且对博物馆"非营利性"的解释超出了博物馆存在实际。因此在前述定义文本完成后，还要添加解释文本。解释的目的在于区分博物馆同其他实体形态的差别。解释文本中，要突出博物馆"高雅性""严肃性"，防止因其与旅游的结合而走向庸俗化。定义和解释应具有同等的效力。各个国家、各种类型的博物馆运营要根据社会总体状况确定自己的发展方向，不要因为国际博协对博物馆的定义而束缚住自身发展的手脚。

**注释：**

① 严建强、梁晓艳：《博物馆(MUSEUM)的定义及其理解》，《中国博物馆》2001 年第 1 期，第 18 页。

② [战国]韩非著，高华平、王齐洲、张三夕译注：《韩非子》，中华书局，2010 年，第 620 页。

③ 中国社会科学院语言研究所词典编辑室：《现代汉语词典》(第 7 版)，商务印书馆，2016 年，第 100

页。

④ 中国社会科学院语言研究所词典编辑室：《现代汉语词典》(第 7 版)，商务印书馆，2016 年，第 1393 页。

⑤ 中国社会科学院语言研究所词典编辑室：《现代汉语词典》(第 7 版)，商务印书馆，2016 年，第 481 页。

⑥ 中国社会科学院语言研究所词典编辑室：《现代汉语词典》(第 7 版)，商务印书馆，2016 年，第 101 页。

⑦ 李绍林：《下定义和语言表达》，《逻辑与语言》1993 年 8 月。

⑧ 徐忠文：《博物馆是促进社会和谐的精神家园》，载中国博物馆协会城市博物馆专业委员会编《城市记忆的变奏——中国博物馆协会城市博物馆专业委员会论文集(2013-2014)》，上海交通大学出版社，2014 年，第 550 页。

⑨ Edited by John Sinclair:Collins/Cobuild advanced learner's dictionary,HarperCollins Publishers,9th edition,2018,pp. 988.

⑩ 薛建成主编译：《拉鲁斯法汉双解词典》，外语教学与研究出版社，1999 年，第 1301 页。《拉鲁斯法汉双解词典》法语原本是 1995 年由拉鲁斯(Larousse)出版社出版的《法语词典》(Dictionnaire De La Langue Française)，是法语的权威词典之一。该词典中"博物馆"法语原文定义为：Lieu, établissement où est conservée, esposée, mise en valeur une collection d'œuvres d'art, d'objets d'intérêt culturel, scientifique ou technique.

⑪ 宋向光：《国际博协"博物馆"定义调整的解读》，《中国文物报》2009 年 3 月 20 日。

⑫ 安来顺：《今天的博物馆站在了哪里？——对 ICOM 博物馆定义修订的初步观察与分析》，《东南文化》2020 年第 1 期，第 126-127 页。ICOM 自 1946 年成立以来，对博物馆的定义始终在不断调整，因此本文所讲述的博物馆定义，仅指该定义经历的几次较大调整，即安来顺先生在本文所述之 1946、1951、1961、1974、1989、1995、2001、2007 年定义。宋向光先生的《国际博协"博物馆"定义调整

的解读》中将 2007 年定义直接与 2001 年定义相比较,而将 2004 年定义调整仅仅解释为"已经显现出将非物质遗产纳入博物馆工作对象的迹象"。

⑬刘迪、黄国飞:《博物馆和动物园的渊源与分野》,《大众考古》2015 年第 7 期,第 53-56 页。

⑭宋向光:《国际博协"博物馆"定义调整的解读》,《中国文物报》2009 年 3 月 20 日。

⑮中国社会科学院语言研究所词典编辑室:《现代汉语词典》(第 7 版),商务印书馆,2016 年,第 309 页。

⑯[斯洛伐克]扬·多拉卡:《国际博物馆协会博物馆定义浅谈》,《博物院》2017 年第 6 期,第 35 页。扬·多拉卡(Jan Dolák)是国际博物馆协会博物馆学专业委员会委员。

⑰[战国]公孙龙著,黄克剑译注:《公孙龙子(外三种)》,中华书局,2012 年,第 86-87 页。

⑱宋向光:《知识生产者,抑或遗产守护者?——博物馆藏品的内涵及定义》,《博物院》2018 年第 4 期,第 53 页。

(作者单位:平津战役纪念馆)

# 浅析"互联网+"视域下的博物馆志愿者管理
## ——以常州博物馆为例

◇ 刘朝东

**内容提要**：志愿者是现代社会文明的重要标志,是博物馆公共关系中最重要的社会资源,互联网时代可以更好地进行博物馆志愿者管理,更充分地发挥志愿者的作用。常州博物馆的志愿者管理就借助了互联网技术,实现对志愿者服务集约化、精心化、数字化的全程管理,使"互联网+"视域下的博物馆志愿者管理更加便捷和高效,对公共博物馆志愿者服务管理工作产生了积极意义和影响,也为其他中小型博物馆的志愿者管理提供了一定的借鉴作用。

**关键词**：博物馆 志愿者管理 "互联网+" 志愿者服务

随着经济的飞速发展,人民的物质生活在某种程度上得到了极大的满足,与此同时人民服务于社会的意识也在逐步加强。志愿者作为社会文明的标志,越来越多的人民也加入到了志愿者的队伍中来,志愿者参与的行业也越来越广泛。为了发挥好博物馆"城市名片"的效应,志愿者作为一种重要的社会资源也参与到了博物馆的日常运作中。博物馆志愿者的工作业务空间比较宽泛,为了更好地利用好志愿者宝贵的社会资源,同时也为了使得博物馆事业和志愿者个人业务素质得到共同发展进步,一些博物馆的志愿者管理采用了"互联网+"管理模式以及比较流行的智慧型组织管理范式。

### 一、博物馆志愿者管理及其管理现状

#### 1.志愿者的概念

志愿者 (Volunteer) 是自愿进行社会公益服务而不获取任何利益、金钱、名利的活动者,具体指在不期望任何物质报酬的前提下,能够自主承担社会责任义务而不获取报酬,奉献个人时间和助人乐施行动的人。联合国教科文组织是这样定义的。考虑到中国的实际情况,志愿者是这样定义的：在自身条件允许的情况下,在不谋求任何物质、金钱及相关利益回报的前提下,在非本职职责范围内,合理运用社会现有的资源,服务于社会公益事业,为帮助有一定需要的人士,开展力所能及的、切合实际的,具一定专业性、技能性、长期性服务活动的人①。

#### 2.博物馆志愿者

义务为博物馆工作的人员,志愿人员无偿地为博物馆提供服务和提供知识。志愿者服务的范围集中在博物馆的教育和后勤辅助部门,只有少数从事行政管理及保管、陈列、研究工作。志愿

人员若想为博物馆工作，必须经本人申请，并经过博物馆考核被认为能胜任某一项工作时，并且志愿人员还需要经过培训合格才能被批准参与义务服务[②]。随着互联网技术的快速发展，这种博物馆志愿者定义也被再次扩充，工作的地域不仅限于在博物馆里，某些工作志愿者在家里就可以完成的，这样也算是博物馆志愿者的范畴。

3.志愿者管理

志愿者管理是对志愿者在从事志愿服务工作的事前（发布公告、注册、提交审核）、事中（审核、面试、培训、上岗从事志愿服务工作）、事后（汇总服务时长、考核以及评优评先等）的全方位的流程管理。依据智慧型组织管理范式[③]的理念来看，志愿者管理始终以对人的管理为主线的。同时伴随着还要做好与志愿者服务活动相关的项目库、资源库的动态管理。最终达到组织好、发展好、利用好志愿者的目的。通过志愿者服务使得行业内的运转更加优质化。

4.博物馆志愿者管理现状

在我国一些经济发达地区，例如北京、上海、广州等，博物馆的社会影响力与日俱增，博物馆的志愿者工作基本与世界接轨。但是，我国大部分博物馆的志愿者管理工作在发展过程中还存在一定问题。

(1)志愿者管理规章制度的不完善

志愿者是一种具有特殊架构的团队，其管理机构比较松散，志愿者的人员流动性大。再加上志愿者的服务领域也比较宽泛。对于博物馆志愿者来讲，志愿者服务岗位只是社会实践岗位，而不是真正的责任岗位。志愿者对岗位的认知度存在偏差以及自我存在感不强[④]。因此志愿者管理的规章制度都缺失的比较严重，即便有也都是流于形式。

(2)志愿者档案管理方式陈旧

志愿者服务工作的整个流程会产生大量的档案数据，这里的档案数据包括志愿者个人身份信息、参与培训的数据信息、参与志愿服务的详细信息以及项目资源信息等。目前志愿者的档案管理还处于半自动（EXCEL+WORD+纸张记录）的状态[⑤]，没有统一的管理平台对其进行集中管理，最终造成志愿者档案资料存在不同程度的遗失，志愿者档案信息的缺失将严重影响志愿者的管理成效。

(3)志愿者的培训考核机制不完善

博物馆志愿者服务岗位具有一定的专业性，这里除了传统的志愿者培训以外，还要对志愿者进行专业的短期的技能培训。举例来说：博物馆讲解员志愿者的岗位就需要进行专业的岗位培训才能胜任。而对于培训方案的设计过于专业，不具有通用性。对博物馆志愿者的培训不具有整体的指导性。志愿者的专业化程度也参差不齐。现有的志愿者考核机制带有浓厚的主观性色彩。没有详细准确全面的考核依据。全面完善的培训考核机制有助于提高志愿者的归属感和自我能力实现的最大化。

**二、"互联网+"博物馆志愿者管理的解决方案**

"互联网+"是互联网技术高速发展的新业态，通俗地讲，"互联网+"就是互联网+传统行业，是互联网技术与各行各业的又一次高度融合，"互联网+"是创新WEB2.0下的互联网发展的新业态，是知识社会创新2.0推动下的互联网形态演进及其催生的经济社会发展新形态。"互联网+"的概念最早于2012年11月于扬在第五届移动互联网博览会上提出的[⑥]，2015年3月，在十二届全国人大三次会议上，李克强总理在政府工作报告中首次提出了"互联网+"的行动计划。从此以后，"互联网+"在各行各业得到迅速利用和推广。

随着数字化技术的快速发展，博物馆的信息化建设也有了长足的发展，互联网+博物馆志愿者管理的实现形式很大程度上取决于博物馆信息化的发展水平。考虑到这个重要因素，互联网+志愿者管理的实现形式大致分为以下几个阶段。

初级阶段：门户网站实现志愿者管理，随着互联网技术的普及，各个博物馆基本上都开通了自己的门户网站，通过网站来展示自己博物馆的藏品、活动展览、博物馆的新闻动态以及相关的事务信息，通过在博物馆门户网站上开辟志愿者服务专栏，可以发布志愿者招募信息、志愿者培训和相关的业务信息以及志愿者服务岗位需求信息。该阶段主要通过门户网站实现了博物馆和志愿者的单项对接。这里的单项是指网站只能发布信息，而不能实现接收志愿者的反馈信息。在这个阶段根本没有涉及到对志愿者相关信息的管理，只是单向实现了志愿者服务信息发布的数字化。

中级阶段：统一的行政管理平台+即时通讯软件实现志愿者管理，随着志愿者队伍规模的扩大，再加上志愿者服务行业范畴的横向快速扩充，志愿者作为一种新型的、紧缺的社会资源活跃在各行各业，为了对志愿者进行规范化管理，因此政府部门就开发了基于行政管理需求的志愿者管理平台，这个平台是统一的和多级用户并行使用的通用行政管理平台。例如：江苏文明办主管的志愿者平台（http://www.jsvolunteer.org/），实现了对志愿者的信息进行全面管理，同时也实现了对志愿服务项目的发布管理工作。该平台只是实现了对志愿者的前期管理工作。对于博物馆志愿者服务来讲，因为大多数服务岗位涉及到一些文物相关的边缘信息的问题，不便于在统一管理平台上发布，因此博物馆服务岗位的发布一般采用即时通讯工具（QQ群）来进行发布。同时大多数情况下，博物馆和志愿者之间的互动是通过即时通讯工具来实现的。该阶段志愿者的管理模式是松散的。

高级阶段：统一行政管理平台+门户网站+行业管理软件+即时通信工具。随着互联网技术的日渐成熟，特别是即时通信软件的广泛使用，该阶段通过统一行政管理平台实现对辖区内的志愿者的前期注册信息进行统一管理。利用门户网站除了实现志愿者相关信息的发布功能外，还同时延伸出来了双向互动平台的建设(志愿者论坛的建设)。行业管理软件主要实现对志愿者事中事后的管理。该软件的实现形式多种多样，大多数为(网页的前端+后台)和(微信小程序前端+后台)。即时通讯软件实现了志愿者双向沟通管理。同时实现了对人对事的精确沟通管理。这样就实现了对志愿者事前、事中以及事后的全流程动态管理。

**三、常州博物馆"互联网+"志愿者管理的实现模式**

1.门户网站+志愿者管理

常州博物馆门户网站（www.czmuseum.com）开辟了志愿者管理栏目，该栏目主要是对志愿者管理起到提纲挈领的作用，该栏目分为志愿者章程和管理细则、如何成为常州博物馆志愿者的途径以及形成对志愿者服务活动进行阶段总结的成果——常博志愿者年刊。总的来说该平台只是单向的信息传递功能，是对常博志愿者管理进行周知性介绍，使得潜在志愿者群体对常州博物馆志愿者管理有了初步的认知。

图一　常州博物馆官网志愿者管理栏目

2.统一行政管理平台+志愿者管理

常州博物馆目前志愿者队伍分别由大学生志愿者、社会志愿者以及小小讲解员组成，他们的行政管理是分头进行管理的。特别是大学生志愿者，由于学校特殊的要求，有些大学生志愿者要进行多个平台的重复注册；小小讲解员是常州博物馆最具特色的志愿者，他们从招募到培训到上岗都是独立进行的，小小讲解员的招募信息是通过常州微信公众号转载由常州市互联网新闻中心开发的平台负责招募报名，报名成功后由常州博物馆开放部组织进行培训和考核，最后进行上岗，社会志愿者的注册报名是在志愿江苏官网（http://czs.jsvolunteer.org/）进行统一管理的。

3.行业管理软件+志愿者管理

常州博物馆志愿者管理平台主要是通过微信小程序来实现的。该管理平台通过微信公众号前端+后端对志愿者（社会志愿者+青年志愿者+小小讲解员）进行事中（培训、服务岗位需求）以及事后（服务时长统计、考核）的综合管理。首先平台前端主要提供了志愿者进行注册，信息录入以及接收博物馆管理者发布的培训以及服务岗位的相关信息，主要包括：团队介绍、志愿者申请、我是志愿者以及志愿者动态四个栏目。"团队介绍"主要是针对常州博物馆志愿者团队和龙城小小讲解员团队以及团队相关的获奖情况的介绍;"志愿者申请"主要实现对志愿者个人的信息收集功能;"我是志愿者"主要是发布志愿者从审核-面试-培训-见习-初级志愿者-高级志愿者-资深志愿者的各个状态的状态信息的显示(例如发布面试和培训的注意事项),以及对于通过培训后的志愿者可以进行服务预约以及可以查询自己的预约记录和历史预约记录。同时志愿者也可以通过该栏目进行个人资料的修改,实现了对志愿者的信息进行精确化的管理;"志愿者动态"主要记录了志愿者团队的重大志愿服务活动,并记录了相关活动的详细情况(各年度志愿者总结表彰大会的详情)。

图二　微信小程序前端界面

其次,平台后台主要实现对志愿者的信息管理、志愿者服务项目库信息管理⑧、志愿者服务时长统计管理、用户管理、审核并更新前端的数据请求管理等,最终形成对志愿者档案管理。

图三　微信小程序后端管理界面

最后通过前后台的数据交互,最终形成了志愿者信息管理流(注册登记-志愿者信息审核-面试-培训-上岗-岗位晋级-志愿者考核);志愿服务项目库信息管理流[服务岗位征集(开放部定期向各个业务部门征集业务需求)-志愿服务岗位录入-服务项目库的形成];志愿者岗位服务信息管理流(服务岗位后台发布-志愿者岗位预约-预约成功-岗位服务);志愿者考核管理信息流[岗位预约-服务岗前签到(系统为每一项服务生成相应的二维码)-服务结束签到-服务时长统计-年终评优评]。通过该平台最终实现了志愿者信息、志愿者项目库信息、志愿者岗位服务信息以及志愿者考察考核信息的精细化、数字化、统一的管理。

4.管理平台利弊分析

首先,该平台的优势是常州博物馆自从"互联网+"志愿者服务平台运行以来,初步形成了对志愿者的自动化、数字化以及精细化管理。同时也为志愿者的服务提供了更便利、更清晰的管理平台。该平台以智慧型组织管理范式为管理理念,有机地整合了人、岗位、服务三类资源。其次,该平台的劣势是目前平台不能实现服务岗位和人员的动态匹配,这个问题也是平台后期建设的发展方向。大数据+"互联网+"将会成为志愿者管理的大趋势;同时,志愿者服务平台对于服务时长的统计存在一些漏洞。例如:志愿者选择的志愿服务项目的时长规定是2小时,但是志愿者签到和签退的时间间隔远大于设置的志愿服务时长,这时的系统统计志愿者服务时长信息时还是按照固定的2个小时,而不是动态的调整他们的服务时长,还有就是无法准确核实他们签到签退的状况,这个也是该平台后期需要完善的问题之一。

**四、结语**

常州博物馆在志愿者管理系统上的尝试,解决了以往纸质记录、手工统计时期效率低,错误率高的问题,使志愿者管理更加高效、精细,为其他中小型博物馆提供了可借鉴的实操经验。"互联网+"志愿者服务平台实现了对志愿者的有效管理,同时也为相关的业务部门提供了原生态的数据，随着业务数据的不断积累，后期我们将进一步实现与其他业务系统（数字资产系统和OA系统）的无缝对接，使得全馆关联业务的数据进行互联互通，同时也为馆领导的决策提供真实有效的依据，以实现博物馆的智慧化管理。

**参考文献：**

① 高缨：《试论志愿者参与档案馆公共服务的策略》，《兰台世界》2014第4期，第100-101页。

② 刘洪：《弘扬志愿精神 推进博物馆志愿服务工作》，《苏州文博论丛》（第4辑），文物出版社，2013年。

③ 胡筱：《智慧型组织范式下高校博物馆大学生志愿者管理》，《办公室业务》2018年第22期，第169页。

④ 郎宁：《博物馆中志愿者的社会功能与管理》，《现代营销(下旬刊)》2018年第10期，第209-210页。

⑤ 汤佳、孙洁、沈杏华、胡录才、郭迎：《医务志愿者综合管理系统初探》，《江苏卫生事业管理》2015年第2期，第69-70页。

⑥ 张悦：《"互联网+司法"之网络直播庭审问题实证研究》，《辽宁大学学报 (哲学社会科学版)》2016年第6期，第121-128页。

⑦ 丁叶：《"互联网+"视野下的志愿服务平台研究》，南京大学硕士学位论文，2017年。

⑧ 付虹：《厦门市图书馆"三库三平台"志愿者管理模式的构建与实践》，《图书馆理论与实践》2019年第4期，第84-87页。

**(作者单位：常州博物馆)**

# 试论中小型博物馆临展工作的策划与实施

◇ 马晓辉

**内容提要**：临时展览以其灵活多样的特点成为博物馆基本陈列的重要补充。高质量的临展是博物馆可持续发展的有力支撑。展览是博物馆最核心的精神文化产品，办好展览是博物馆服务社会的基本要求。如何为观众提供高品质的展览已成为博物馆面临的重要课题，特别是中小型博物馆在临展工作中，应该重视培养策展人，立足本馆，积极开展馆际交流，借力新媒体，推出高质量展览，更好地满足人民群众日益增长的精神文化需求。

**关键词**：中小型博物馆 临时展览 策划实施

新时代，我国博物馆事业蓬勃发展。截止到2019年年底，全国已备案博物馆达到5535家①。自2008年免费开放以来，全国年均新增博物馆超过200座。这其中中小型地市级博物馆是我国博物馆的重要组成部分，其数量远远大于国家级综合馆和省级大型馆。这些中小型博物馆是展示地域文化和地方特色的窗口，是文化百花园中绚丽的花朵。但这类展馆由于藏品种类和经费等原因，基本陈列推出多年后不更新，可再好的展陈看过多次后观众也会产生视觉疲劳，而临展在主题策划、展陈设计和呈现方式上具有灵活性，能够丰富陈列内容，增进馆际交流，因而临展是基本陈列很重要的调节和补充。

**一、临展在博物馆发展中具有重要作用**

自2008年起全国的博物馆、纪念馆陆续向公众免费开放以后，越来越多的博物馆认识到，应发挥本身的优势，结合自己的特点，经常举办多种多样、丰富多彩的临时展览，使社会公众在博物馆得到更多的科学知识和文化艺术享受，更大限度地实现社会效益和经济效益②。作为基本陈列的补充和延伸，临时展览是博物馆的核心工作，也是"博物馆与社会接轨的最直接的窗口"③。

陈列展览是文化传播的载体。观众来到博物馆，首先看到的是展览，通过陈列展览了解博物馆的藏品，学习文化知识，感受艺术魅力，博物馆陈列架起藏品与观众沟通的桥梁。展览是博物馆发挥社会教育职能的重要方式，高质量的临时展览成为博物馆得以良性发展，提高知名度、美誉度的重要举措和激活博物馆的良方，也是广受观众欢迎的部分。临时展览不仅扩大了博物馆的影响范围，丰富了博物馆教育的内涵，而且对博物馆履行社会职责，拓展博物馆所扮演的社会角色，有着同样不可低估的作用④。中小馆的基本陈列更新周期长，临展能够丰富陈列内容，吸引观众，活跃博物馆工作,扩大博物馆的关注度和影响力,对博物馆的良性运营起着重要作用。

**二、学术研究成果是临展的重要支撑**

展览要有一定的课题意识,或给人以知识,或启迪心智。展览绝不是展品的堆砌,而是学术研究成果的展现。只有以学术成果为支撑的展览才有看点。根据博物馆展览设计的一般规律,"一个博物馆展览设计方案的形成要经过三个转换,即从学术研究成果和藏品形象资料的收集整理到展览学术大纲撰写,从展览学术大纲到展览内容文本,从展览内容文本到展览形式创意构思和设计"⑤。

随着国家推动社会主义文化的大发展大繁荣,我国博物馆数量持续增加。在机遇与挑战并存的时代,博物馆要在激烈的文化竞争中立于不败之地,必须要拥有其核心竞争力。学术是博物馆的立馆之本,学术影响力是博物馆文化形象的重要支柱。以学术为支撑的展览是博物馆发挥文物资源优势,体现其社会价值最重要的载体。中小馆的藏品虽不能和大型综合馆相比,但地域性强、传统特色浓厚,博物馆要关注最新的研究成果和前沿行业动态,潜心磨砺出精品,服务区域发展大局,用文物展示独具特色的地域文明,讲述尘封的故事,满足人民日益增长的美好生活需要。

对于引进型临展不应采取打包式、一键式的被动借展,这种方式通常由出借方提供展品和展览大纲,借展方不进行创作和研究,直接将展览一成不变搬过来展出。这不利于展览人才的培养和学术研究水平的提高。任何一个引进展览对于中小馆都是一次学习借鉴的良机,要充分利用借展提升展览策划水平,学习借鉴先进经验,改进研究方法,进而促进对馆内资源的深度挖掘,寻找新的展品陈列展示方式。

例如在国内巡展的阿富汗国家宝藏,不同展馆采用不同的展览主题和叙述方式,打造具有思想性、艺术性、科学性、观赏性、教育性、趣味性的精品展览。作为丝绸之路的重要枢纽,阿富汗古代文明从丝绸之路所汇聚的世界各大文明中汲取了丰厚的营养。这批来自阿富汗的文物先后在故宫博物院、敦煌研究院、成都博物馆和郑州博物馆展出,为

更好展示阿富汗灿烂多姿的古代文明,每一站的策展人都创新思路,紧密联系地方文化,围绕不同主题,设计展览形式。首次来到在中国,故宫博物院以"浴火重光"为主题,强调这批珍贵文物在战火中销声匿迹多年之后,历经劫波,有的考古人员以生命为代价守护的珍贵文物,才免于被毁。敦煌被称为丝绸之路上的一颗璀璨的艺术明珠,阿富汗也曾是丝绸之路的中枢。在敦煌研究院展出采用的主题是"丝路秘宝",让丝路串连中阿情谊,让中华文明和阿富汗文明得以在丝绸之路的十字路口进行对话。而在郑州博物馆展出时则以"阿富汗国家宝藏"为标题,因为文物承载着久远的文明,凝聚着丰富的历史信息,让文物讲述阿富汗辉煌的历史文明。

**三、策展人对于临时展览的重要作用**

策展人这个词来源于英文"curator",全称为"展览策划人"(或策划展览的人),是指在艺术展览活动中担任构思、组织、管理的专业人员⑥。无论是展览主题还是内容策划都凝聚着策展人的理念、思维、创意和研究成果。有研究者称"在某种意义上,'策划'甚至可以说是一个展览的灵魂"⑦。策展人需要认真研究展品信息和最新的学术研究成果,还要了解观众和社会发展需求,敏锐洞察社会热点,时刻关注时政热点和政策的变化,抓住核心和内涵,用通俗易懂的展览语言呈现给观众。博物馆策展人的概念近几年流行起来,之前策展人对于文博界还是个新鲜词。策展人制度在欧美国家的成功实践使得国内的博物馆也有借鉴,有的馆也在尝试策展人的做法。但由于国情、博物馆体制机制、管理运营模式等差异,我们不可能和欧美国家的策展人制度完全相同。此外,实行策展人制度也面临一些问题,比如博物馆宏观管理体制下的策展人制度缺少激励机制,价值认定和荣誉体系等⑧。一些中小馆的临展一般都是整体打包进来,或因缺少专业人员或缺乏学术研究,很少涉及自身策展。

创意和灵感是策展的关键,当然这源自策展人长期的积累、广泛的阅读和深入的研究。中小馆因受传统观念束缚和人才资源短缺等原因,管理模式缺乏灵活性、运行机制封闭,部门间信息不沟通、资源不共享,较少在临展中实行策展人制度,但可以

尝试打破部门界限,摒弃陈旧的运行模式,整合馆内人力资源,根据不同展览需求组成策展团队,通过陈展创作达到展览内容与展陈形式的高度统一,真正激活历史文物资源生命力,让文物活起来。

**四、临时展览的策划与实施**

展览项目多种多样,中小博物馆要根据各自发展规划,找准定位,有计划的准备展览主题。例如,信阳被誉为山水茶都,每年4月都会举办大型茶文化活动,吸引来自四面八方的宾客和朋友。作为信阳的城市会客厅,博物馆不仅有茶主题展厅,还会在每年茶文化节期间举办不同形式的展览,弘扬内涵丰富、历史悠久的信阳茶文化,让公众在品茗的同时,感受茶韵天香、豫风楚韵的魅力。

**(一)展览主题的确定**

博物馆作为公共文化服务机构,应坚持"三贴近"原则,展览主题也要紧扣时代脉搏,呼应时代需要,弘扬时代主旋律,推动优秀传统文化的传播和传承。一个新颖而富有创意的选题将为展览增添色彩。成功的临展不仅需要创新思维和方法,还要有吸引观众眼球的主题。眼睛是心灵的窗户,展览名称就像一个人的眼睛。贴切而有吸引力的展览名称将贯穿始终,让展览锦上添花,也会激发观众参观的热情,留下美好的印象。例如,2018年是农历戊戌狗年,在新春佳节之际,为烘托贺年氛围,以狗为题材,信阳博物馆围绕南阳汉代陶狗策划展览,将出土文物和传统节日紧密结合,推出观众喜闻乐见的展览。展览没有采用戊狗迎春、福犬献瑞这样通俗常见的名称,而是抓住狗自古以来就是人类的忠实朋友这一线索,用拟人化的手法,将展览主题定为"穿越千年来看你",用富有神奇色彩的标题激发观众的好奇心和参观热情,为市民献上丰富的文化盛宴,为节日里的城市增添浓郁的传统文化气息,让参观博物馆成为市民过节新时尚。

**(二)精心策划深受观众欢迎的展览**

中小型博物馆因经费、资源限制,一年推出的临展关注的不应是数量而要注重质量,做到少而精。结合传统节日、纪念日、节庆日等推出展览,既可以满足公众精神文化需求,也能够丰富公众的节

日文化生活。为进一步做好信阳文化援疆工作,更好地宣传哈萨克民俗文化,信阳博物馆在2018年茶叶节推出新疆哈密哈萨克民俗风情展。展览以不同形式,从不同角度精彩呈现哈萨克族的民俗文化、人文风情,展示巴里坤县丰富的自然资源、迷人的自然风光,以及经济社会文化等各项事业的发展成就,让厚重的信阳豫风楚韵文化特色和独特的边疆风情在交流中交汇融合,让观众近距离领略哈萨克族民俗风情,感悟白雪皑皑的天山脚下独特的文化风采。因选在茶节开展吸引了大批观众和游客前来观展。2020年围绕抗疫题材推出"致敬,我们的战'役'英雄——信阳市抗击新冠肺炎疫情先进典型事迹展"和"文物说防疫 古人的智慧——相约博物馆·践行核心价值观图片展"两个临时展览,用图片和文物讲述一线医务工作者的感人事迹和古人防疫治病的智慧。

英国曼彻斯特博物馆主任崔斯·彼斯特曼先生认为:"博物馆最值得珍视的资源不是展品,而是观众。"展览也要以"贴近实际、贴近生活、贴近观众"为方向,以优秀文化产品服务公众,使公众得到美好深刻的文化体验。为丰富观众精神文化生活,信阳博物馆每年都举办多种类型的临展,既有以宣传美丽乡村为主题的书画展,还有反映地域文化特色器物展,充分发挥博物馆职能,用优秀文化成果惠及人民,推动新时代文化繁荣发展。通过分析2011年到2019年的临展分析图(图一),可以看出书画展占据相当大的比重,展览存在分布不均、个别主题展偏多偏少、缺乏特色等都是中小型馆需要分析解决的问题。

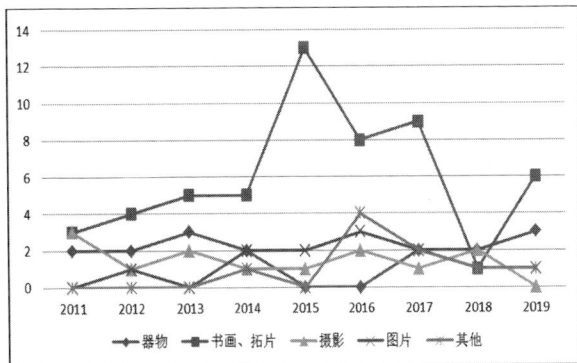

图一 信阳博物馆2011-2019年临展类型次数
分析图

## (三)合理选择展览类型与规模

多数中小型博物馆都有各自鲜明的特色,是展示丰富的文化遗产和地域文明的重要场所,有利于满足区域内观众的文化需求,提升公民素质和整个城市的文化品位。随着博物馆事业的发展,中小型馆也在举办各种临展吸引观众,提高服务观众和服务社会的能力。因多数中小馆都具有地方特色,在临展类型的选择上既要追求特色,弘扬地域文化,又要开阔思路,不局限于馆藏文物种类,开拓创新,推出多种不同种类的展览,用多样化的展览满足不同层次观众需求,做到让观众喜欢看、愿意看、主动看、看得懂。

十九大报告指出,中国特色社会主义进入新时代,我国社会主要矛盾已经转化为人民日益增长的美好生活需要和不平衡不充分的发展之间的矛盾。随着物质生活水平的提高,人民期盼有更丰富的精神文化生活。中小型馆要结合自身特点,从人民需求出发,以观众喜闻乐见的形式推出接地气的展览,力争达到历史性与时代性、思想性与观赏性、科学性与艺术性、学术性与趣味性、知识性与通俗性的完美结合,最大程度发挥博物馆的社会功能,让观众有更多的文化获得感,让博物馆成为公众的精神家园。

由于资金少、场地小的限制,中小型馆举办大规模的展览存在一定困难,但可以抱团发展,实现合作共赢,这样既能让馆藏文物活起来,又能解决中小馆场馆、设施和资金方面的实际问题。河南省先后成立河南省博物馆联盟和黄河流域博物馆联盟,搭建起博物馆界平等、开放、交流合作的平台,共同推动优秀传统文化保护与传承,特别是黄河文化遗产的保护与研究。

## (四)借力新媒体,开辟更广阔的文化传播空间

文化与科技融合已成为文化产业发展新常态。教育功能和服务功能是博物馆的主要职能。公众是博物馆教育和服务的对象,也是博物馆赖以生存的基础。博物馆办展览的目的是给观众看的。不管多好的展览,如果没有观众的广泛关注,那绝不是好的展览。在精心策划展览的同时,还要做好宣传和教育。疫情期间,各大博物馆相继推出"云展览",一场场精彩纷呈的云端文化盛宴持续上演舒缓了居家隔离人们的紧张情绪,激发启迪人们对美好生活的信心和对文化科学的认知。在新媒体时代,博物馆要与时俱进,创新思路,有效利用网络进行宣传,推出博物馆云展览、微课堂,让观众在第一时间了解展讯和展品的背景资料。在生活节奏逐渐加快的今天,人们对于信息的接收方式更加趋向于短平快。新媒体具有使用人数多、使用范围广、操作简单、方便便捷等特性,在传播的同时,还可以实现广泛性、大规模的即时互动,这让其成为当下文博宣传和教育的主要阵地。例如网站、官微、APP、电视等新媒体工具都是直接可以抵达观众的宣传手段,为观众第一时间推送最新鲜的文博知识,利用信息资源引领观众接受文化教育。一篇接地气的宣传报道能够引起公众广泛的关注。版面设计合理,信息量丰富,信息更新及时的网站往往点击率超高。根据大数据平台阿拉丁发布2020年《5月小程序互联网发展研究报告》称,5月微信全球月活跃用户达12亿。抖音日活跃用户已经突破4亿,如此庞大的用户基数是博物馆宣传不容忽视的群体。展讯、展品、观众调查都可以通过官微平台发布,微信、抖音、快手、西瓜等平台接地气,宣传成本低,受众广,为博物馆宣传开辟了新空间。随着智能手机的普及,一些场馆还开发官方APP,提供全景导览和定位导览等功能,信息宣传更为立体、直观、全面,让观众通过手机实时了解展览讯息,关注博物馆展览。

在教育界有句名言:"我听了,我忘了;我看了,我记得;我做了,我懂得。"互动项目是展览的必要补充。博物馆社会教育"强调互动和探索、体验,可以启发和增进观众对藏品、展览或其他文化遗产的认知、理解、兴趣和感悟"⑨。在做精品展览的同时,博物馆要主动延伸宣教工作触角,针对每次展览设计教育活动或观众互动体验项目,让观众在参与中深入理解展览,增长知识和技能,逐渐培养观众的博物馆情节。青少年是博物馆教育的重要对象,展览应针对青少年活泼好动,求知欲强的特点,设计互动性公共教育活动,充分发挥博物馆的文物资源优势,培养青少年文化自信。

## 五、结语

陈列展览是博物馆服务社会最直接、最重要的手段，是博物馆展示研究成果最基本的方式，也是一座博物馆的核心竞争力之所在。如今，教育已经成为博物馆的首要职能，而精品展览本身就是博物馆最大的展品、最好的教育，是博物馆满足公众精神文化需求的最重要途径。好的展览可以产生潜移默化的教育效果，让观众在无形中感受文化的魅力和历史的沉淀。中小型博物馆应以展览为中心，深入研究、精心策划、准确定位、彰显特色、打造亮点，推出深受观众欢迎的精品展，从而促进中小馆可持续健康发展。

**注释：**

①国家文物局：《2020年"5·18国际博物馆日"中国主会场活动开幕式在南京博物院举行》.http://www.ncha.gov.cn/art/2020/5/18/art_722_160585.html

②王宏钧：《中国博物馆学基础》，上海古籍出版社，2001年，第247页。

③齐玫：《博物馆陈列展览内容策划与实施》，文物出版社，2009年，第8页。

④严建强：《特展与博物馆社会角色拓展》，《东南文化》2013年第2期，第105页。

⑤郑奕：《浅谈博物馆展览策划设计的三个转化》，《中国文物报·遗产周刊》2007年第1554期，第6版。

⑥武贞：《博物馆临时展览与策展人》，《博物馆研究》2013年第2期，第36页。

⑦陈建明、陈叙良：《走向盛唐：历史、文化与艺术完美结合的策划杰作》，《中国文物报》2006年9月15日，第5版。

⑧段晓明：《中国博物馆策展人制度本土化的历程与发展》，《东南文化》2018年第5期，第101-106、128页。

⑨首都博物馆编：《首都博物馆论丛》，燕山出版社，2012年，第26页。

**(作者单位：信阳博物馆)**

# 浅谈县级基层博物馆临时展览品质的提升

◇ 张晓芳

**内容提要**：随着观众文化素养越来越高，对供给文化的需求也逐渐提升，基层博物馆临时展览在基层文化输送方面扮演越来越重要的角色。注重临时展览的举办是县级基层博物馆提升影响力和关注度的重要因素之一，临时展览的品质也影响着博物馆对外宣传教育的水平和能力。本文从县级基层博物馆临时展览的现状和限制条件着手，试提出促进县级基层博物馆临展发展的建议。

**关键词**：县级基层博物馆 临时展览 品质化

博物馆陈列展览是博物馆的门面，是对外宣传教育的桥梁与纽带，是博物馆"实现其社会功能的主要方式"和"特有的语言"[①]。它通过展品外在陈列形式、展品内涵诠释、场景互动体验等与观众互动，传输文化知识。

彰显国家文化软实力首先必须要增强文化自信。国家文物局在 2012 年印发《关于加强博物馆陈列展览工作的意见》，强调要充分发挥博物馆在建设优秀传统文化传承体系、弘扬中华优秀传统文化、丰富人民精神文化生活中的重要作用，提高展览展示服务水平。各级博物馆自上而下，闻令而动，越来越注重陈列展览的打造和提升。

县级基层博物馆一般是指地处县级行政区、规模相对小的中小型博物馆。根据《博物馆建筑设计规范 JGJ66-2015》，建筑规模一般在 10000 平方米以下，但随着现代建筑形式越来越多样，建筑面积不代表有效利用面积，不能仅依数据评判。综合来说，县级基层博物馆具有办馆时间晚、藏品数量少、藏品种类单一等特点。

一般而言，博物馆的陈列展览包括固定陈列展览和临时展览，固定陈列又包括基本陈列和专题陈列。固定陈列是各博物馆根据自身藏品、地域历史文化进行统筹规划及专家论证而确立的，后期通常会进行局部提升、改造。而临时展览是博物馆固定展览的活化和补充，展期短，灵活机动，主题多样，可选展品涉及面较广。自 2008 年博物馆免费向公众开放以来，随着博物馆客流量、观众对精神文化需求的提高，临时展览也需要进一步改进提升。

**一、当前临时展览的现状**

"成功的临时展览是博物馆得以良性发展的推动器，是博物馆提高美誉度并树立知名品牌的捷径"[②]。为加强博物馆信息化、智慧化建设，促进博物馆服务的精细化，满足观众足不出户即可线上看展的需求，国家文物局网站开通博物馆网上展览平台，线上展览的收录数量由 2015 年的 1 个增至 2020 年的 149 个[③]，说明各博物馆对线上陈列展览的重视程度有较大提高。

但综合看线上线下的临时展览,备受观众青睐的往往是故宫博物院、上海博物馆、苏州博物馆等大中型博物馆的展览,他们有资金充足、专业人才多、社会资源广等优势。一般来说,博物馆精品展基本是省市级馆的展览,比如由中国博物馆协会和中国文物报社联合主办的第十七届(2019年度)全国博物馆十大陈列展览精品推介终评结果中,29个获奖展览基本汇集在国家级、省市级,其中获奖的二里头夏都遗址博物馆、青海柳湾彩陶博物馆、四川广汉三星堆博物馆,均为地方专题类博物馆。获得国际及港澳台合作奖的四川广汉三星堆博物馆的"三星堆:人与神的世界——四川古蜀文明特展"为跨境短期性展览,采用与罗马图拉真市场及帝国广场博物馆的展品交相呼应展陈的方式④,别具一格,备受关注。这个特展的成功得益于四川省内各家博物馆的协作,共同将三星堆和金沙遗址等为代表的古蜀文物文化成功展现给国内外观众。

县级基层博物馆起点低,无丰富地域文物,专项资金匮乏,仅靠自身做好品质化展览比较困难。比如溧阳博物馆作为2018年新建馆,由于展览经费和展品的局限及精品文物的欠缺,目前展览以书画展、考古成果展为主,这与省市级博物馆相比在文化输送方面存在明显差距。

**二、县级基层博物馆临时展览的限制条件**

多因素的相互配合才能促进基层博物馆临时展览品质的提升。由于一些县级及以下基层博物馆藏品少,基础设施规范性欠缺,专业人才少,资金缺乏等因素,使临展的品质化提升受到影响。

1.地理位置偏,客流量少

部分基层博物馆之所以落后于其他省市级博物馆,是因为位置偏远,交通相对不便,文化旅游资源相对少,不易吸引各地区观众。如2019年溧阳博物馆全年接待人数仅约10万人,参观量远远低于省市级博物馆。此外,县级市文化氛围浓厚性欠缺,观众文化参与积极性低于大城市也是客流量不足的重要原因。

2.缺少精品系列化藏品

"巧妇难为无米之炊",临时展览的关键主体是展品。精品文物藏品主要集中在国家级、省市级博物馆内,基层博物馆藏品相对有限,主要来源为本区域内考古出土文物或零散征集,精品藏品较少,难成系列。如溧阳博物馆馆藏较多的新石期时代陶器、商周青瓷器、汉代釉陶器等,器型较普通,可定级藏品较少,精品基本已在固定陈列展出,临展就缺乏体系化、研究价值、文化价值高的展品。

3.资金匮乏,缺少专项展览经费支持

博物馆是文博类事业单位,展览经费主要来源于政府拨款。但由于一些县级政府可用于博物馆相关的拨款有限,决策者对经费使用也需通盘考量,一般重基本运营、轻文物展览、宣传教育经费安排,所以临时展览缺少资金、技术等前瞻性支持,不利于品质化展览的打造。

4.文博人才少,专业设计合作单位匮乏

基层博物馆办展相对仓促,基本为节庆展而展,为活动展而展,临时展题安排多,可筹备时间少。此外,县级博物馆专业文博人才相对匮乏,展览人力不足,对文物缺乏溯源性系统研究,易使展览缺乏深度。像溧阳博物馆作为新建馆,典藏研究、展陈人员基本是新人,缺少展览策划实践的历练,缺乏对展品及展陈形式的溯源性系统研究及细致梳理。

再者,一些设计单位由于缺乏专业文博知识,不能将展品内涵与外在展示形式精细表达出来,从而达不到策展人所需要的展示效果。

5.软硬件设施配备不完善

专业的软硬件设施是办好临时展览的先决条件。基层博物馆在建馆时如缺少周全谋划及专家整体把控,呈现的临展厅往往不利于后期工作的开展。比如,临展厅位置较偏,不便于观众有序参观;或者配备展柜非文物专用柜,密闭性不够,未根据不同类别文物有针对性配置;或者展柜布置不合理,操作不便,不利于工作人员进出维护文物;电子导览、互动展示系统配置低,需经常检修或提供的内容可看性不强等。

以上这些因素都不利于县级基层博物馆临时展览的持续开办和向好发展,影响着县级基层博物馆临时展览的专业性和品质化。

### 三、县级基层博物馆临时展览品质发展建议

为缩小县级基层博物馆与省市级博物馆临时展览输送的差距,提升展览展示水平,为群众输送有品质、有内涵、有地方特色、高质量的视觉文化盛宴,基层博物馆还需下一番功夫。

**1.充足时间备展,做好展题研究,提升展览内涵**

"十年磨一剑",好的临时展览需要时间精心打磨。县级基层博物馆临时办展资金少、频率少,展览经验相对少,那么如何办好品质化、精细化展览呢?建议在临展前期的筹备中从本地域文化、观众兴趣需求着手,确定有深度、有新意、可拓展的展览主题,提前谋划,对展览背景、展览主旨、展品内在联系进行系统性梳理分析,对重点展品详细解读,在这过程中可以与其他馆有经验的学术、展览专家探讨,听取意见建议,待形成完备的展览策划纲要后再进行后期工作。比如入围2019年度全国博物馆十大陈列展览精品推介项目之一的辽宁省博物馆"'又见大唐'书画文物展",由专门的书画器物研究团队将馆内唐文化主题绘画和其他馆的相关书画形成系列研究,经过仔细修复、精心诠释后,使每幅画都能展示出各自的特色,对展品的极致专注也是其获得优胜奖的关键。同样,溧阳博物馆的镇馆之宝明代淳化阁帖碑刻原石已在展厅展出,但未精细阐释,如果可以通过拓片的形式,结合专家的研究进行详细诠释,细化展示,解读石刻背后的故事,便可以达到阐释博大精深、精妙入微书法艺术的效果。

**2.优化展陈形式,选取专业设计合作单位**

好的展览内容需要精良的形式设计来辅助,优秀的陈列展示设计能提升展览展示水平和增加群众的关注度,给观者美的感受。对县级博物馆来说,投入适当展示设计经费与有经验的专业展示单位合作,将展览形式与内容最优化是必要的。

观众进入展厅首先感受到的即是展览的表现形式、氛围等。这就需要展览设计者能根据展览主题,采取多样的展陈形式。在做好展题的系统化梳理之外,对人力不足的县级博物馆来说,借助专业的外援设计单位能让展览视觉观感有效提升。品质化展览离不开有效的经费投入,选取地市级范围内资质齐全、文博经验足、展示设计水平高的单位与之协作,能更好地提升临时展览的吸引力,像省市级博物馆的优秀临时展览,展示协调度、精细化程度较高,小到展品说明牌的内容、版式均下足功夫。

在设计合作过程中,策展者也需利用艺术文化素养把好形式关,让展厅布局设计与展品相吻合,由浅入深讲述,突出文物演进的来龙去脉。展板、海报设计需主题突出,版面新颖。柜内外展品的摆放高低错落,前低后高,展品间无遮挡,突出层次感、节奏感,与展板、说明牌作好呼应。总之,展览形式需在统一中有变化,在变化中有统一,让形式更好地为诠释展品服务,在视觉、听觉、触觉等各方面给观众舒适、放松之感。

**3.做好临时展览精细关联宣传、解读**

"单丝不成线,独木难成林"。县级博物馆临时展览不在数量多少,贵在做精、做深。仅靠展览,无配套宣传,文化教育覆盖面较单一,难以起到规模效应,因此做好展览线上线下的宣传教育拓展尤其重要。除通过官微、抖音等新媒体平台进行"云直播""云观展""微讲解"及室外广告展板、公共电子屏进行宣传外,社教宣传方式应多样化。一是开发契合展览,成本合理,与地区消费能力相匹配的文化创意衍生品,可尝试与文创联盟合作或依托大馆进行研发,提升展览效应;二是举办展览解读活动,邀请领域专家为大众进行通俗易懂、趣味性诠释,让观众对展览有更深层的理解;三是举办相关社教活动,让志愿者、讲解员进村、社区、学校讲解重点展品背后的故事,也可开展手工、游戏体验、描绘展品图画等新奇有趣活动。通过全方位、多角度对临时展览进行宣传、解读,真正让展览活起来。

**4.做活地域特色关联展览**

部分县级基层博物馆仅靠馆藏品无法不断为观众呈现新鲜而有内涵的展览,而作为临时展览其内容和形式是可以丰富多样的,不仅仅局限于馆藏文物、书画等,其他地域文化资源均值得挖掘。

不同地区具有不同的历史文化特色,与相关领域专家、民间团体、收藏界人士、革命后代等协作,依托博物馆平台,串联多种展品,加以研究展示,不

失为互利共赢的文化输出方式。这可以是当地的民族服装文化、传统舞蹈文化、传统音乐文化、传统美食制作技艺、茶文化等民俗专题收藏，也可以是革命主题，通过静态物品与动态影像相结合，同时配以精彩的实时技艺演示，让展览更生动形象。

例如青州市博物馆作为国家一级博物馆，优势就在于其独特的地域佛教造像文化，他们的展览、宣传切入点往往也以其为重点，以点带面宣传教育。作为县级基层博物馆，主要受众是当地群众，挖掘地域代表性的文物文化遗产，精细研究，专业展示，可以让观众加深对本地文化的认识，唤醒大众历史记忆，激发文化情感共鸣。

5.团队协作策划，大馆助力合作办展

"众人拾柴火焰高"。作为县级基层博物馆，仅靠一两人之力很难把展览做到标准化、品质化。工作人员应积极主动，共同商讨展览主题，学术型、技术型、联络型、管理型等方面人才群策群力，共同为每一场展览出谋划策，团结协作才能将展览做好、做精、做强。

展览策划实施者作为筹备临时展览时从始至终的通盘协调人，需具备方案策划、馆际交流、展品准备、展览实施、展厅布置、展览开展等综合能力，但是对于县级基层博物馆来说这样的全能型人才少之又少，所以选取相对专业的馆领导引领团队策展不失为一种解决办法。

"百花齐放才能春满园"。县级基层博物馆除藏品相关展览外，在确保馆内软硬件设施专业性基础上，还可通过联合办展、巡展、借展等渠道丰富临时展览形式，从本区域的地市级博物馆、邻近城市、省内各市的博物馆开始，主动寻求对口帮扶，大馆积极带动基层小馆提升临展办展水平，在人才、学术、展品等方面给予指导助力。如2020年1月在宜兴市人民政府、宜兴市文体广电和旅游局的指导下，宜兴市博物馆引进故宫博物院的"贺岁迎祥——故宫里的过大年"展览，将故宫里的年文化带到基层县市，供大众赏鉴宫廷年文化。大馆与基层馆之间的互助帮扶，既能实现文化共享，也可缩小基层馆与大馆之间的距离，带动提升基层馆临时展览品质，让其走向行稳致远的发展之路，给观众更丰富、更多元的视觉体验。

**四、结语**

陈列展览是一项不断学习、不断交流、不断实践、不断提升的持续性工作。基层博物馆要想创出自身特色，打响自身品牌，离不开专业化、精细化探索，只有专业人才、丰富展品、创新技术等多方面配合才能打造出品质化临时展览。多种途径、多种形式的展览既可以提升县级基层博物馆知晓度，也可以加强馆际藏品的交流研究，借鉴优秀博物馆的经验，互学互鉴，共享文物资源，共同服务观众。

**注释：**

①王宏均：《中国博物馆学基础》，上海古籍出版社，2012年，第246页。

②姚安：《博物馆12讲》，科学出版社，2016年，第261页。

③国家文物局博物馆网上展览平台http://virtual.vizen.cn/

④三星堆博物馆官网：《与古罗马对话，"三星堆：人与神的世界——四川古蜀文明特展"开幕》http://www.sxd.cn/showinfo.asp?id=1825&bigclass=

（作者单位：溧阳博物馆）

# 基层文博单位人才培养问题与对策

## ——以苏州市为例*

◇ 高 超

**内容提要**：专业人才是文博事业发展的关键，基层文博事业的发展更加离不开专业化的人才队伍，随着苏州地区经济的发展，特别是"百馆之城"计划的推进，对苏州的文博事业是机遇同时也是考验，文章通过对苏州基层文博单位调查发现的人才培养问题，提出苏州本地高职院校设立相关文博专业，加强文博机构合作以及推行科研任务问责制度等方式，推动苏州基层文博人才培养，从而助力苏州的文博事业发展。

**关键词**：苏州市 基层文博 人才培养 问题 对策

　　文物是一个国家发展、文化传承的历史印记，同时是一个国家和民族弥足珍贵的不可再生的资源。新时期，文物日益成为经济发展的精神力量、基础资源、战略资源，对文物的保护和利用是弘扬中华民族优秀文化的一项至关重要的工作。文物得到保护，历史才能得到传承，当前在文博和文化事业大发展、大繁荣的时代背景下，特别是党的十八大以来，习近平总书记就坚定文化自信、弘扬中华文化、加强文物保护发表了一系列重要论述，更加说明文物工作的重要性。

　　随着我国经济的快速发展以及文博事业大力推进，我国文物数量的成倍增长，博物馆、文物保护单位以及历史文化名村名镇的数量大量增加，文物保护管理任务的日益加重，我国文博系统面临的人才短缺问题越来越突出和严峻，人才问题已经成为制约文物事业发展的瓶颈。在全国文博系统面临的

人才短缺问题中又以基层文博单位[①]的人才问题更为突出，因此必须加快基层文博人才队伍建设。

## 一、我国基层文博单位人才现状

　　据统计，截止到2018年底，全国共有文物业机构数10160个，从业人员16.3万人。1998-2018年，文物业机构数年均增长5.3%，从业人员数年均增长4.6%，其中，2013-2018年的年均增速分别为8.8%和4.5%[②]。上述数据表明我国的文博事业在新时期得到了长足的进步，文物机构数以及从业人员都得到了巨大发展。

　　然而我国的文博事业在取得巨大发展和进步的同时，还存在着很多问题，其中基层文博机构人才问题是其中最为突出的问题。在2019年博物馆馆藏资源授权峰会上，国家文物局刘玉珠局长就提出"机构改革使得基层文物行政力量减弱、管理缺位""在地方机构改革中，市县级文物行政和编制被

* 本文为2019年苏州市文化研究征集项目结项成果，项目编号：SZ20190103。

大幅撤并整合,干部队伍严重萎缩"等关于基层文博发展存在的问题③。习近平总书记2019年8月19日在敦煌研究院座谈重要讲话中明确提出加强基层文物保护管理,要求国家文化和旅游部、国家文物局根据各地文物资源情况和保护管理实际,积极推动研究制定加强市县区文物行政管理力量的有效举措,确保文博事业单位队伍稳定并不断增强④。2019年9月2日国家文物局发布的《关于开展2020年"高层次文博行业人才提升计划"的通知》中明确提出该"提升计划"面向文博行业在职人员,重点向文博系统基层在职人员倾斜⑤。江苏省文物局的《2019年工作要点》中,提出加强文博人才的培养,其中关于举办基层博物馆馆长培训班、文物安全管理培训班;鼓励基层专业人员加强文物保护利用研究等工作要点,则明确是针对基层文博单位人才的培养⑥。

在新的形势下,我国的基层文博单位的人才问题更加的突出和严峻,人才问题已经成为限制基层文博事业发展的瓶颈。基层文博单位在机构小、平台低、人员编制少、待遇普遍不高的前提下,却面临着繁重的文物保护任务的现状,很难吸引高质量、专业性强的文博人才,基层文博单位人才问题的解决是一项必要且迫切的任务,无论是中央还是地方都已经充分认识到基层文博事业发展中存在的人才问题,并为此作出重要指示。

**二、当前我国文博人才培养模式**

一直以来,我国的文博事业人才培养一般分为专业学校教育和岗位在职培训,同时存在一定的"师徒传承"形式的培养方式,共同构成了我国文博事业的人才培养方式。

岗位在职能力培训,可以在短时间内直接提高文博工作人员的业务能力和水平。通过在职培训不断更新业务知识,更新业务观念,使文博工作人员快速融入到业务工作中。随着我国文博行业的发展,国家越来越重视文博专业人才的培养,特别是近年来,国家文物局根据文博事业发展的需要,不断加大文博机构职工在职培训的工作力度,重点培养和培训文博事业急需的各类人才。

正规的文博专业学校教育,为我国文博单位培养了大量的专业人员,直接推动我国文博发展壮大。目前已经有相当数量的高校和职业院校开设相关专业,文博专业的学校教育不仅正规化而且系统化,对我国文博业的发展具有重要作用。

"师徒传承、口手相授"形式的人才培养方式,是文博人才培养的一种重要补充。目前这种培养方式基本存在于博物馆等一些文博机构的专业技术岗位中,如文物修复等岗位中,这种人才培养方式依托经验丰富的员工和工作人员,注重实践工作经验的培养,更多的是一种技艺的传承培养。

**三、苏州的基层文博单位人才发展现状**

(一)基本情况

苏州地区文物资源丰富,古镇古村众多,截止2018年,全国重点文物保护单位就达59处,省级文保单位130处,市级文保单位831处,可移动文物更是数不胜数。苏州地区现有博物馆46家,文物保护机构11家,文物藏品159061件⑦,从业人员942名⑧,苏州的文博事业正处于快速发展时期。

苏州市在大力发展文博事业的同时,也充分意识到人才对文博事业的重要作用,大力拓宽人才引进渠道,突出高层次人才培养。不仅根据市相关政策,制定文化、文物、广电、新闻出版各行业人才引进标准、特设岗位标准,为人才引进夯实基础,而且积极组织开展省"333高层次人才"等评选及推荐⑨。这一系列举措对苏州的文博人才的引进和发展具有重要意义。

(二)人才现状

通过调查发现苏州基层人才存在的问题,严重影响着苏州文博事业的发展。以苏州地区(苏州大市范围内,包括太仓市、张家港、常熟、昆山)为例,苏州基层文博机构对其工作人员的学历情况、职称情况等进行调查。其中调查的文博单位共12个,其中博物馆5个,文物保护机构7个,共计在编人员119人,其中高级职称17人,占调查人数的14%;研究生学历44人,占调查人数37%;本科学历49人,占调查人数41%;本科及以下学历26人,占调查人数22%,同时通过调查(不完全调查),已知被借调其他单位11人,占调查人数9%。

（三）存在的问题

1.此次调查基本涵盖苏州市级以下公立文博机构，通过调查发现苏州基层文博从业人员的数量大大落后于市级文博机构。

2.苏州基层文博事业发展严重不平衡，个别区缺少专业的文博从业人员，通过调查了解，苏州高新区目前还没有专门的文博机构，缺少专业人员。

3.通过调查发现苏州的基层文博单位存在编制紧缺、人员缺乏，繁重的业务工作的同时，还有着相当数量的工作人员被借调出，进一步加大了基层的文博业务工作压力。

4.业务素质参差不齐，不少岗位人员缺乏必要的文博知识，专业化不够。

5.基层文博单位的工作人员缺乏科研能力，对文物研究不够，更鲜有研究成果。

**四、苏州基层文博人才培养路径的思考**

目前苏州的基层文博单位无论是在机构数上还是在管理文物数量上，在苏州整个文博事业中都是占据着主导地位，但是由于环境差、平台小、待遇低等因素限制，导致目前苏州的基层文博人才问题突出，要培育和打造高素质、专业化基层文博人才队伍，促进苏州的文博事业发展，必须采取多种措施和手段。

（一）健全基层文博人才培养制度

由于人往高处走水往低处流的自然规律，高素质专业人才为了寻求自身的发展，必然寻求对其自身发展更高的平台，从而导致基层文博单位难以留住高素质的文博人才。当前文博行业的人才考评机制在职称评聘、薪酬管理、绩效考核、职务晋升的实施过程中，对文博人才的专业性和业务能力评估和激励相对薄弱和滞后[10]。这就要求苏州基层文博单位的人力资源部门对文博人才的培养要制定和实施长远且符合本单位实际情况的人才建设规划，在区域内的文博人才培养上提供制度保障，吸引更多优秀人才服务基层，切实提升基层文物保护管理水平。

（二）地方高校成立专门文博专业

苏州地区文物资源丰富，古镇古村众多，仅全国重点文物保护单位就达59处，省级文保单位130处，市级文保单位831处，可移动文物更是众多，但当前苏州还没有一所高校开设正规的文博专业，众多高职院校也没有相关专业，这和苏州的文博事业地位严重不相符，当务之急，依托丰富的文物资源和教育资源，在当地高校中成立专门的文博专业，培养专业的文博人员。

（三）文博机构间相互合作

基层文博单位应将从事文博工作的专职人员送往大型文博单位或专门的文博专业院校进行定期培训或脱产学习，提升基层文博单位人员的专业技能和业务水平，快速改善基层文博人才队伍的能力水平。苏州博物馆等文博机构既有文物又有专家，可以面向苏州区县文博机构提供相关培训，同时可以派出专门人才到基层单位进行历练，双方互惠互利。依托苏州市文物鉴定评估服务中心（苏州文物商店）获评第二批国家文物局文博人才培训基地的机遇和地域优势，积极加强合作，为苏州基层文博单位培养更多高素质专业化人才，推动苏州基层文博事业的发展。

（四）科研任务问责制度

职称是科研能力的重要表现，当前我国的职称评定实行的是"终身制"，只要评上职称后对以后的科研任务并没有严格的指标规定，这样就出现一些人在职称评上后不再做科研，这种现象在基层文博单位较为普遍。对于基层单位科研实力差的现状，可以在基层单位推行科研任务问责制度。应该制定相关规定，将已获得文博职称人员的职称评定和待遇福利相分离，实行科研任务问责制度，科研人员必须在规定时间完成一定量的科研工作才能享受职称工资和相应的待遇等。

（五）大力引进专业人才

要加速提升基层文博行业的综合实力，人才引进是成效最快的手段方式。苏州需要加快基层文博引进人才的制度建设，设立基层文博人才引进专项资金，有计划的逐步开展引进适合基层文博事业发展的优秀人才工作，对高学历、高水平的基层文博专业人才在待遇方面给予扶持和照顾，在住房、医疗、子女上学以及职级晋升等方面给予相关政策支持，让文博专业人才能够安心尽职的在基层文博单位工作，在岗位中不仅能发挥自己的作用，而且能得到更好的自身发展，让基层文博单位成为其成就自身事业、实现自身价值的平台。

（六）推行考核制，引入退出机制

苏州目前的基层文博单位主要是区县级博物馆、文物管理所和文物保护管理所等，基本是全额事业机构或者参照公务员管理的事业机构（私人博物馆除外），人员构成较稳定，属于"铁饭碗"，工作中缺乏积极性和效率。因此可以在苏州的基层文博单位试着推行考核制和淘汰制。每年底对工作人员的实际工作情况进行统一考核，对业务工作以及做出贡献的工作人员予以奖励，以提高文博人才工作的热情和积极性。同时推行淘汰机制，采取评聘分离的方法，让职称评定和岗位聘用相分离，对于实际工作能力差但职称评上的人员缓聘，重新进行业务培训。培训合格者，单位给予聘用，未通过培训者则按照劳动法相关规定，进行解聘处理。

五、结语

人才是当今社会、经济发展的关键性资源，文博事业的发展同样也是如此，基层文博事业的发展离不开专业的人才，基层文博单位应该创造必要的条件和环境为专业文博人才提供施展自身才华的空间，让基层文博单位成为其成就自身事业、实现自身价值的平台。

当前苏州正在大力推动的"百馆"之城（博物馆城）建设，对苏州文博事业发展是机遇同样也是挑战。必须加强基层文物保护队伍建设，制定和实施基层文博人才建设规划，吸引更多优秀人才服务基层，只有重视、发现和培养扎根基层的文博优秀人才，切实提升基层文物保护管理水平，让专业人才在基层文博单位愿意留、留得住，在岗位中不仅能发挥自己的作用，而且能得到更好的发展，才能真正推动苏州文博事业的整体发展。

**注释：**

①本文探讨的基层文博单位是相对于市级及以上的文博机构而言，主要包括区县级公立文博机构单位，一般为区县级博物馆、文物保护管理所、文物管理委员办公室等。

②国家统计局：《文化事业繁荣兴盛 文化产业快速发展——新中国成立70周年经济社会发展成就系列报告之八》http://www.stats.gov.cn/ztjc/zthd/sjtjr/d10j/70cj/201909/t20190906_1696316.html.

③倪伟：《基层文物队伍萎缩国家文物局局长，将建立人员编制标准》，《新京报》2019年9月19日。

④国家文物局：《文化和旅游部 国家文物局关于深入学习贯彻落实习近平总书记在敦煌研究院座谈时重要讲话的通知》http://www.sach.gov.cn/art/2019/10/5/art_722_156967.html.

⑤国家文物局：《国家文物局关于开展2020年"高层次文博行业人才提升计划"的通知》http://www.sach.gov.cn/art/2019/9/3/art_2237_42660.html.

⑥江苏省文物局：《江苏省文物局2019年工作要点》http://jsswwj.jiangsu.gov.cn/art/2019/4/1/art_48295_8291595.html.

⑦苏州市统计局、国家统计局苏州调查队编：《2019年苏州市情市力关于文物事业基本情况》http://www.sztjj.gov.cn/SztjjGzw/sjtj/20190428/003003_a466159e-fcfe-4510-a20d-2091de00f244.htm.

⑧苏州市统计局、国家统计局苏州调查队编：《苏州统计年鉴-2018年》http://www.sztjj.gov.cn/SztjjGzw/tjnj/2018/indexch.htm.

⑨苏州市文化广电和旅游局：《苏州市文化广电新闻出版局2018年工作意见》http://wglj.suzhou.gov.cn/szwhgdhlyj/jhzj/201802/WGLTEKAZY24R6V0U39KZ0V651MM63LJD.shtml.

⑩刘治福：《博物馆事业发展的"五化"探讨》，《广西博物馆文集》，广西人民出版社，2015年，第18页。

（作者单位：苏州市吴文化博物馆 吴中博物馆）

# 南京大学北园东晋大墓墓主身份再探
## ——兼论两晋时期的后妃祔葬与祔庙问题

◇ 渠雨桐

**内容提要**：南京大学北园东晋大墓是一座东晋时期的重要墓葬，历来被认为是东晋元、明、成、哀帝四陵之一，结合前人分析及有关史料认为，该墓为元帝建平陵的可能性最大，但侧室所葬之人并非豫章郡君荀氏。两晋时期后妃的祔葬情况存在很大差异，追尊皇后大多祔葬入庙，而追尊的侧妃则不具有与皇帝祔葬配食的资格。

**关键词**：南京大学北园 东晋墓葬 元帝 祔葬 祔庙

南京大学北园东晋大墓①是一座东晋时期的重要墓葬，因其规模较大，与幕府山汽轮电机厂东晋大墓②、富贵山东晋大墓③规模相当，且甬道内设二道门槽，故长久以来被认为是葬于鸡笼山之阳的东晋元、明、成、哀四陵之一④。其墓主人的确切身份，学术界主要有元帝建平陵与成帝兴平陵两种观点，持前种观点者主要有李蔚然、王志高等先生⑤，后者以吴桂兵先生为代表⑥。王志高、吴桂兵两先生已有专文对该墓葬的年代及墓主人身份进行探究，并刊登在《东南文化》2003 年第 9 期。本人拟在两位先生的研究基础上，结合考古学材料和相关文献史料对墓主身份这一问题作出进一步讨论。

## 一、南大北园东晋墓研究概况

南京大学北园东晋大墓自 1972 年发掘以来，历来被认为是东晋帝陵，关于这点，目前学术界争议不大。1973 年，发掘者即在报告中称，从墓甬道中设两道门的制度和墓内出土的一套六件祭台来看，墓主人身份无疑是比较特殊的，加之墓葬所处

的地理位置与今北极阁所在的鸡笼山一脉相连，邻近东晋宫城，又与当时帝王陵墓的葬地相毗连，因此认为墓主有可能是身份极高的贵族。1983 年，李蔚然先生在《论南京地区六朝墓的葬地选择和排葬方法》⑦一文中考证，南大北园东晋墓地处鸡笼山偏西部，正与《晋书》《建康实录》等文献记载位于鸡笼山之阳的元、明、成、哀四座帝陵相吻合，由此认为该墓为四陵之一。这一观点后来为蒋赞初、罗宗真等先生赞同，蒋赞初先生进一步认为，从随葬品时代风格分析，此墓更可能是元、明、成三陵之一，而不会是东晋中期的哀帝陵⑧。2003 年，王志高、吴桂兵两先生发专文对墓主身份作出深入讨论，王志高先生认为该墓为元帝建平陵，吴桂兵先生则推测为成帝兴平陵。同样认为是兴平陵者还有张学锋先生⑨。

王志高、吴桂兵两先生已对考古材料进行了深入分析，在此不多赘述，仅提取要点如下，为之后论证墓主身份进行佐证：

首先根据甬道内遗留的两道门槽可知，该墓设有两道木门，这与之前发现的汽轮电机厂东晋墓、富贵山东晋墓形制相类似，加之墓葬规模宏大，且主室为穹窿顶，判断该墓为东晋帝陵，问题不大；其次，该墓主室附设一侧室，其形制与洛阳西晋晚期所见的侧室墓类似，可视为前期葬制在晋室永嘉南渡后的孑遗，时代当属东晋早期；再者，墓内出有三组陶器，为重要的断代依据，其中，第二组器物当中的鸡首壶和褐斑点四系盘口壶皆是东晋早期的典型样式，因而笔者在此更倾向于王志高先生的观点，即第二组器物当属东晋早期；最后，根据铁刀、镂花金片等随葬品出土的位置，可以判断墓墓主室葬有一男一女，侧室葬一女。

通过总结，我们可以从墓葬本身得出一些结论：第一，主室与侧室当属同一座墓葬；第二，根据器物年代的不同，该墓很可能在两晋之交和东晋早期分两次或多次葬入死者；第三，墓葬主室葬一男一女，侧室葬一女，另外根据目前发掘的三国两晋南北朝时期多室墓来看[⑩]，葬于侧室的往往是墓主的儿女或侧室。加之侧室发现的镂花金片与桃形金片多为六朝命妇佩戴步摇上的常见构件[⑪]，则所葬极有可能是墓主的侧室，该墓应为墓主与其正、侧室的合葬墓。结合墓葬的地理位置等因素，可以推断该墓的墓主等级身份是很高的，且极有可能是元、明、成、哀四陵中的一座。

**二、南大北园东晋墓墓主身份再探**

据王志高与吴桂兵两先生论证，哀帝兴宁三年(365)死时已属东晋中期，故年代上不相符，可以排除。而明帝在位期间除皇后庾氏外并没有其他得宠后妃的记载，不存在其他后妃合葬的可能，由此也能排除。争论的焦点往往集中在元帝建平陵和成帝兴平陵上。

持该墓是成帝兴平陵观点者以吴桂兵先生为代表。成帝皇后杜氏于咸康七年(341)去世，第二年成帝崩，皆入葬兴平陵。从时间上看，成帝死时已进入东晋中期，则属于两晋之交的第一组器物在时代上不符；再进一步探讨侧室死者，吴桂兵先生认为是哀帝生母周章太妃，这一点王志高先生在文章中给出分析，认为周氏生前封皇太妃即名不正言不

顺，史书称"位号不及，不应尽敬"[⑫]，其兴宁元年(363)三月壬申薨，直到丁酉才入葬，长达四月之久，可见葬礼办的隆重至极，若只是祔葬，则不需如此长时间。因而可以判断侧室所葬之人并非周氏，加之年代上存在偏差，故南大北园东晋墓也并非成帝的兴平陵。

王志高先生则认为该墓为元帝建平陵。元帝皇后虞氏亡于永嘉六年(312)，太兴三年(318)元帝登基，迁葬虞氏于建平陵[⑬]，永昌元年(322)元帝崩，葬建平陵[⑭]，从时间上看与第一组器物相吻合。元帝后宫有简文宣郑太后与豫章郡君荀氏二人，史料明确记载孝武帝时郑太后赐葬嘉平陵，未与元帝合葬[⑮]。王志高先生认为祔葬者为明帝生母荀氏，荀氏死时在位的虽是成帝，然苏峻之乱时，荀氏对成帝实有抚育之恩，荀氏死时，更是"赠豫章郡君，别立庙于京都"[⑯]，因而推论成帝为感念祖母恩情，开建平陵与元帝合葬，是在情理之中的。

然而，荀氏与元帝合葬是否合乎当时的礼制，笔者认为仍有待商榷。之前提到，孝武帝追封其祖母为简文宣郑太后，赐葬嘉平陵，其实在此之前，孝武帝也曾动过为祖母迁葬入建平陵之念，但遭到了大臣王珣的反对。《晋书·礼下》即载有两人的对话：

孝武追崇会稽郑太妃为简文太后，诏问"当开墓不"。王珣答："据三祖追赠及中宗敬后，并不开墓位，更为茔域制度耳。"[⑰]

由此来看，王珣反对郑太妃开墓入葬的理由是"三祖追赠及中宗敬后，并不开墓位"，因此孝武帝亦不能有违祖例。理解这句话的关键在于对"开墓位"的解释。《周礼·春官宗伯》提到先秦时期一种名为"冢人"的官职，其职责中即包括"正墓位、跸墓域、守墓禁"，后有注曰："位谓丘封所居前后也"，即下葬完毕后，冢人负责修正墓位，禁止行人在兆域内通行，并守护墓园禁止其他人进入，疏云："墓位，即上文昭穆为左右，须正之使不失本位。"[⑱]则墓葬的排列应遵照昭穆之左右，是为墓位之正。不难理解，在当时的语境下，王珣所说的开墓位，应当与后妃合葬的礼制问题有关。

西汉时期，帝后合葬多"同茔不同陵"、采取"帝西后东"之制，而后世追尊的皇后与侧室夫人则大

多葬于皇陵附近，考古勘探也已予证实⑲。至东汉，除帝陵建制出现重大变化，帝后同穴而葬开始出现外⑳，侧室陪葬的情况大体则与西汉类似㉑。曹魏时，史载武帝卜皇后"合葬高陵"㉒，2008年安阳清理出西高穴大墓，推测为武帝曹操高陵，而墓内合葬二女年龄均与卜氏不符。大墓北侧又有一大墓，两墓并列，应为卜氏之墓㉓。又文帝郭皇后于青龙三年(235)崩，葬于"首阳陵西"㉔，应是未入坟合葬。以上可知，曹魏帝后合葬当如西汉之"同茔异坟"。

两晋继承汉魏遗风，多遵其制。应当指出，两晋时期，史书中关于皇帝与后妃合葬的记载始出现"祔葬"一说。"祔"的葬制出现很早，《礼记·檀弓上》记载："周公盖祔。"孔颖达疏："周公以来，盖始祔葬，祔即合也，言将后丧合前丧"㉕，即点明祔葬就是合葬，但存在先后关系。《汉书·哀帝纪》载："昔季武子成寝，杜氏之殡在西阶下，请合葬而许之。附葬之礼，自周兴之。"㉖这里的"附葬"应当就是始于周公的祔葬习俗。据齐东方先生考证，汉朝以后出现的不少多室墓即是祔葬墓，是以一人为主、其他人从属、多人共用一墓的墓葬，是祔葬直接表现在墓葬结构上的一种模式，但祔葬现象却可以有多种不同的形式㉗。在这里仅分析两晋后妃的祔葬问题。

《晋书·武帝纪》记载："泰始四年，文明王皇后崩，将合葬，开崇阳陵，使太尉司马望奉祭，进皇帝密玺绶于便房神坐"，此处用"合葬"。"开崇阳陵"则为打开陵墓无疑，"便房神座"便是确证，因而可知王皇后与文帝为同穴合葬。又"(咸宁四年)秋七月己丑，祔葬景献皇后羊氏于峻平陵"，此处用"祔葬"。有学者认为，"祔""合"相异，必是史家有意为之，因而祔葬形制应与合葬不同，即应为同茔异穴葬㉘。然而关于王皇后的入葬情况，《晋书》又载"(泰始四年)己亥，祔葬文明皇后王氏于崇阳陵"㉙，即是帝后合葬记载中首次出现"祔葬"一说，结合上文，则此处的"祔葬"应指同穴合葬。对于同一人入葬先后使用"合葬""祔葬"，可知《晋书》中后妃"祔葬"一词并不特指形式，只强调入葬的先后次序与墓葬处于依附地位的性质。恭帝褚皇后元嘉十三年(436)崩，史书称"祔葬冲平陵"㉚，南京富贵山大墓

地处钟山之阳，且出土晋恭帝玄宫石碣，其墓主有学者认为是恭帝冲平陵，1964年对其进行清理，发掘者称该墓为单人葬㉛，可知褚皇后死后并未与恭帝合葬一室，"祔葬"因此也可指同茔异穴合葬。因而可推断祔葬具有两种形制：一，同穴合葬；二，葬于同一茔域内的不同位置，即陪葬。后妃葬制亦不能以"合葬""祔葬"之差轻易判断，其形制究竟如何，还有待新的考古材料进一步验证。

结合以上分析，笔者以为，在王珣的语意下"开墓位"可以有两种解释：一是开陵墓与皇帝合葬，即同穴而葬；二是在皇陵附近另辟墓位与皇帝陪葬，即同茔异坟而葬。下文中提到的祔葬或合葬，也应具备以上两种可能。与王志高老师讨论后，王老师认为虞氏情况特殊，虞氏是先亡迁葬建平陵，元帝则是后葬，不存在为虞氏再"开墓位"的问题，因而怀疑王珣此话的可信度。而笔者认为，针对郑氏仅为侧室的身份，王珣所言之意为，追溯三祖与中宗几朝，并没有为了追封的侧妃而开墓合葬的先例，而非否认皇后"开墓位"的合理性。虞氏并非先皇帝而入葬的首例，三祖之中，宣帝司马懿于嘉平三年(251)去世，而此时其正妻宣穆张皇后已在正始八年(247)故去，葬高原陵，宣帝在死后与之合葬。宣帝死时曾言明"后终者不得合葬"㉜，即阻绝了其侧室与之合葬的可能。景帝司马师死于正元二年(255)，葬峻平陵，他的第一任妻子景怀夏侯皇后在此前死于青龙二年(234)，葬峻平陵，继室景献羊皇后咸宁四年(278)死后亦入峻平陵与之祔葬；文帝咸熙二年(265)死去，葬崇阳陵，三年后(268)其正妻王皇后死，合葬于崇阳陵㉝(详见表一)。若王珣之意下"开墓位"的对象包括受封的皇后，那么三祖追谥的皇后及元帝虞皇后的情况均与史实不符，但事实上王珣最终成功劝阻了孝武帝为郑太后"开墓位"，若其所言有失公允，孝武帝亦不会为之动摇了。由此推断，王珣所言"不开墓位"者应当是针对宣太后，即后终的侧室。

两晋时期，除皇后外，葬地记载明确的侧妃有简文宣郑太后、孝武文李太后和安德陈太后，分别葬于嘉平陵、修平陵和熙平陵，先帝在世时三人仅为侧室，后来母以子贵而封太后，因而获得号墓为

陵的殊荣。孝武帝追赠郑太后是在太元十九年(394),此时距荀氏去世已过59年。荀氏死时所得封号为豫章郡君,其封号之尊、生前受宠都远远比不上郑氏,若荀氏为祔葬之人,那么此前已有先例可循,再祔葬郑太后亦不会招致太多非议了,但究其结果,郑太后最终未合葬建平陵,那么成帝是否会为了豫章郡君违例开墓祔葬,笔者认为可能性是极小的。

### 表一　两晋后妃埋葬情况一览表

| 封号 | 陵墓 | 卒年 | 性质 | 备注 |
|---|---|---|---|---|
| 宣穆张皇后 | 高原陵 | 正始八年 | 与宣帝合葬 | 武帝追封 |
| 景怀夏侯皇后 | 峻平陵 | 青龙二年 | 与景帝合葬 | 武帝追封 |
| 文明王皇后 | 崇阳陵 | 泰始四年 | 与文帝合葬 | 武帝追封 |
| 景献羊皇后 | 峻平陵 | 咸宁四年 | 与景帝合葬 | 武帝追封 |
| 武元杨皇后 | 峻阳陵 | 泰始十年 | 与武帝合葬 | |
| 武悼杨皇后 | 峻阳陵 | 元康二年 | 与武帝合葬 | 怀帝追复尊号 |
| 左贵嫔 | 不详 | 不详 | | |
| 胡贵嫔 | 不详 | 不详 | | |
| 惠贾皇后 | 不详 | 永康元年 | 葬以庶人礼 | |
| 怀王皇太后 | 不详 | 不详 | | 怀帝追封 |
| 元夏侯太妃 | 不详,葬于江左 | 永嘉元年 | | 元帝追封 |
| 元敬虞皇后 | 建平陵 | 永嘉六年 | 与元帝合葬 | 元帝追封 |
| 豫章君荀氏 | 不详 | 咸康元年 | | 成帝追封 |
| 明穆庾皇后 | 武平陵 | 咸和三年 | 与明帝合葬 | |
| 成恭杜皇后 | 兴平陵 | 咸康七年 | 与成帝合葬 | |
| 章太妃周氏 | 不详 | 兴宁元年 | | 哀帝追封 |
| 康献褚皇后 | 崇平陵 | 太元九年 | 与康帝合葬 | |
| 穆章何皇后 | 永平陵 | 元兴三年 | 与穆帝合葬 | |
| 哀靖王皇后 | 安平陵 | 兴宁三年 | 与哀帝合葬 | |
| 废帝孝庾皇后 | 先葬敬平陵,后迁吴陵 | 太和六年 | 与废帝合葬 | |
| 简文宣郑太后 | 嘉平陵 | 咸和元年 | 单人葬 | 孝武帝追封 |
| 简文顺王皇后 | 高平陵 | 永和四年 | 与简文帝合葬 | 孝武帝追封 |
| 孝武文李太后 | 修平陵 | 隆安四年 | 单人葬 | 安帝追封 |
| 孝武定王皇后 | 隆平陵 | 太元五年 | 与孝武帝合葬 | |
| 安德陈太后 | 熙平陵 | 太元十五年 | 单人葬 | 安帝追封 |
| 安僖王皇后 | 休平陵 | 义熙八年 | 与安帝合葬 | |
| 恭思褚皇后 | 冲平陵 | 元嘉十三年 | 与恭帝合葬 | |

荀氏死后究竟归葬何处,史书未曾言明,因而不详。《南昌县志·古迹志下》中有关于"咸康墓"的记载如下:

咸康墓在进贤门外工艺厂前,旧有小墩。光绪三十二年秋九月,就墩洼处培土得巨石,举石下有穴若巷,两旁皆堚墙,砖文咸康二年。邑令往视,前为隧道,中为圈门,门内堚屋规模宏敞,审为古墓。即退令,以原石蔽穴,加土封禁之。

后有跋曰:

据传文,荀氏本封建安君,而赠豫章郡君者,当是成帝葬君于豫章而因有此赠号也。墓在豫章,比元陵较远,岁时致祭不便,故别立庙于京师。今墓砖为咸康二年,正君薨之明年,制近陵寝,疑为荀氏墓[33]。

"有穴若巷""前为隧道,中为圈门""规模宏敞",墓葬规模之宏大、形制之近陵寝可见一斑,墓主应当是身份等级很高的贵族。据县志作者考证,由砖文可知墓主的入葬时间是咸康二年,荀氏于咸康元年薨,来年入葬,则时间上相符合;荀氏初封建安君,死后始封豫章郡君,应当是荀氏葬在了豫章,才有封号之改,因墓在豫章,致祭不便,故"别立庙于京都"。由封号变更判断死后葬于豫章并无依据,但"别立庙"却为荀氏死后归葬提供了一些线索。

### 三、两晋追尊后妃的祔庙问题

荀氏既然是别立庙,则没有入庙与元帝配食。追封的后妃能否有资格"入庙配食"的问题,曾在两晋朝中引起多次争论。晋武帝的第二任皇后杨氏,咸宁二年(276)立为皇后,武帝崩后即被尊为皇太后。永平元年(291)贾皇后夺权,以杨氏之父杨骏谋反为名将其废黜,第二年杨氏死去。永嘉元年(307)怀帝追复其尊号,改葬峻阳陵侧,但此时"别立庙,神主不配武帝"。直到三十四年后的咸康七年(341),成帝召集君臣商议杨皇后入庙之事,卫军虞潭进言"于时祭于弘训之宫,未入太庙,盖是事之未尽,非义典也。若以悼后复位为宜,则应配食世祖,若以复之为非,则谱谥宜阙,未有位号居正,而偏祠别室者也"[⑤]。认为杨氏既然已经祔葬,但却没有入庙配食,是"事之未尽",主张若以复位为宜,便应该与武帝配食。杨氏为武帝生前亲封的皇后,虽为贾后所害,但名正言顺,后又有怀帝追封,当然有配食武帝的资格。于是虞潭这一主张为成帝与群臣接纳,最终杨氏得以配食武帝。由此可见,被认为体正位尊的皇后入陵祔葬、入庙配食可为礼制所接受,且虞潭言下之意,既然追尊祔葬,入庙配食才于"义典"相符。由此虽不能断言"祔葬"与"祔庙"二者之间有必然的关系,但多少能够反映尊号对其死后葬制与立庙事宜的影响。

两晋时期,追尊的皇后大多合葬祔庙。泰始元年,武帝司马炎以晋代魏,"追尊皇祖宣王为宣皇帝,伯考景王为景皇帝,考文王为文皇帝,宣王妃张氏为宣穆皇后,景王夫人羊氏为景皇后",后依据王肃学说确立"七庙"之制:

> 于是追祭征西将军、豫章府君、颍川府君、京兆府君,与宣皇帝、景皇帝、文皇帝为三昭三穆。是时宣皇未升,太祖虚位,所以祠六世,与景帝为七庙,其礼则据王肃说也[⑥]。

此处虽没有明确记载追尊皇后立庙的情况,但可援引旁处证明。《晋书·贾充传》:"弘训太后入庙,合食于景皇帝,齐王攸不得行其子礼。"[⑦]《晋书·贺循传》:"武帝初成太庙时,正室止七,而杨元后之神亦权立一室。永熙元年,告世祖谥于太庙八室,此是苟有八神,不拘于七之旧例也。"[⑧]由此可知,景献羊皇后与武元杨皇后神主均已祔于京师太庙,继而推测同样是在武帝时期追尊的宣穆张皇后亦应当祔于太庙。再看后世,除上述提及武悼杨皇后在成帝时得以配享太庙,东晋朝时,元帝皇后虞氏初被追尊,有司奏王后应别立庙,元帝以"今宗庙未成,不宜更兴作,便修饰陵上屋以为庙"予以回绝,到了太兴三年(321)宗庙初成,便立即迁虞皇后神主祔于太庙。

追尊侧室的情况与皇后则有很大不同。孝武帝追封简文宣郑太后时,太子前率徐邈就曾言:"(郑太后)平素之时,不伉俪于先帝,至于子孙,岂可为祖考立配?其崇尊尽礼,由于臣子,故得称太后,陵庙备典。若乃祔葬配食,则义所不可。"[⑨]即认为郑氏生前仅是侧室,"不伉俪于先帝",仅凭母以子贵并不具备祔葬配食的资格,而子孙亦不可僭越祖先,于是郑太后最终也未能祔葬配食于元帝,而是在太庙附近别立庙。此后与郑太后情况相类的安德陈太后、孝武文李太后则未立庙,而是祔于宣太后庙,由此形成"太后庙"一类独特的宗庙体系。

为郑太后立庙以享受后世祭祀,同样也是东晋朝对以往传统礼制的一项重大变革,太后尊号之正,"太后庙"现象始见,究其原因,应与孝武帝时期特殊的政治形势有关。淝水之战后,孝武帝有意振兴皇权和相权,重用其一母胞弟司马道子,士族门阀政治开始走向衰落,之前士族权力"平行于皇权或超越于皇权"[⑩]的现象不断削减,之后二十年内,尽管太原王氏成为了当政的士族,却已经没有了兵权和足以影响时局的大人物,反而成为统治者利用来打压陈郡谢氏家族的工具,故皇室权力不断振兴,与此同时庶母地位得到提升,母凭子贵的现象在皇室中变得尤为普遍。除郑太后立庙外,隆安四年(400),孝武帝尊生母李陵容为太后,李氏出身仅是宫人,群臣认为应称皇太夫人,孝武帝对此竟不理睬。及孝文帝同母胞弟司马道子当政，李太后崩后得以"葬修平陵，神主祔于宣太后庙"[41]，此后为太后立庙竟成定制。南朝刘宋明帝泰始二年(466)议孝武昭太后陵庙事宜时，有司奏："晋太元中，始正太后尊号，徐貌议庙制，自是以来，著为通典。"[42] 由是"孝武昭太后、明帝宣太后并祔章太后庙"[43]，与晋制无异。荀氏立庙更早于郑太后，亦是两晋为皇帝侧室立庙的最早记载，成帝时"尊重同于太后"，但当时既无先例可循，亦没有如孝武帝时特殊的政治局势，荀氏也不曾获得如郑太后一样空前的殊遇，在此情形下，大动干戈开墓位为元帝祔葬的可能性更是微乎其微了。

## 四、结语

南大北园东晋墓因其规模宏大且留有二道门槽，历来被认为是东晋帝陵，通过对墓葬年代的推定，为元帝建平陵的可能性最大，然而通过东晋一朝妃子祔葬可能性的分析，关于侧室所葬之人是否就是豫章郡君荀氏，目前现有证据与史料并不足以证实这一观点，笔者结合史料的分析，认为在当时的礼制环境下，荀氏凭借母以子贵而祔葬元帝的可能性很小。在此情况下，笔者认为可能性有二：第一，南大北园东晋大墓确为元帝建平陵，但侧室所葬之人并非豫章郡君荀氏；第二，南大北园东晋大墓不是元帝建平陵，墓主另有他人。由于墓葬历经多次盗扰，我们并不能根据现有考古证据及史料作出肯定的判断。再者，两晋时期普遍存在庶母地位提升、"母以子贵"的现象，太元十七年(392)太常车胤就曾上书言："开国公侯，至于卿士，庶子为后，各肆私情，服其庶母，同之于嫡"，然而朝臣对此反应却是"举世皆然，莫之或贬。就心不同，而事不敢异，故正礼遂颓，而习非成俗"[44]。可见上至公侯下到卿士，"庶子为后"的现象已经十分普遍，不管是生前仪服还是死后丧葬礼制，较之传统有了极大改变[45]，因此亦不能排除其偶然性。因而当时是否因循私情而出现过特例，仍需要进一步的研究与讨论。

致谢：本文能够完成，离不开南京师范大学王志高教授在文章撰写过程中给予的指导与帮助，以及北京大学齐东方教授、南京大学吴桂兵副教授及南京师范大学刘可维副教授在"随园六朝考古工作坊第一期：青年学者专场"会议现场提出的宝贵建议，特此向以上诸位前辈老师致以诚挚的感谢。

**注释：**

① 南京大学历史系考古组：《南京大学北园东晋墓》，《文物》1973 年第 4 期。

② 南京市博物馆：《南京北郊东晋墓发掘简报》，《考古》1983 年第 4 期。

③ 南京博物院：《南京富贵山东晋墓发掘报告》，《考古》1966 年第 4 期。

④ [唐]许嵩：《建康实录》卷 5《元帝纪》，中华书局，1986 年，第 143 页。

⑤ 李蔚然：《南京六朝墓葬的发现与研究》，四川大学出版社，1998 年，第 14 页；王志高：《南京大学北园东晋大墓的时代及墓主身份的讨论——兼论东晋时期的合葬墓》，《东南文化》2003 年第 9 期。

⑥ 吴桂兵：《南京大学北园东晋大墓的形制、墓主及其他——两晋偏室墓研究之一》，《东南文化》2003 年第 9 期。

⑦ 李蔚然：《论南京地区六朝墓的葬地选择和排葬方法》，《考古》1983 年第 4 期。

⑧ 蒋赞初：《南京东晋帝陵考》，《东南文化》1992 年第 3、4 期合刊；罗宗真：《六朝考古》，南京大学出版社，1994 年，第 69 页。

⑨ 张学锋：《汉唐考古与历史研究》，生活·读书·新知三联书店，2013 年，第 40 页。

⑩ 江西省历史博物馆：《江西南昌市东吴高荣墓的发掘》，《考古》1980 年第 3 期；南京博物院：《江苏仪征三茅晋墓》，《考古》1965 年第 4 期；南京博物院：《江苏宜兴晋墓的第二次发掘》，《考古》1977 年第 2 期；南波：《南京西岗西晋墓》，《文物》1976 年第 3 期；河南省文化局文物工作队第二队：《洛阳晋墓的发掘》，《考古学报》，1957 年第 1 期；齐东方：《三国两晋南北朝时期的祔葬墓》，《考古》1991 年第 10 期。

⑪ 韦正：《金珰与步摇——汉晋命妇冠饰试探》，《文物》2013 年第 5 期。

⑫ [唐]房玄龄：《晋书》卷 21《礼下》，中华书局，1997 年，第 649 页。

⑬[唐]房玄龄:《晋书》卷32《后妃下》,中华书局,1997年,第971页。

⑭[唐]房玄龄:《晋书》卷6《元帝纪》,中华书局,1997年,第157页。

⑮[唐]房玄龄:《晋书》卷32《后妃下》,中华书局,1997年,第979页。

⑯[唐]房玄龄:《晋书》卷32《后妃下》,中华书局1997年,第972页。

⑰[唐]房玄龄:《晋书》卷21《礼下》,中华书局,1997年,第649页。

⑱[汉]郑玄注,[唐]孔颖达疏:《周礼注疏》,北京大学出版社,1999年,第570页。

⑲焦南峰:《西汉帝陵"夫人"葬制初探》,《考古》2014年第1期。

⑳韩国河:《东汉帝陵有关问题的探讨》,《考古与文物》2007年第5期。东汉帝陵尚未发掘,故帝后的合葬形式尚有争议。根据史料记载,"合葬,羡通开道,皇帝谒便房",则应为开陵合葬。又考古勘探北兆域的帝陵为孤冢,未发现能与之匹配的皇后陵,反证东汉帝后很有可能合葬一墓。

㉑张鸿亮、卢青峰:《略谈东汉帝陵陪葬墓茔域问题》,《华夏考古》2014年第3期。

㉒[晋]陈寿:《三国志》卷5《后妃传》,中州古籍出版社,1996年,第68页。

㉓河南省文物考古研究所、安阳县文化局:《河南安阳市西高穴曹操高陵》,《考古》2010年第8期。

㉔[晋]陈寿:《三国志》卷5《后妃传》,中州古籍出版社,1996年,第70页。

㉕[汉]郑玄注,[唐]孔颖达疏:《礼记正义》卷6《檀弓上》,北京大学出版社,1999年,第170页。

㉖[汉]班固:《汉书》卷11《哀帝纪》,中华书局,1999年,第233页。

㉗齐东方:《祔葬墓与古代家庭》,《故宫博物院院刊》2006年第5期。

㉘樊一:《历代帝后的合葬及其类型——秦汉三国两晋南北朝时期》,《成都大学学报(社会科学版)》1998年第4期;牛润珍:《西高穴大墓是否为曹操墓?——高陵地望、朝向与墓葬类型之推证》,《中国人民大学学报》2010年第4期。

㉙[唐]房玄龄:《晋书》卷3《武帝纪》,中华书局,1997年,第49页。

㉚[唐]房玄龄:《晋书》卷32《后妃下》,中华书局,1997年,第984页。

㉛南京博物院:《南京富贵山东晋墓发掘报告》,《考古》1966年第4期,发掘者在报告中认为墓主为恭帝。关于富贵山大墓的墓主身份仍存在不同的观点,蒋赞初先生认为墓主是安帝或孝武帝。参见蒋赞初:《南京东晋帝陵考》,《东南文化》1992年第3、4期合刊。

㉜[唐]房玄龄:《晋书》卷1《宣帝纪》,中华书局,1997年,第24页。

㉝[唐]房玄龄:《晋书》卷31《后妃上》,中华书局,1997年,第948-952页。

㉞魏元旷:《南昌县志》卷59《古迹志下》,民国二十四年铅印本,成文出版社,第5页。

㉟[唐]房玄龄:《晋书》卷31《后妃上》,中华书局,1997年,第954页。

㊱[唐]房玄龄:《晋书》卷19《礼上》,中华书局,1997年,第579页。

㊲[唐]房玄龄:《晋书》卷40《贾充传》,中华书局,1997年,第1165页。

㊳[唐]房玄龄:《晋书》卷68《贺循传》,中华书局,1997年,第1824页。

㊴[唐]房玄龄:《晋书》卷32《后妃下》,中华书局,1997年,第979页。

㊵田余庆:《东晋门阀政治》,北京大学出版社,1989年,第341页。

㊶[唐]房玄龄:《晋书》卷32《后妃下》,中华书局,1997年,第981页。

㊷[梁]沈约:《宋书》卷17《礼四》,中华书局,1983年,第461页。

㊸[梁]沈约:《宋书》卷17《礼五》,中华书局,1983年,第493页。

㊹[唐]房玄龄:《晋书》卷19《礼中》,中华书局,1997年,第628页。

㊺张焕君:《魏晋南北朝丧服制度研究》,清华大学博士学位论文,2005年,第105页。

(作者单位:复旦大学文物与博物馆学系)

# 狮子山楚王陵墓出土印章的整理与认识

◇ 刘 妍

**内容提要**：狮子山汉墓发现之后即引起学界广泛关注，墓主为西汉早期某代楚王，该墓共出土各类文物2000余件(套)。其中出土官印200多方。《狮子山汉墓发掘简报》刊发后，学者展开了对印章及相关问题的探讨，成果显著。文章在全面系统梳理狮子山汉墓出土印章的基础上，参考史料对官印的相关记载，并结合现有研究成果，提出了一些粗浅的认识。主要包括：第一，狮子山汉墓出土印章当为楚国各级官吏；第二，狮子山汉墓残碎印章当在下葬前已击残，并非盗墓者所为；第三，虽然汉墓出土的官印多为冥器印章，但狮子山印章多有使用磨损痕迹，下葬前应为实用印。

**关键词**：狮子山楚王陵 汉代官印 印章

徐州狮子山汉墓发掘于1994至1995年，是西汉早期的楚王陵墓，出土了大量精美文物，尤以玉器和印章备受瞩目。关于狮子山楚王陵出土的印章的相关研究论文已有十余篇，内容涉及职官地理等方面。本文主要对狮子山出土印章情况进行详细统计，并提出了几点认识。

**一、狮子山楚王陵印章出土情况**

狮子山楚王陵墓内发掘出土各类印章200余方，有三种质地，分别为玉印、银印和铜印。其中，玉印2方，覆斗纽，无字，属葬印。银印5方，龟形纽。铜印200余方，1方为长方形的双面穿带铜印，无纽，属私印名章，文字已损毁；其余均为正方形的鼻纽铜印，其中，完整和拼接后基本完整的187方，不能拼接的碎印块60方。楚王陵墓出土的印章，除2方玉印和1方铜私印外，其他印章从形制、大小和印文来看，均为西汉楚国当时的实用官印。从该墓的考古发掘情况来看，这批楚国官印原本埋藏于楚王陵墓地宫内部专门放置印章的西二侧室内，由于这间御府库被盗极其严重，印章多被盗墓人从室内掏出，发掘时印章散乱出土于楚王陵墓地宫各处，主要集中分布在西二侧室和主墓门外的盗洞扰土之中①。

经整理统计，目前狮子山陵墓出土西汉楚国官印的印文，共发现37种不同名称，包括23种楚国属官和军队武官，以及14种西汉楚国所属县邑官印(表一、图一)。

表一　狮子山楚王墓出土印章统计表

| | 印文 | 质地 | 钮式 | 数量 | 备注 |
|---|---|---|---|---|---|
| 1 | 楚都尉印 | 银 | 龟钮 | 4 | 完整,均未使用,印文錾刻 |
| 2 | 楚骑尉印 | 银 | 龟钮 | 1 | 完整,未使用,印文錾刻 |
| 3 | 楚候之印 | 铜 | 鼻钮 | 约110 | 完整印54方,击残39方,碎印块约20方 |
| 4 | 楚中候印 | 铜 | 鼻钮 | 5 | 完整 |
| 5 | 楚司马印 | 铜 | 鼻钮 | 约40 | 完整印23方,击残11方,碎印块约10方 |
| 6 | 楚中司马 | 铜 | 鼻钮 | 2 | 1方完整印面磨损严重,1方砸碎 |
| 7 | 楚营司马 | 铜 | 鼻钮 | 2 | 完整 |
| 8 | 楚营司空 | 铜 | 鼻钮 | 5 | 2方完整,1方钮残,2方砸碎 |
| 9 | 楚中司空 | 铜 | 鼻钮 | 4 | 2方完整,1方钮残,1方砸碎残缺 |
| 10 | 楚骑千人 | 铜 | 鼻钮 | 9 | 5方完整,2方钮残,2方印台残碎 |
| 11 | 楚轻车印 | 铜 | 鼻钮 | 2 | 完整,钮内有印绶痕迹 |
| 12 | 楚卫士印 | 铜 | 鼻钮 | 1 | 完整 |
| 13 | 楚佐弋印 | 铜 | 鼻钮 | 1 | 钮残缺,印台砸碎拼合完整 |
| 14 | 楚太仓印 | 铜 | 鼻钮 | 1 | 钮残,印台残损 |
| 15 | 楚太史印 | 铜 | 鼻钮 | 1 | 钮残缺,印台砸碎拼合完整 |
| 16 | 楚大行印 | 铜 | 鼻钮 | 1 | 钮残缺,印台砸扁,印文损毁严重 |
| 17 | 楚太仆丞 | 铜 | 鼻钮 | 1 | 完整 |
| 18 | 楚御府印 | 铜 | 鼻钮 | 1 | 钮残缺 |
| 19 | 楚祠祀印 | 铜 | 鼻钮 | 1 | 二式鼻钮,完整,印台残损 |
| 20 | 楚永巷印 | 铜 | 鼻钮 | 1 | 钮残缺,印台砸扁损毁严重 |
| 21 | 楚后太傅 | 铜 | 鼻钮 | 1 | 钮残缺,印台砸碎拼合完整 |
| 22 | 楚食官印 | 铜 | 鼻钮 | 1 | 完整 |
| 23 | 食官监印 | 铜 | 鼻钮 | 1 | 二式鼻钮,印面文字磨损严重 |
| 24 | 相令之印 | 铜 | 鼻钮 | 1 | 完整 |
| 25 | 承令之印 | 铜 | 鼻钮 | 1 | 完整 |
| 26 | 僮令之印 | 铜 | 鼻钮 | 1 | 完整,有使用痕迹 |
| 27 | 兰陵之印 | 铜 | 鼻钮 | 1 | 钮击残 |
| 28 | 武原之印 | 铜 | 鼻钮 | 1 | 钮残缺,印面击残 |
| 29 | 容□之印 | 铜 | 鼻钮 | 1 | 钮残缺,印面残缺一字 |
| 30 | 谷阳之印 | 铜 | 鼻钮 | 1 | 钮残被砸扁 |
| 31 | 谷阳丞印 | 铜 | 鼻钮 | 1 | 完整 |
| 32 | 文阳丞印 | 铜 | 鼻钮 | 1 | 完整,字口完好未使用 |
| 33 | 卞之右尉 | 铜 | 鼻钮 | 1 | 完整,有使用痕迹 |
| 34 | 胸之右尉 | 铜 | 鼻钮 | 1 | 完整 |
| 35 | 缯之右尉 | 铜 | 鼻钮 | 1 | 钮击残 |
| 36 | 海邑左尉 | 铜 | 鼻钮 | 1 | 完整 |
| 37 | 北平邑印 | 铜 | 鼻钮 | 1 | 钮微残,有使用痕迹 |

(采自葛明宇编:《狮子山楚王陵考古研究》表十四)

图一　楚王陵出土印章印文拓片

1.楚都尉印，2.楚骑尉印，3.楚候之印，4.楚中候印，5.楚司马印，6.楚中司马，7.楚营司马，8.楚营司空，9.楚中司空，10.楚骑千人，11.楚轻车印，12.楚卫士印，13.楚佐弋印，14.楚太仓印，15.楚太史印，16.楚大行印，17.楚太仆丞，18.楚祠祀印，19.楚御府印，20.楚永巷印，21.楚后太傅，22.楚食官印，23.食官监印，24.相令之印，25.承令之印，26.僮令之印，27.兰陵之印，28.武原之印，29.容□之印，30.谷阳之印，31.谷阳丞印，32.文阳丞印，33.卞之右尉，34.胸之右尉，35.缯之右尉，36.海邑左尉，37.北平邑印　　　　　　（拓片由狮子山楚王陵报告编写组提供）

## 二、相关认识

狮子山楚王陵墓早期被盗，从盗墓现场遗留的痕迹推测当时被盗走的器物以金银器以及大型铜器为主。小件器物如钱币、印章散落于盗墓通道各处。其中自山顶向下的竖穴盗洞中也发现一定数量的印章，个别为银印，盗墓者应带走了一批印章。这批残留的印章多数有不同程度的损坏，严重者仅剩残块。这批印章承载着重要的历史信息，本文仅从以下几个方面试做分析。

### 1.汉代用印制度

汉朝在承袭秦官制的基础上，其职官制度进一步发展规范，而与之官制相配套对应的，则是汉代的一整套等级分明、体系完备的官印和印绶制度。据《汉书》《后汉书》《汉官仪》等史料文献记载，汉代的官印体系和印章形制，从高到低大致可分为三大类，每个大类中又包含几种不同等级。第一类是帝王玺印，皇帝之印曰"玺"，白玉质，螭钮，方一寸二（约2.8厘米），印名有六种，即"皇帝行玺""皇帝之玺""皇帝信玺""天子行玺""天子之玺""天子信玺"，称之为"乘舆六玺"[②]。汉代诸侯王印，金质，龟钮，方寸（约2.3厘米），印名亦曰"玺"或"印"，即"××王玺"或"××王印"。第二类为百官之印章，其上至官秩万石之丞相，下至官秩二百石以上的县长、丞、尉，印皆方寸（即正方形印章），谓之"通官印"[③]。中国篆刻莫不以汉为宗，篆刻艺术亦谓之"方寸之间"，皆源于此。通官印是汉代官印的主体，因其品级跨度很大，而不同品级的官印，在印章的形制、质地、钮式、印名称谓等各方面，又有严格的等级规定，大致可分为三种：一是龟钮金印，乃公、侯、将军之印；二是龟钮银印，为秩比二千石以上的朝官诸卿、军中都尉、校尉，以及地方上的郡守、王国相等高级军政长官之印；三是方形的鼻钮铜印，为秩千石以下至二百石以上的各级官吏印章。西汉前期，通官印之名皆曰"印"；西汉中期，中央集权进一步加强，汉武帝于元狩四年（公元前119年）和太初元年（公元前104年），分别对汉朝的官制、印制进行了两次大的改制，汉代的官印制度更为规范。武帝改制以后，二千石以上的高级官印由原来的四字改为五字，印名也由"印"改称为"章"[④]；千石以下的低

级通官印，仍为四字，曰"印"。第三类为二百石以下的小吏官印，铜质，鼻钮，印半寸，即这种小吏的官印呈竖长方形，印文一般为上、下两字，或曰"印"，如"府印""库印""厨印"等，或直书官名，如"少府""少内""铁官""司空""左库""缯丞""北乡""邓亭"等。由于小吏印章只有通官印的一半大小，故称之为"半通"，亦称"半章"[⑤]。

此外，汉代官印皆随身佩系，因此与官印相应的还有其印绶制度。印绶即穿系于印钮之上，用以佩带的一种特制绶带。汉代不同等级的印绶，除制作材料、编织方法、长度有所区别外，主要以其印绶的颜色作以区分。《汉书》《后汉书》中所记载的前汉与后汉的印绶之制略有不同，其不同之处主要为帝、王等高级贵族的印绶变化，其他中下级官吏的印绶则大体相当。狮子山陵墓的时代为西汉，《汉书·百官公卿表》所载的西汉印绶大致分为以下几等：诸侯王"金印盭绶"[⑥]；公、侯、将军"金印紫绶"；九卿及秩比二千石以上者，皆"银印青绶"[⑦]；诸卿以下，秩比六百石以上，皆"铜印黑绶"；秩比六百石以下，比二百石以上，皆"铜印黄绶"。《汉书》对于二百石以下的小吏印绶未言，《后汉书·舆服志》曰"青绶"。汉承秦制，并兼以周礼分封之法，故汉代实际推行的是一种中央直属郡县与分封诸侯王国并行的"郡国制"。在这种特殊的体制下，汉朝中遂出现了中央和地方王国的两个官制体系。王国的官制、印制基本上与汉朝保持一致，但在职官名称、官印体系上又与汉官印有所不同，王国属官印章的一个显著特点，即其官印上的前字皆为之国号，以此与汉朝官印加以区分。狮子山楚王陵墓出土的西汉楚国属官印章中，首字皆为一"楚"字，标明其为楚国之官。从楚王陵墓出土的5方龟钮银印来看，其印文皆为楚国武官，印章的形制、大小、质地、钮式均与汉朝官印一致。因此，该墓出土的5方龟钮银印，皆为西汉楚王国二千石以上的高级武官印章。

### 2.毁印现象

该墓出土的印章多数有不同程度的损坏现象，从残损状况看，应是有意为之。关于残碎印章问题，该墓发掘后各种说法不一，一般认为是陵墓盗掘时被盗墓人砸碎用以判断质地。但就目前该墓印章的

整理情况来看,此说或有不妥。

第一,当年盗墓人根本没有必要将这些小铜印一一砸碎,拿走即是。印章主要发现于盗洞、甬道及西二侧室,在距离盗洞开口1.2米处即开始发现散落的印章,可见盗墓者已将部分印章带出。此外,将印章一一击残或击碎,需要耗费不少时间及精力。

第二,通过对楚王陵墓出土印章的逐一整理、拼对和详细观察,其中完整的铜印字口鉴刻如新,印台四边整齐、棱角尖锐,基本为铸刻后未经使用或短期使用之印;而被击残和砸碎的印章,字口多模糊不清,印台边角圆润,使用的痕迹较为明显。

第三,所有出土印章中有100方印纽完整的印章,其余一百余方印章印纽均残失,且多数齐根断裂,在整理过程中仅发现2枚残损的印纽,若排除发掘失误未采集的情况,则有大量印章下葬时已无印纽。

第四,有观点认为印章象征身份地位,将之盗出容易被发现。此说或有一定道理,但从残留的物品推测,楚王陵墓被盗走的文物定为精品,同样非常人所能拥有,该理由较难成立。

因此,本文认为楚王陵出土的这批残碎印章,并非该墓盗掘时被盗墓人砸碎,而是被当年的西汉楚国官印管理机构有意击残砸碎的,这应与西汉时期的官印制作、颁授、回收、保管等玺印制度有关。类似现象在已发掘的徐州北洞山西汉楚王墓中亦有所发现,该楚王墓被盗更为严重,但墓中仍出土楚王属官县邑官印12方[8]。据考证,北洞山楚王墓与狮子山楚王陵时代一致,均为西汉前期[9]。两座楚王墓中发掘出土的印章性质相同,情况相似。由此说明,西汉前期的楚王国,曾存在官印用于随葬的制度。

3.汉墓出土的官印

汉代随葬印章现象较为普遍,故汉墓中常有印章出土,但数量均较少,通常为死者随身佩带的私印名章。官印为权柄之物,官吏去任后须上缴,所以汉实用官印一般不用作陪葬,但徐州狮子山楚王墓却出土大量实用官印,实属罕见,究其原因,这批官印为楚王所属,情况特殊。目前全国范围内正式发掘的汉代诸侯王墓葬已有数十座,使用属官实用印

章陪葬的仅狮子山汉墓与北洞山汉墓,两座墓葬均发现数以万计的半两钱币,时代当属西汉早期。据此推测西汉早期,至少在楚王国存在使用实用官印随葬楚王的制度或现象。曾有学者认为,狮子山楚王陵墓墓主为反王刘戊,并认为印章(含大量军官印章)是刘戊违制带入地下。若如是,则北洞山汉墓出土官印又作何解释。因此,这一现象并非偶然,而是作为一种制度存在于某一特定时期。

汉代亦有赐葬官印之说,但仅属个例。而汉墓出土的官印则多为专门仿制的随葬印(明器印章),并非当时真正的实用官印。西汉时期创立了以明器官印随葬的制度,目前陕西发现的随葬官印约有320方,包含王侯之印及普通官印;楚国约250方;南越国13方;湖南出土34方;其它重要墓葬11方[10]。随葬明器官印现象比较普遍,如湖南长沙马王堆汉墓二号墓中出土的"长沙丞相"印章[11],此印为龟钮铜印,与正常汉官印的印制不符合,马王堆二号墓主人軑侯利苍曾为西汉长沙国丞相,其墓内所葬之印即为1方仿制的随葬印。西汉帝陵丛葬坑使用印制规格二分之一甚至更小的官印随葬。

使用仿制印章随葬的现象较为普遍,包括一种无字玉印,据考,这类无字玉印并非无字,而是印文为朱书或墨书文字,因故未保存下来。墨书官职于印面之上,作为官印随葬的仅发现一列。青岛土山屯汉墓群M147出土两方仿制官印,这两方印章为玉质,印面分别墨书"萧令之印"和"堂邑令印",以示生前曾为萧令与堂邑令。铭刻职务印文的玉印依制为帝王专用,故使用玉石质地的素面玉印,在下葬前墨书或朱书官职于印面上,以示与正常官印不同,又可将象征社会地位的职务印章带入另一个世界[12]。

三、结语

关于狮子山楚王墓出土印章及相关问题,韦正、黄盛璋、梁勇、赵平安等先生均撰文进行深入研究[13],其重点多在印文所示官职、属县考证及墓主问题。本文避重就轻,尝试探讨了碎印产生的原因,认为是下葬前击碎且当时存在实用官印随葬的制度。同时,本文对汉代使用仿制官印随葬的现象进行了简单统计分析,认为使用实用官印随葬属特殊

情况,多数以仿制官印随葬,并认同无字玉石印多为仿制官印这一观点。

注释:

① 葛明宇:《狮子山西汉楚王陵墓考古研究》,河北美术出版社,2018 年,第 233 页。

② 先秦时期,印章无定制,名称多样,有"印、信、章、玺"等,皆通用。秦始皇统一全国后,定印制,规定"玺"为帝王专用,其余皆曰"印"或"章"。皇帝"六玺"之制始于秦,即"皇帝行玺"用于分封诸侯;"皇帝之玺"用于赐王侯书信,配以符节使用,"皇帝信玺"用于发兵,与兵符配合使用;"天子行玺"用于召见王公大臣;"天子之玺"专门用于祭祀天地鬼神;"天子信玺"用于册封外国君主。汉承秦制,亦沿用"六玺"印制。

③《汉旧仪补遗》记载:"二百石以上皆为通官印"。

④《史记·孝武本纪》:"官名更印章以五字,因为太初元年。"又《汉书·武帝纪》载:"(太初元年)夏五月,正历,以正月为岁首,色上黄,数用五。"张晏注曰:"汉据土德,土数五,故用五,谓印文也。若丞相曰'丞相之印章',诸卿及守相印文不足五字者以'之'足之。"

⑤《后汉书·仲长统传》:"身无半通青纶之命。"《扬子法言·孝至篇》亦云:"五两之纶,半通之铜。"文中所言的"半通"皆为汉代的半通官印,其义指俸秩很低、品级极微的末吏小官。

⑥《汉书·百官公卿表》诸侯王注,如淳曰:"盩音戾。盩,绿也,以绿为质。"晋灼曰:"盩,草名也,出琅邪平昌县,似艾,可染绿,因以为绶名也。"《后汉书·舆服志》曰:"诸侯王赤绶"。

⑦ 汉制,同级官吏仍有明细的等级界定,以二千石诸卿为例,分为中二千石、真二千石、二千石和比二千石四等。中者满也,月俸 180 斛,上卿、九卿食之;真二千石月俸 150 斛;二千石月俸 120 斛,内史、都尉、郡守食之;比者最次,仅相当于或参照二千石之俸,郡都尉、校尉食之。以下秩比六百石,比二百石皆同之。

⑧ 徐州博物馆、南京大学历史系考古专业:《徐州北洞山西汉楚王墓》,文物出版社,2003 年,第 114 页。

⑨ 葛明宇:《徐州北洞山汉墓年代与墓主探讨》,《考古》2009 年第 9 期。

⑩ 部分数据来源于李银德先生在秦汉考古与秦汉文明研讨会上的发言。

⑪ 湖南省博物馆、中国社会科学院考古研究所:《长沙马王堆二、三号汉墓发掘简报》,《文物》1974 年第 7 期。

⑫ 周黎、周波:《汉墓出土的无字玉石印》,《大众考古》2019 年第 4 期。

⑬ 韦正:《从出土印章封泥谈汉初楚国属县》,《考古》2000 年第 3 期;黄盛璋:《徐州狮子山楚王墓墓主与出土印章问题》,《考古》2000 年第 9 期;梁勇:《徐州狮子山楚王墓出土印章与墓主问题的再认识》,《考古》2006 年第 9 期;赵平安:《对狮子山楚王陵所出印章封泥的再认识》,《文物》1999 年第 1 期。

(作者单位:徐州汉兵马俑博物馆)

# 浅识南朝梁文帝建陵神道石柱
## ——以莫友芝题刻为中心

◇ 阙 强

**内容提要**：梁文帝萧顺之建陵石刻位于丹阳三城巷唐家村东约 400 米处，现存麒麟 1 对，方形石柱础 1 对（共 7 件），神道石柱 1 对，龟趺 1 对。其中反书神道石柱石额上右侧有一段同治九年莫友芝题刻的文字内容鲜有人注意，题刻前一部分阐述了前人对于建陵主人的推测与考证，后一部分重点描述了同治年间莫友芝与好友寻获神道石柱文字的经历。这篇简短文字记载既是清晚期重要的金石考据资料也为一篇简短的文物保护日志，本文以莫友芝的题刻内容为中心，浅析神道石柱的前世今生，以期更全面地认识建陵神道石柱。

**关键词**：建陵 神道石柱 莫友芝 题刻

**一、莫友芝的题刻**

莫友芝(1811–1871)字子偲，自号邵亭，贵州独山人，晚清金石学家、书法家。同治四年(1865)莫友芝任金陵书局总编校，定居金陵，得益于便利的条件他于金陵附近遍访名碑古迹，并于同治九年在建陵神道石柱石额上留下题刻。由于莫友芝题刻的字均为 2 厘米见方，且位于丹阳建陵神道石柱石额上很难被人注意，关于莫友芝的题刻内容载于其著作《宋元旧本书经眼录》之梁建陵阙："此梁武帝父顺之之陵阙也，此正刻一石见欧阳修集古录而误属宋文帝，王象之已为举正，宋以后遂逸。此反刻一石，同治八年春，友芝始并访获，犹逸正刻'太''祖''皇'三字，娄杨葆光乃搜出合之，九年初九月辛卯题记。"此题刻内容由于出自莫友芝著作而被广大六朝石刻及金石学爱好者奉为圭臬。但据笔者搜得

的一些建陵神道石柱民国拓片照片再结合清陆增祥所著《八琼室金石补正》卷十一梁太祖建陵二阙条的记载，发现莫友芝在建陵北神道石柱石额上的题刻与其著作中的记载有异，现将莫友芝的题刻内容准确完整地公布以正视听。

图一 建陵石刻全貌

图二 莫友芝题刻文字拓片

建陵北神道石柱石额最右侧从左至右竖刻楷体："此梁武帝父顺之陵阙也,其正刻一石见欧阳集古録而误属宋文帝,/王象之已为举正,宋以後遂逸。此反刻一石,昔人未有言者,同治八年/春,独山莫友芝始并访获。犹逸正刻太祖皇三字,妻杨葆光乃蒐出/合之,九年秋九月辛卯友芝来观题记。/"石额左侧竖刻"梁建陵东阙",南神道石柱石额右侧竖刻"梁建陵西阙"。

图三 建陵神道柱石额正反书文字

## 二、神道石柱的命名

丹阳建陵神道石柱完整的造型系由柱础、柱身和顶盖三部分组成。柱础,上部为覆盆状,浮雕一对环绕柱根的双口衔珠并交尾的螭龙,其下为方形石础,四面浮雕神怪异兽;柱身作28道隐陷直刿棱纹圆柱形,柱身上端有矩形石额,俱阴刻文字标志墓主身份, 矩形石额下方间饰有浮雕交颈龙纹及绳辫纹,顶盖为覆莲状,其上蹲踞有一小兽,多为辟邪①。

莫友芝将建陵神道石柱称作"东阙、西阙",关于南朝陵墓前的神道石柱的名称莫衷一是,据《后汉书·中山简王焉传》:"墓前开道建石柱为标,谓之神道。"《宋书》卷三十三《五行志四》载:"元嘉十四年(437)震初宁陵口标,四破至地";卷三十四《五行志五》又载:"孝武帝大明七年(463),风吹初宁陵隧口左标折。"可知神道前的石柱称为标。《南齐书》卷二十二《豫章文献王疑传》云:"上(齐武帝萧赜)数幸巍第,宋长宁陵隧道出第前路,上曰:'我便是入他家墓内寻人。'乃徙其表阙驷于东岗上。驷及阙,形势甚巧,宋孝武帝于襄阳致之,后诸帝王陵皆模范而莫及也。"由此可知南朝帝王陵墓设置麒麟和阙源自宋孝武帝为其父辟建的长宁陵,此时称神道石柱为表阙。《广韵》:"阙在门两旁,中央阙然为道也。"《金石录》卷一八:汉冯使君墓阙铭云:"故尚书侍郎河南京令豫州刺史幽州刺史冯使君神道",故清代著名金石学家莫友芝将建陵神道石柱唤作"东阙、西阙",以致清末民国时期的萧梁碑刻拓片题签多为"×××东(西)阙",但从建陵神道石柱所处的地理位置而言,称之为"南阙、北阙"更妥。但据《旧唐书·礼仪志》载:大同年间(535-546),梁武帝拜谒建陵,曾对身边侍臣说:"陵阴石虎与陵俱二十余年,恨小,可更造碑、石柱、麟,并二陵中道门为三闾。"可见当时就称之为石柱,近代研究者根据南朝时期帝王陵前的石阙题刻文字和造型,简称为"神道石柱"准确扼要。

## 三、前人考证与记载

从现存建陵石刻最早的照片即1909年张璜来丹阳考察建陵时所拍,可以看出当时建陵北神道石柱仅存一半柱身,南神道石柱保存基本完整但上部构建遗失。据《隆庆丹阳县志》载:"葬梁武帝及母张后，有紫云香泉之祯，隧口石麒麟起舞，旧有两碑在陵门，题云'太祖文皇帝之神道'，字画反左相对，今不存。"另《乾隆丹阳县志》载："碑二，其一在陵门，题曰太祖文皇帝之神道，字画古茂。陵所一碑岿然高耸，八分书。又一碑堕田野中，雷火焚击，剥落无字。"可知建陵神道神柱石额在明清时期已经被雷电击中而坠地破碎，由莫友芝的题刻和民国时期的老照片可知坠落的当为南神道石柱正书文字石额。

图四　1909年张璜摄建陵石刻全

再回到莫友芝题刻内容本身，"其正刻一石见欧阳集古録而误属宋文帝，/王象之已为举正"。欧阳修在《集古集》宋文帝神道碑云："右宋文帝神道碑云'太祖文皇帝之神道'，凡八大字而别无文词，惟以此为表识尔。古人刻碑，正当如此。"这是最早对建陵神道神柱题额铭做出简单描述的记载，只是限制于当时的交通以及拓片资料欧阳修并未到达丹阳作详细考证而误认为是南朝宋文帝刘义隆陵前神道石柱。

驳正北宋文学大家欧阳修考证的是南宋著名地理学家王象之，在其著作《舆地碑记目卷一镇江府碑记》对建陵主人作了考证："梁太祖文皇帝神道碑在丹徒县之三城港文帝陵下，镇江志云：欧公集古录以为宋文帝碑，非是，盖宋文帝自葬蒋山，见于沈约《宋书》。明甚第见此八字与宋文帝谥号偶同，遂指以为宋帝，而不知其为梁武帝之父追尊之号亦同。"

南宋王象之于宝庆年间，著成宋地理学名著《舆地纪胜》，具有很高的学术价值。王象之博学多识，尤精史地之学加之其担任过江苏江宁知县，仕宦之余，收集地理书及诸郡县地志、图经，随时编集，较之于欧阳修他对南京及丹阳周边的山川古迹更为精通，

所以他清楚地知道宋文帝葬于南京的蒋山（紫金山），并准确地指出梁文帝陵在丹徒三城港。

莫友芝认为宋代以后正刻"太祖文皇帝之神道"石额已经散失了，反刻石额古人也没有再提及。同治戊辰秋（即同治七年）莫友芝在江宁上元县监拓了一批萧梁碑刻拓片，拓片上多钤印"同治戊辰秋莫友芝监拓"印章②，可见莫友芝不仅是金石学家也是碑帖收藏家，并精通传拓技法，莫友芝极有可能是为了集全萧梁全碑拓片，于次年春来丹阳寻找建陵神道石刻，这也是他在建陵神道石柱石额上题刻的缘起。莫友芝访得反书神道石柱石额，但他仍没有找到失散的正书石额上镌刻的"太、祖、皇"三字。最后由江苏娄县人杨葆光在残石中搜得并将带字残石拼合，同治九年秋莫友芝再次来到丹阳建陵观摩并题记。

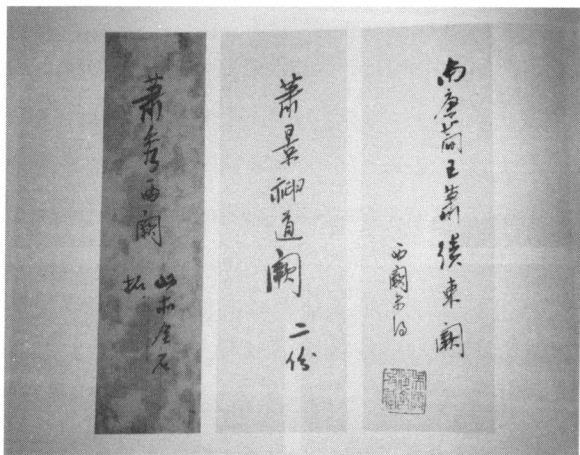

图五　拓片题签及莫友芝印章

关于杨葆光搜得正书"太、祖、皇"三字残石的始末在其《梁建陵石阙字跋》作了详细记载"予以同治己巳(1869)夏至曲阿,检邑乘陵墓门,有云建宁陵石柱题字云:'太祖文皇帝之神道',旁有一隶字碑,倒榛莽中,问之土人,无知者。以为时经兵火,志不足信也。其年秋,邵亭叟莫友芝致冯直牧渭书云:'建宁陵尚有二石麟、二石柱,柱额堕地。每额四行,行二字',云:'太祖文皇帝之神道',一右读,一左读,右读者右边失三字,属直牧访之,直牧以属余,复偕土人踪迹之。如邵亭叟言,右读一碑,'祖''皇'字缺,'太''文''之'字缺其半。因于残石中索之,得一石,而'太''祖''文'字获全,只'皇''之'字缺其半耳,二碑本立华表柱头,已雷劈堕地,旁无所谓隶字碑者,复于直牧。直牧命工拓之,以遗邵亭叟,且谓予曰:'使缺者复完,子之功不浅矣,盖其志缘起,以为斯碑幸乎'题识既竟,分赠拓本,其后邵亭叟复于碑旁镌数字以传久云,庚午二月。"

从杨葆光的记载可以看出莫友芝从建陵悻悻而归后,仍然对丹阳建陵神道神柱上所佚的文字念念不忘,莫友芝还写信嘱咐好友冯直牧寻找,而杨葆光受冯直牧的嘱托,再次请来建陵附近的村民帮助搜寻,功夫不负有心人,最终杨葆光在一堆残石中搜得一块石头使得建陵南神道石柱"太""祖""文"三字完整不缺,仅"皇""之"字尚缺半字,观清末民国时期的建陵南神柱石柱题额拓片确凿无疑。为了记录破璧重圆的时刻冯直牧命令拓工立即传拓,将拓本赠予莫友芝。第二年秋天莫友芝携工匠再次来到丹阳建陵,他追溯了前人建陵神道石柱的主人的相关考证,记载了杨葆光收集的三个石刻残字的功绩,并让工匠将这片简短的文字内容镌刻于建陵北神道石柱矩形石额之上。莫友芝最终于同治九年得以传拓建陵神道碑上的正反书文字,并赠拓本于杨葆光。

### 四、建陵神道柱正反书

建陵南北神道石柱石额上的阴刻文字,内容均为"太祖文皇帝之神道",南神道柱从右至左每竖行刻二字,每字均为正刻符合古人正字顺读的习惯;北神道柱从左至右每竖行刻二字,每字均为反刻为逆读,称之为"反左书",莫友芝在题刻中称之为"正刻一石"和"反刻一石",类似于白文印章镌刻,印面为阴刻反

字逆读则印蜕为阴刻正字顺读。建陵神道石柱上的文字互为镜像,细观并不能完全重合,反书文字是书法家刻意创造的另一种书体,正书文字和反书文字由书法家分别写就,再由工匠镌刻于石额之上。据梁书法家庾元威《论书》载:"反左书者,大同东宫学士孔敬通所创。余见而达之,于是座上酬答诸君无有识者,遂呼为众中清闲法。今学者稍多,解者益寡。"

目前南朝反左书实物仅存两处,一处为南京栖霞区十月村的萧景墓神道石柱,一件为南梁丹阳萧顺之建陵神道石柱。难能可贵的是建陵正反书均保存完好。关于神道石柱上出现反书文字,民国时期的学者卫聚集贤认为反书是"欲宣扬祖德,石柱刻为反书文字,使易拓为幅帖",卫聚贤所说的"拓为幅帖"即为传拓技艺中不常用的扫拓法(图六)。当代学者巫鸿认为六朝时期玄学盛行,神道石柱上正书文字是写给凭吊者看的,而反左书文字是写给墓主人灵魂看的[3]。但细观建陵神道石柱两石额为面向神道且与神道平行,墓主人的灵魂需偏离神道这一轴线绕道反书背后才能看到正书,且墓主人肯定知道该墓为自己所有,于情于理不合。我们再回归到建陵众多石刻本身,反左书的出现便不足为奇了。我们细看陵前两石兽,北石兽头稍偏向东,而左前肢伸向前,右前后两肢居后。南兽头稍偏向东,且右前后两肢伸向前,左前后两肢居后,再绕到南北石龟砆后细看石龟的尾巴,便可发现南北石龟的尾巴均甩向东。细观这些石刻的细节都是以神道为中轴线而南北对称,为特意设置的,故正书文字及反左书文字也是为了追求对称而故意为之。

图六　萧景神道石柱反书文字扫拓拓片

对于建陵神道石柱上文字本身的记载有《至顺

镇江志》载："在县东北二十五里三城武帝父文帝及张后所葬。文帝讳顺之，字文纬，齐封临湘县侯，卒谥懿。后讳尚柔，宋泰始七年殂，合葬晋陵武进县都城里山……旧有两碑，其一在陵门题云太祖文皇帝之神道，字画反正相对今皆不存，惟两石龟存焉。"

《乾隆丹阳县志》载："碑二，其一在陵门，题曰太祖文皇帝之神道，字画古茂。陵所一碑岿然高耸，八分书。又一碑堕田野中，雷火焚击，剥落无字。"

清乾隆吉梦熊《梁建陵反正书跋》云："梁代陵华表刻文皇帝之神道，字画大于瘗鹤铭，余于壬寅冬出北郭，携墨工拓之，一系正书，在左石上，一系反书，在右石上。"

吉梦熊之孙吉正常所作《建陵断碑歌为束季符作》："季符茂才好奇古，邀我来观建陵之片石。披萝剥苔究遗文，正书反书穷考核。敬通创作清闲法，庐陵集古误为宋，遂使此碑为荒僻。世上沦弃多苛珍，风霜剥落兼日炙，千年古碑卧田塍，樵夫牧竖不知惜。先贤爱古心悠悠，千搜万索始能获。亲携墨工拓此碑，宝之不啻千金璧。越今七十有三载，翁仲破碎石色赤。季符茂才正奇士，爱此银钩兼铁画。乐石吉金敦故欢，我生亦有嗜奇癖，怀古茫茫集百忧。萧梁人物成陈迹，王气全销帝宅荒，石麟屹立莹薜碧。"

从上述记载可知关于建陵神道石柱上正反书文字的描述前人大多以"字画古茂""字画大于瘗鹤铭""八分书""铁画银钩"等模糊的词来形容。笔者观清末民国时期的建陵东西阙拓片而知，石额长约128厘米、宽约68厘米，以"文"字为例，该字长约19厘米、高约22厘米，字画大于瘗鹤铭绝非虚言。文字本身"太""祖""文""帝""道"等字的长横笔画多用波挑仍有隶书蚕头燕尾之笔法，再观反书"太""文""之""道"四字行笔多用楷体，但出现隶书的捺笔画，肥硕却不失灵动飘逸之感。在这8个字中以"神"字最为奇异，"神"字的"曰"右下角多出一点，此点的出现是为了照顾篇幅的平衡而故意为之，为书法艺术上的补白之用。"帝"中的横折笔画"冖"笔画显得更长更饱满，且竖钩明显，楷法已具。"太祖文皇帝之神道"柱额文字笔力老劲，意趣古雅，其书体为楷法而略带隶意，隶楷融合自然，楷隶互间，古拙质朴，结体疏密有致，行笔舒缓从容，为南朝齐梁时期隶楷书代表之

作，是研究南朝书法的珍贵地实物资料。

**五、神道石柱碑额的归宿**

在杨葆光搜得残石后四十年后，神道石柱石额的价值得到丹阳官方的重视和保护。据张璜《梁代陵墓考》载："一九〇九年五月，丹阳县署为免将来之损失，欲将此二碑移入城中，曾以七十人共扛反书之石，费尽力量，仅将其移去二里，而大块石头仍在该地，靠近路旁，即为我们一九〇九年六月二日最后所见者，颇令人惊异。碑上字多剥落，仅能印出一模糊之帖。我们到墓园详细考察，在北边石行之下，看出石块刚被取去的新遗迹，右书之石碑尚留在石行之南，倒置土上，其字迹已不能认，周围有蓬起的土块，表示其刚被搬运，因无力以置此者。"④

朱希祖《六朝陵墓调查报告》："民国二十四年(1935)三月十六日，余与滕君固、荆君林，及长子偰，亲往调查、测量、摄影……存石麒麟二，已倒于地，神道石柱二，其神道石额已移置于丹阳城内公园。神道石柱下石础有花纹，此神道石额，在陵前时左右相向，左为正书顺读，右为反书逆读。"⑤

图七 丹阳县公园内石额照片

建陵两石兽于1957年扶正入座，从1986年安·帕鲁丹所拍摄的建陵照片来看，此时建陵南神道石柱破损严重坍圮于地，石额不存，估计此时仍在丹阳县文化馆内。到1990年两神道石柱按原址修复，才将早年移至他处的两块神道碑石额安装在神道石柱上端原来的位置。1999年4月由南京博物院文物保护研究所对丹阳南朝陵墓石刻文物保护进行规划设计。2001年4月按规划设计要求对建陵进行了化学保护处理，对石刻表面裂痕进行封封护，较大面积裂隙进行了有依据的灌浆加固补配，南石兽缺失的四足及尾部用同石质石材进行了补缺复原，石刻四周进行了排水系统设置，加填了土方，解决了水害侵蚀。建陵神道石柱虽历经千年

风雨剥蚀和数次雷电焚击,但经过有识之士的搜寻与保护,后人才能一睹建陵神道石柱的风采。

图八　安·帕鲁丹所摄建陵全貌

**注释:**

①杨再年:《浅识南朝梁文帝建陵华表》,《南京晓庄学院学报》2007年第4期,第39—41页。

②仲威:《碑帖鉴定概论》,上海古籍出版社,2014年,第34页。

③王南:《六朝遗石》,新星出版社,2018年,第116页。

④张璜:《梁代陵墓考》,南京出版社,2010年,第33页。

⑤朱希祖、滕固总编辑:《六朝陵墓调查报告》,南京出版社,2010年,第111页。

**(作者单位:丹阳市博物馆)**

# 浅识丹阳南齐三陵出土的模印文字砖

◇ 甘忠琪　阙　强

**内容提要**：1965 年及 1968 年，南京博物院先后在丹阳胡桥和建山公社清理了三座大型砖室墓，现在学术界一般认定这三座大型砖室墓为南齐时期的帝陵，三座大墓出土了大量木模印文字砖，模印文字内容丰富约有 60 余种，按照文字内容可分为"方""鸭""斧""坈""妙"字类，按形制可分为长方砖、楔形砖和梯形砖。这些木模印文字砖作为木模印砖拼壁画和墓室构筑的最小单元，对于研究南朝时期大型砖室葬的时代早晚、墓室砌筑、木模印砖拼壁画的构建及南朝时期文字演变具有重要意义。

**关键词**：丹阳　南齐　陵墓　模印　文字砖

## 一、模印文字砖的制作探究

丹阳所发现的这三座南朝墓形制均为带券顶甬道的大型单室砖墓，主要由封门、甬道和墓室组成，整体呈"凸"字形，墓室为长方椭圆形，采用三顺一丁的砌筑方式。墓砖上大多模印有文字和花纹，墓砖的上模印文字一般表示为砖的形制及砌筑部位，南京大学张学锋教授将其命名为指示性砖和自名砖。南朝时期这些模印拼砌砖画制作流程大致为：先由画师将粉本绘制在透光性较好的绢布上，交由木模雕刻工匠，雕刻工匠将粉本进行拆分后，反贴于木模上进行阴线雕刻，将整幅画作化整为零，工匠把分解拆分下来的画面以及表示砖形制的相应文字阴刻在木模的端头及侧边，这种木制模具应该是可以进行拆分组合的，制作砖坯体的工匠将洗练过的坯泥压入模具中进行平整压实，脱模后阴干后入窑烧制成砖，这样砖的侧面及端面就模印出凸起的纹饰和文字，再根据拼砌砖画的具体图案进行填色，类似于今天的文房徽墨墨模的雕刻。待进行墓室建筑时，工匠通过砖上模印的纹饰、文字及湿划的文字能够迅速地将砖准确定位砌于墓室中。这些模印文字砖的命名方式大多采用"形容词+名词"的命名方式，将各种类型的砖加以区别，为下文研究便利现将砖体的六面命名（图一），分别是 2 个丁面（即砖的宽与厚组成的面）、2 个长面（即砖的长与厚组成的面）、2 个大面（即砖的长与宽组成的面）。

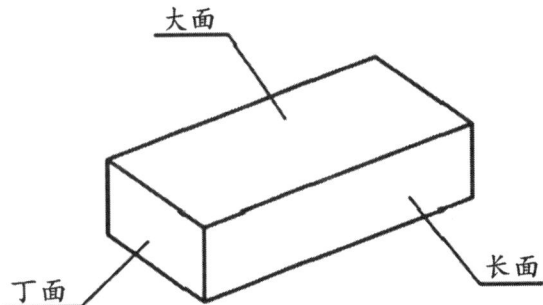

图一　砖的各面名称

## 二、模印文字砖的分类研究

南齐帝陵等级的砖室墓规模宏大，平面呈椭圆形或八角形，墓室为穹窿顶，墓全长13米余，墓室宽5米余，墓室面积40余平方米。在《江苏丹阳胡桥大墓及其砖刻壁画》一文中指出：胡桥大墓的营造共用砖约十万块，但具有文字符号的砖为少数，在以往六朝墓中也有发现，但这座墓集中了33种不同文字符号和不同规格大小的墓砖①。由于丹阳南齐三陵出土的墓砖凌乱散落于填土中且没有五面拓印资料，故只能通过简报中的数据和模印文字拓片来研究。这些模印文字砖大致尺寸为长34厘米、宽15厘米、厚5厘米左右，形制大致可分为4类：长方形砖、梯形砖、横楔形砖、纵楔形砖。在这三座砖室墓出土的模印文字砖约有60余种，按出现字眼频繁的方式将出土砖大致可分为以下五类：

### 1.“方”字类

一般模印有“方”字铭文的砖是长方形砖。“方”字类在三座墓中一共发现了有10种，包括“正方”“中方”“厚方”“薄方”“臣方”“正方塼も”“中方塼も”“厚方塼も”“薄方塼も”“壤方塼も”（图二）。“方”字类的砖，余家锡曰：“《广雅·释诂》：‘方，大也。’谓大州为方州，乃晋人常用之语。”即为规整的长方体砖，厚方即砖的厚度比薄方的厚些。“中方”

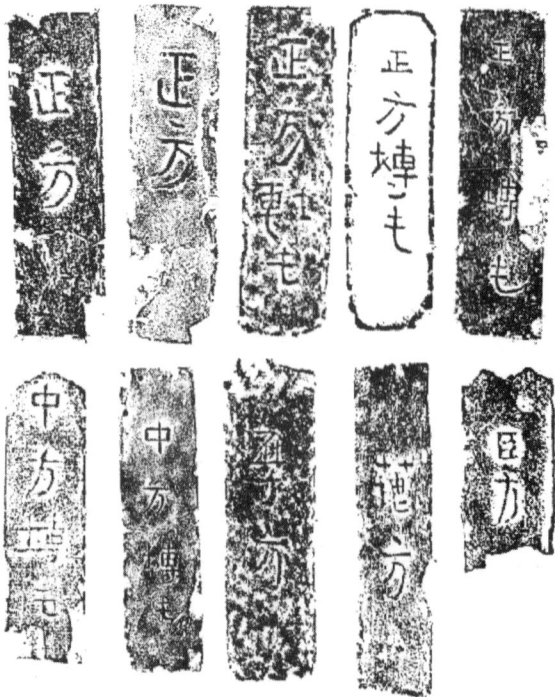

图二 “方”字类砖铭文拓片

砖与“正方”砖相比其长度、宽度更大，但厚度略薄。“中方塼も”与相比“正方塼も”亦是如此。“壤方塼も”与“正方砖”“中方塼も”“厚方塼も”“薄方塼も”铭文砖相比长度一致，但其宽度较窄且厚度稍厚。

关于“も”的释义在《江苏丹阳县胡桥、建山两座南朝墓葬》考古报告中执笔者释为“片”②，但结合砖的尺寸数据来看，其厚度均大于4厘米，将其释为砖片极不严谨。南京师范大学王志高教授在《六朝建康城遗址出土陶瓦的观察与研究》一文中将“も”字释为“甀”即“陶”③，指代陶官瓦署，其说很难立足。再结合砖文的命名规律为“形容词+名词”，“も”与“砖”字连用，应当是表示砖的形制的名词。南京大学张今博士将“も”考释为“モ”即“宅”，为墓室之意，“塼も”即砖室墓的意思。但其分析较为片面，且も与モ字形有所区别。关于“も”字的写法与汉沈府君东阙铭刻的“汉谒者北屯司马左都侯沈君神道”中的屯字相似，也与湖北谷城县六朝墓中出土的两块墓砖中“鈍”右半边相似④（图三），将“も”即“屯”，“屯”通“鈍”，《广韵》：“不利也”，即厚大也。以建山金家村出土的“中鸭舌”与“中鸭舌塼も”砖的具体尺寸分析，“中鸭舌塼も”砖的厚度以及宽度均稍大于“中鸭舌”砖。

图三 “屯、钝”字拓片资料

### 2.“鸭”字类

模印有“鸭”字类的墓砖，“鸭舌”砖是根据砖的两丁面厚度所决定的，形如鸭舌前部薄后部厚，故取名鸭舌，“鸭舌”砖一般为丁头砖，竖砌于墓室。

模印“鸭舌”类的墓砖大多为“整砖宽度一致，砖的丁面一厚一薄的长方体砖”为纵楔形砖。在三座墓中一共发现了20种，包括“大鸭舌”“大鸭面”

"中鸭舌""小鸭舌""大宽鸭舌""墔鸭舌""焦(误,应为迟)鸭舌""急鸭""锺鸭舌""薄鸭舌""大鸭舌墔""大宽鸭舌塼乚""大鸭舌塼乚""中鸭舌塼乚""宽鸭舌塼乚""小鸭舌塼乚""迟鸭舌塼乚""急鸭舌塼乚""墔鸭舌塼乚""薄鸭舌塼乚"(图四)。

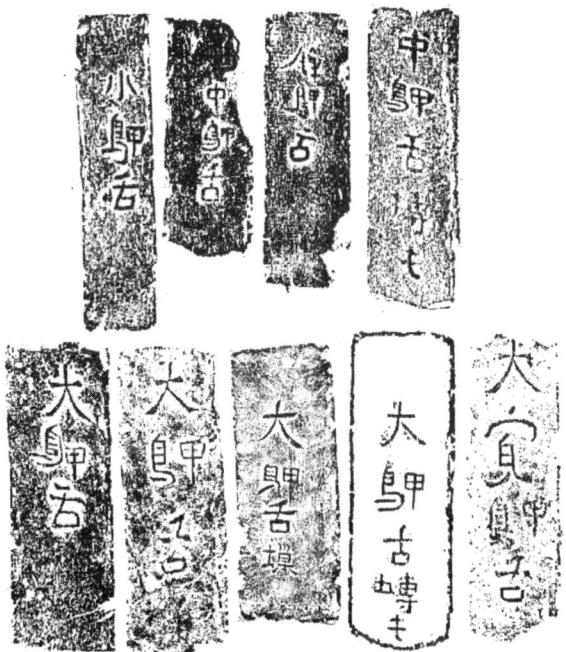

图四　"鸭"字类砖

"急"有紧、缩紧之意⑤。这里指砖的两丁面厚度相差较大。"急"与"遅(迟)"相对,主要是指砖的两个丁面厚度相差的悬殊程度,"急"字砖的上下、丁面宽度相较于"迟"字砖上、下丁面宽度相差更大。"墔"音"巢",释义不明,分析金家村出土的"大鸭舌""中鸭舌""墔鸭舌"三砖的尺寸来看,"墔鸭舌"(图五)的厚度位于"大鸭舌"与"中鸭舌"之间。

图五　"鸭"字类砖文拓片

3."斧"字类

"斧"字形砖为梯形砖在墓中一共发现了12种,包括"上字斧""上字怎(误,应为急)斧""中字斧""中字薄斧""中字斧塼乚""中斧塼乚""下字斧""下字斧塼乚""下斧塼乚""下薄斧塼乚""急斧塼乚"

"急薄斧塼乚"(图六)。

图六　"斧"字类砖文拓片

斧字类的砖即如斧头一般,"整砖的厚度一致,但宽度逐渐下收,即砖的丁面一宽一窄,陡板呈梯形的砖。"也有部分为"宽度及厚度逐渐变窄"的纵楔形砖,砌筑于墓室或甬道券顶部位,"上、中、下"即表示砖的具体施用上下位置关系。

4."坾"字类

"坾"《集韵·语韵》:"坾,积尘。铭文砖中的"坾"意为"砖","坾"字类铭文砖大多为厚端与薄端位于砖的长面的横楔形砖,为顺砖横砌于墓壁与券顶之间,且"坾"字类砖角带有明显地圆弧过渡。"坾"字类砖在3座墓中一共发现11种,包括"大坾""中

图七　"坾"字类砖文拓片

坪""小坪""中马坪""中字坪""大马坪塼も""大坪马塼も""大坪塼も""中马坪塼も""中坪塼も""中马塼も"(图七)。其中"大马坪塼も"与"大坪马塼も"应是刻模工匠贴墨本时颠倒字序所致。

5."妙奸"字类

"妙奸"的写法有："妙奸"(圡少)(圡干)。"妙奸"类砖有"上字急奸""上字急妙奸""中妙奸""中字妙""中字妙奸""中字妙奸斧""下妙奸"6种（图八）。"妙奸"释义不明，罗宗真将其释为"沙奸"，表示为工匠的名字[6]，其说显然不准确。

"妙奸"字类砖形制较为丰富：一部分为规整的长方体砖，另一部分为"整砖厚度一致，但砖宽度逐渐变窄的梯形砖"，还有一块金家村出土的"上字急妙"为横楔形砖，"妙奸"砖有可能是墓顶用砖。

图八 "妙"字类文字砖拓片

### 三、余论

丹阳这三座墓均用青砖砌筑而成，在砖的端面和侧面发现了模印文字。模印文字砖按照形制来分，可分为三类：长方形砖、楔形砖和梯形砖；按照铭文来分可分为五大类，即"方"字类、"鸭"字类、"斧"字类、"坪"字类和"妙"字类。一般来说，"方"字类铭文砖是长方形砖，"鸭"字类和"坪"字类是楔形

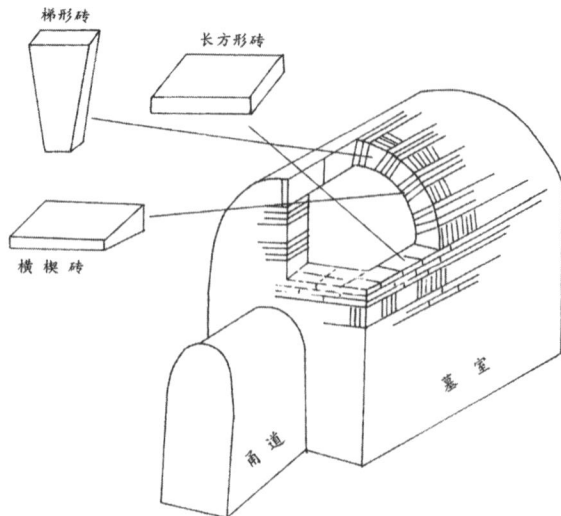

图九 各形制砖在墓室中的作用和位置示意图

砖，"斧"字类为梯形砖。一般是同一类砖因规格差别又以大、中、小再加以区分，上、中、下则是指示砖的具体施用位置。长方砖一般施用于墓壁及墓底；梯形砖施用于主券顶、甬道券丁砖层、以及北壁平砌层；楔形砖常见施用于墓室主券顶和甬道顺砖层（图九）。

丹阳这三座南齐砖室墓中出土了约有60种表示不同形状、不同规格尺寸和不同位置的模印砖文，这些砖文的书写风格一大部分犹在隶楷之间如"鸭舌、宽、遅、も"等字，其结体宽扁仍偏于隶书，而捺脚丰腴且不乏迅捷用笔[7]。一部分砖文为楷法已具如"正方塼も""中方塼も""中妙奸"笔画平直，横画无波磔，字形呈方或长方，六朝砖文楷书越往后隶书意味越少，楷法越显得完备，这些丰富砖文书法在一定程度上代表了南朝时期社会底层匠人们的书法水平。有些模印砖文出现刻了反书的文字，这是因为工匠刻模的时候将墨本正贴阴刻，这也说明了刻模者不一定是书写者，也不一定是做坯者，更不一定是筑墓者[8]，可见当时制砖分工是十分明确的。

又如金家村大墓中出土的"正方"与"中方砖も""塼鸭舌"对比可知（图十），这两种不同的书体的模印文字砖且后者为楷书且字画更细字体更小，这就有可能存在不同批次或不同时期烧制的墓砖混用的情况，不同时期烧制的砖出现在同一座墓中，且这三座墓中均未出土表示年号的模印文字砖，据《唐六典》卷二十三载："晋少府领甄官署，掌砖瓦之任。宋、齐有东、西陶官瓦署，督、令各一人……晋有甄官丞。"[9]可推测南朝时期有专门制作砖瓦和陵墓石刻组件的官署机构，帝王崩薨后，砖瓦官署会根据逝者的身份等级分配一套与其相符的墓砖及陵前石刻，由于墓室营造用砖量巨大，故有可能在分配墓砖的过程中掺杂了先前烧制的墓砖。六朝时期社会动荡，朝代更迭频繁，其中萧齐历7帝，存24年，有8个年号，国运短祚，故不宜烧制模印有年号的墓砖，类似于明代烧制的空白期瓷器，这种情况形成定制延续到萧梁时期，如在南京狮子冲大墓中没有发现模印年号的墓砖，而是发现了两块制砖工匠即时湿划书写年号的铭文砖[10]。

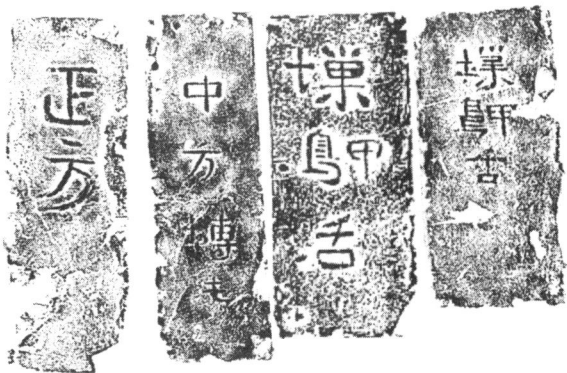

图十　金家村出土文字砖字形比较

丹阳三座南齐陵墓的设计及营建,包括雕刻砖模,烧砖、墓室砌筑等都有周密的规划,达到了相当高的水平,尤其以模印文字墓砖的烧制形成了制度化和规范化的模式,这些模印砖文能够使筑墓工匠在数万块墓砖中准确挑选出将其精准地定位于墓壁。作为模印拼砌砖画组成的基本元素,南朝时期的模印拼砌砖壁画将汉晋时期单块小幅图画扩展为数块乃至数百块长卷式的绘画篇幅,从而直接影响南朝大型单室墓的形成。同时数块小砖拼砌成整幅壁画相较于大块画像砖建筑墓室更加坚固,南朝时期的模印拼砌砖画是绘画、雕刻与建筑三合一的艺术作品,为南朝时期工匠的一大创举!

注释:

①南京博物院:《江苏丹阳胡桥南朝大墓及砖刻壁画》,《文物》1974年第2期,第44-56页。

②南京博物院:《江苏丹阳县胡桥、建山两座南朝墓葬》,《文物》1980年第2期,第1-16页。

③王志高:《六朝建康城发掘与研究》,江苏人民出版社,2015年,第94页。

④谷城县博物馆:《湖北谷城六朝画像砖墓发掘简报》,《文物》2013年第7期,第26-37页。

⑤刘卫鹏:《余杭小横山东晋南朝墓墓砖文字研究》,《南京晓庄学院学报》2014年第3期,第5-11页。

⑥罗宗真:《探索历史的真相——江苏地区考古、历史研究文集》,江苏古籍出版社,2012年,第165页。

⑦南京博物院:《古代书法铭刻》,天津人民美术出版社,2003年,178页。

⑧李蔚然:《南京六朝墓葬的发现与研究》,四川大学出版社,1998年,第40页。

⑨[唐]李林甫等:《唐六典》卷二十三《将作都水监·甄官署》,中华书局,1992年,第597页。

⑩南京市考古研究所:《南京栖霞狮子冲南朝大墓发掘简报》,《东南文化》2015年第4期,第33-48页。

**(作者单位:南京大学历史学院　丹阳市博物馆)**

丹阳南齐三陵模印文字砖信息汇总表

| | | 模印文字 | 墓砖尺寸(厘米) | | | 出土陵墓 | 施用位置 | 拓片 |
|---|---|---|---|---|---|---|---|---|
| | | | 长 | 宽 | 厚 | | | |
| （一）方字类 | 1 | 正方 | 33.5 | 16.6 | 4.8 | 金家村 | | 图2:1 |
| | | | ? | 17 | 4.6 | | | 图2:2 |
| | 2 | 中方 | 34 | 17 | 4.5 | 金家村 | | |
| | 3 | 厚方 | 34 | 16.9 | 5 | 吴家村 | | 图2:8 |
| | 4 | 薄方 | 34 | 17 | 4.3 | 吴家村 | 墓壁 | 图2:9 |
| | 5 | 臣方 | ? | ? | ? | 金家村 | | 图2:10 |
| | 6 | 正方塼も | 34 | 16.5 | 4.8 | 鹤仙坳 | | 图2:4 |
| | | | 34 | 16 | 4.8 | 吴家村 | | 图2:3 |
| | | | 33.7 | 16.2 | 4.6 | 金家村 | | 图2:5 |
| | 7 | 中方塼も | 34 | 16.7 | 4 | 鹤仙坳 | | |
| | | | 34 | 17 | 4.5 | 金家村 | | 图2:6 |
| | | | ? | 17 | 4.4 | | | 图2:7 |
| | 8 | 厚方塼も | ? | ? | ? | 鹤仙坳 | | |
| | 9 | 薄方塼も | ? | 16.5 | 4 | 鹤仙坳 | | |
| | | | ? | ? | ? | 吴家村 | | |
| | 10 | 方塼も | 34 | 14.5 | 5 | 鹤仙坳 | | |

| | | 模印文字 | 墓砖尺寸(厘米) | | | 出土陵墓 | 施用位置 | 拓片 |
|---|---|---|---|---|---|---|---|---|
| | | | 长 | 宽 | 厚 | | | |
| （二）鸭字类 | 1 | 大鸭舌 | 34 | 17 | 6 | 吴家村 | | 图4:5 |
| | | | 34 | 16.5 | 6-5 | 金家村 | 封门墙 | 图4:6 |
| | | | 34.2 | 16.5 | 6-5 | 鹤仙坳 | | |
| | 2 | 大鸭舌墈 | 34.8 | 14.3 | 5.7-5.3 | 金家村 | 墓室后壁 | 图4:7 |
| | 3 | 大鸭舌塼も | ? | ? | ? | 鹤仙坳 | | 图4:8 |
| | 4 | 大宽鸭舌 | 34 | 17 | 5.5 | 吴家村 | 封门墙 | 图4:9 |
| | | | 34 | 17 | 5.5-4.5 | 金家村 | | |
| | 5 | 大宽鸭舌塼も | ? | 16.5 | 5.8 | 鹤仙坳 | | |
| | 6 | 宽鸟甲舌塼も | 34 | 16.5 | 6 | 鹤仙坳 | | |
| | 7 | 大鸭面 | 34 | 16 | 6.3 | 吴家村 | | |
| | 8 | 中鸭舌 | 34 | 17 | 5.4 | 吴家村 | 封门墙 | |
| | | | 34.8 | 16.6 | 5.2-4.3 | 金家村 | 封门墙 | 图4:2 |
| | 9 | 锺鸭舌 | 34.4 | 14.3-14.5 | 5.2-4.5 | 金家村 | | 图4:3 |
| | 10 | 中鸭舌塼も | 34 | 16 | 5-4 | 鹤仙坳 | | |
| | | | 34 | 16.7 | 5.5-4.5 | 金家村 | | 图4:4 |
| | 11 | 小鸭舌 | 34 | 16.8 | 4.5-3.5 | 金家村 | 封门墙 | 图4:1 |
| | 12 | 小鸭舌塼も | 33.2 | 16 | 3.7 | 鹤仙坳 | | |
| | 13 | 墈鸭舌 | 34 | 14 | 5.1 | 吴家村 | | 图5:6 |
| | | | 34 | 16.7 | 5.5-4.5 | 金家村 | 封门墙 | 图5:4 |
| | | | ? | 14.8 | 5.2 | | | 图5:5 |
| | 14 | 墈鸭舌塼も | 33.8 | 14.2 | 5 | 鹤仙坳 | | |
| | 15 | 遲鸭舌 | 34 | 16.7 | 4.7-4 | 金家村 | | 图5:2 |
| | | | ? | 16.7 | 4.7-? | | | 图5:3 |
| | 16 | 遲鸭舌塼も | 34.5 | 16.8 | 4.2 | 鹤仙坳 | | |
| | 17 | 急鸭 | 34.3 | 16.7 | 7-3.5 | 金家村 | | 图5:1 |
| | 18 | 急鸭舌塼も | ? | 16.5 | 7 | 鹤仙坳 | | |
| | 19 | 薄鸭舌 | ? | ? | ? | 金家村 | | |
| | 20 | 薄鸭舌塼も | 34 | 16.5 | 3.5 | 鹤仙坳 | | |

(续上表)

| 模印文字 | | 墓砖尺寸(厘米) | | | 出土陵墓 | 施用位置 | 拓片 |
|---|---|---|---|---|---|---|---|
| (三)斧字类 | | 长 | 宽 | 厚 | | | |
| 1 | 上字斧 | 34 | 14–11.2 | 5.5 | 吴家村 | | |
| 2 | 上字急斧 | 34 | 17.5–12.2 | 4.8 | 吴家村 | | 图6:1 |
| | | 34 | ? | 4.9 | 吴家村 | | |
| | | 34 | 17.5–12.2 | 5.7–3.5 | 金家村 | | 图6:2 |
| 3 | 中字斧 | 34 | 14–12 | 5.5 | 吴家村 | | |
| | | 34 | 15–11.7 | 5 | 金家村 | | 图6:3 |
| 4 | 中字薄斧 | 34 | 15–13 | 3.6 | 吴家村 | | 图6:5 |
| 5 | 中斧博も | 33.5 | 15.5–12 | 5–4.5 | 金家村 | | 图6:4 |
| 6 | 中斧博も | 33 | 14.5–12 | 4.8 | 鹤仙坳 | | |
| 7 | 下字斧 | 34 | 14–12 | 4.8 | 吴家村 | | 图6:6 |
| | | 34 | 14–12 | 4.8 | 金家村 | | |
| 8 | 下字斧博も | 34 | 14–11.5 | 4.5 | 鹤仙坳 | | 图6:8 |
| | | 34 | 14.3 | 5 | 金家村 | | 图6:7 |
| 9 | 下斧博も | 34 | 14–12 | 4.5 | 鹤仙坳 | | |
| | | ? | ? | ? | 金家村 | | |
| 10 | 下薄斧博も | 34 | 14–11.5 | 3.5 | 鹤仙坳 | | |
| 11 | 急斧博も | ? | 17.5 | 4.5 | 鹤仙坳 | | |
| 12 | 急薄斧博も | 34 | 17.5–11.5 | 3.4 | 鹤仙坳 | | |

| 模印文字 | | 墓砖尺寸(厘米) | | | 出土陵墓 | 施用位置 | 拓片 |
|---|---|---|---|---|---|---|---|
| (四)圹字类 | | 长 | 宽 | 厚 | | | |
| 1 | 大圹 | 34 | 16 | 6 | 吴家村 | 封门墙 | |
| | | 34.5 | 17 | 5.5–4.6 | 金家村 | | 图7:1 |
| 2 | 大圹博も | ? | 16.7 | 4.8–4.2 | 鹤仙坳 | | |
| 3 | 大马圹博も | 34.2 | 17 | 7–6 | 鹤仙坳 | | |
| 4 | 大圹马博も | 33 | 16.5 | 6.5–6 | 鹤仙坳 | | |
| 5 | 中圹 | 34 | 15–11.6 | 5 | 金家村 | | 图7:2 |
| 6 | 中圹博も | 33.7 | 16.5 | 4.5 | 鹤仙坳 | | |
| 7 | 中字圹 | 34 | 15–11.6 | 5 | 金家村 | | |
| 8 | 中马圹 | 34 | 17 | 6 | 吴家村 | 封门墙 | |
| | | ? | 16.7 | 5.8–5.2 | 金家村 | | 图7:5 |
| 9 | 中马博も | 33.5 | 16.5 | 6–5.5 | 鹤仙坳 | | |
| 10 | 中马圹博も | ? | 17 | 6–5 | 鹤仙坳 | | 图7:4 |
| 11 | 小圹 | 33.5 | 16.5 | 4 | 金家村 | | 图7:3 |

| 模印文字 | | 墓砖尺寸(厘米) | | | 出土陵墓 | 施用位置 | 拓片 |
|---|---|---|---|---|---|---|---|
| (五)妙字类 | | 长 | 宽 | 厚 | | | |
| 1 | 上字急妙奸 | 34 | 17.3 | 5.7 | 吴家村 | 墓壁 | |
| | | ? | ? | ? | 金家村 | | 图8:1 |
| 2 | 上字急奸 | 34 | 17.5–11.8 | 5.8–3.7 | 金家村 | | |
| 3 | 中妙奸 | 33 | 16.2–11.8 | 4.7 | 鹤仙坳 | | 图8:2 |
| 4 | 中字妙 | 34 | 15–11.6 | 5 | 金家村 | | 图8:3 |
| 5 | 中字妙奸 | 34 | 15 | 5.1 | 金家村 | | 图8:4 |
| 6 | 中字妙奸斧 | 34 | 15.5 | 5.5 | 吴家村 | 墓壁 | 图8:5 |
| 7 | 下妙奸 | 34 | 14.5–11.5 | 5 | 鹤仙坳 | | |

# 汉墓中的西王母信仰与生死观研究

◇ 李　娇

**内容提要**：西王母信仰自出现至汉末经历了三个转变阶段,尤其在两汉时期,西王母题材广泛出现于墓葬当中。本文通过对历史文献及出土墓葬资料进行研究,分析不同时期墓葬中西王母图像的演变来探寻西王母信仰的转变,由此管窥汉人的生死观。
**关键词**：两汉　画像石　壁画　西王母

### 一、两汉墓葬中西王母题材分布特征研究

西王母题材常见于汉代石室墓和砖室墓当中,通过对现有墓葬资料进行整理,两汉时期出土有西王母题材的画像石、砖墓约122座,可分为陕西与山西、山东、河南、四川四个区域,这四个区域的西王母画像石又有其各自不同的风格,基本可以涵盖所有西王母图像特征。

河南地区出土西王母画像石、画像砖的墓葬有12座,从西汉中期到东汉均有出土,东汉早期以前的汉墓中西王母均是单独出现,多与捣药兔、仙草、神兽组合出现,表现长生不死的主题,以郑州二里岗汉墓最为典型。到东汉早期以后,西王母开始与东王公成对出现,西王母与东王公对坐于玄圃之上,表现西王母、东王公为死后世界(或是神仙世界)的统治者,而这一主题及构图方式与陕西与山西地区出土的东汉西王母画像石有着一定的相似性,三地之间应是存在着构图技巧和信仰的交流与传播。

陕西与山西地区的西王母画像石墓共49座,均为东汉时期,且两地的西王母题材有着高度的相似性,出土西王母画像石较多的陕北和晋西北地区属于东汉时的上郡和西河郡,两地在地理位置上相邻,东汉初年西河郡与上郡统归太原刺史部管辖,因此这两个区域特征或可归为一类看待。陕西与山西地区墓葬当中西王母东王公端坐在悬圃之上,并对称分布于墓门左右立柱中,也有分布于门楣的左右两端,或是墓室墙壁上,与代表阴阳的日月相对应,如陕西神木大保当汉墓M4和陕西绥德田鲂墓、山西离石马茂庄汉墓就是较为典型的例子。

山东地区出土的西王母画像石墓共27座,多为东汉时期,西汉时期的墓葬较少,有明确纪年的西汉墓为汉桓帝元嘉元年的山东苍山县城前村汉墓,另有推断为西汉哀帝至平帝时期的滕州城郊马王村汉墓,两座汉墓西王母图像中皆未出现东王公。山东地区多在祠堂东、西壁分布东王公与西王母图像,且东汉时期山东地区的西王母主题造像多以水平线条将整幅画面分为多层,少者三层,多者七层以上,且每一层都为一较独立的主题,西王母与东王公多位于最上层的正中部,以正面构图形式

出现,以山东嘉祥武梁祠出土西王母、东王公画像石较为典型。并且伏羲女娲作为西王母的左右协侍出现在画像当中也是这一地区的一个特征,这种组合关系在其他地区未曾发现,如微山县两城镇出土的祠堂构建中西王母坐于伏羲、女娲交尾座上。

四川地区出土的西王母画像石墓共 34 座,西王母造像多刻画于砖室墓、崖墓及石棺上,且这一地区龙虎座西王母较为常见,带有明显的地域特征,如彭山一号石棺、合江一号石棺上的西王母皆端坐于龙虎座上,而其他地区则很少出现龙虎座西王母图像。

还有部分汉阙上也发现有西王母造像,如四川地区的渠县沈氏阙、渠县浦家湾无名阙、芦山樊敏阙和山东地区的莒县沈刘庄汉阙。以上墓葬中有 90% 的墓葬断代为东汉时期,可见西王母题材至东汉时期开始在墓葬中广为流行。

而西王母在汉代的墓室壁画中发现的数量非常的少,仅有 5 座,分别为洛阳西汉卜千秋壁画墓、偃师新莽壁画墓、偃师辛村新莽壁画墓、洛阳壁画墓、陕西定边县郝滩乡 1 号墓。在为数不多的汉墓壁画中的西王母图像中我们可以看出,西王母的形象普遍是以长生为主题,如河南省偃师市高龙乡辛村西南汉墓出土的壁画中西王母身旁伴有捣药仙兔,仙兔做捣药状,应为不死仙药①(图一)。

图一　河南省偃师市高龙乡辛村西南汉墓
西王母壁画

## 二、两汉时期西王母信仰的产生与发展

西汉以前西王母的图像资料还未发现,仅可见文献记载,历史文献记载中最早的西王母形象来自于《山海经》:

又西三百五十里,曰玉山,是西王母所居也。西王母其状如人,豹尾虎齿而善啸,蓬发戴胜,是司天之厉及五残②。

西海之南,流沙之滨,赤水之后,黑水之前,有大山,名曰昆仑之丘,有神——人面虎身,有文有尾,皆白——处之。其下有弱水之渊环之,其外有炎火之山,投物辄然。有人,戴胜,虎齿,有豹尾,穴处,名曰西王母。此山万物尽有③。

西王母梯几而戴胜杖,其南有三青鸟,为西王母取食。在昆仑虚北④。

《山海经》的成书时间大致在战国中后期到汉初中期,主要记载民间脍炙人口的神话传说、地理知识等,在《山海经》的描写中,我们可以看出早期的西王母是一位居住于昆仑山上的女性神形象,相貌接近半人半兽,带有明显的图腾崇拜色彩,而这位女性神的职责还并不是后世人们所知的掌管不死仙药,而是"司天之厉及五残"。

1.西王母信仰转变的第一阶段

西汉前中期是西王母信仰转变的第一个重要时期,这一时期是西王母信仰的传播期,从这一时期西王母的职能和地位来看西王母属于仙而非神,且文献记载的西王母形象多附会于其他人物,如在文献记载中,汉哀帝以前的西王母是一位掌管不死药的女仙,且这一时期西王母多与帝王故事相附会,如《史记·赵世家》中记载:

造父幸于周缪王。造父取骥之乘匹,与桃林盗骊、骅骝、绿耳,献之缪王。缪王使造父御,西巡狩,见西王母,乐之忘归。而徐偃王反,缪王日驰千里马,攻徐偃王,大破之。乃赐造父以赵城,由此为赵氏⑤。

除此之外,《汉武帝故事》和《汉武帝内传》中都记载了西王母与汉武帝的故事,而这些故事中西王母的职能依旧是与长生不死有关,从职能上只能作为帝王的辅助,从地位上汉代记载的多次国家祭祀中均未有祭祀西王母的记载,可见西王母未被西汉统治者纳入国家祭祀体系当中。

而在墓葬当中,哀帝以前无论是画像石墓还是壁画墓中,西王母均鲜少出现。通过对汉代墓室壁画的整理我们可以发现,高等级贵族和统治阶级内部掌握着一套神秘的宇宙体系,他们在墓室的主要位置都描绘了天文图案,在汉墓壁画中神仙的出现也往往与天象四神图联系在一起,西王母也只是汉墓壁画中的众多神灵之一,不占据中心地位,由此可见这一时期西王母对汉人生死观的影响较小,仅可见对长生不死的追求。

**2.西王母信仰转变的第二阶段**

汉哀帝至新莽时期是西王母信仰的第二个阶段,这一阶段是西王母信仰的造势期,也是西王母在民间广泛传播的白热期,这一时期是西王母由仙至神的转变时期,西王母救世的职能开始出现,并成为统治者制造政治舆论的工具。

哀帝时期,民间爆发了一场大规模的流民运动,《汉书·五行志》记载:

哀帝建平四年正月,民惊走,持稾或棷一枚,传相付与,曰行诏筹。道中相过逢多至千数,或被发徒践,或夜折关,或踰墙入,或乘车骑奔驰,以置驿传行,经历郡国二十六,至京师。其夏,京师郡国民聚会里巷仟佰,设(祭)张博具,歌舞祠西王母。又传书曰:"母告百姓,佩此书者不死。不信我言,视门枢下,当有白发。"至秋止⑥。

这一事件在《汉书·哀帝传》和《汉书·天文志》中都有记载,这场运动确立了西王母在民间的地位,后来王莽为了标榜其统治地位的合法性,也借助西王母信仰来为自己制造理论依据。《西汉文经》卷24《尊元后为新室文母诏》记载:

莽乃下诏曰:"予视羣公,咸曰'休哉!其文字非刻非画,厥性自然。'予伏念皇天命予为子,更命太皇太后为'新室文母太皇太后',协于新(室)故交代之际,信于汉氏。哀帝之代,世传行诏筹,为西王母共具之祥,当为历代(为)母,昭然着明。予祗畏天命,敢不钦承!谨以今月吉日,亲率羣公诸侯卿士,奉上皇太后玺绂,以当顺天心,光于四海焉。"⑦

西汉末年的这两起事件成为墓室中的西王母形象变化的重要转折点,也确立了西王母在民间信仰中的地位。

首先,画像石墓中西王母的题材开始增多,西王母成为民间信仰的主要题材,根据已公布的汉墓发掘报告统计,东汉以前发现有西王母画像的墓葬仅十余座,而东汉时期却达到130余座。

其次,西王母的图像形式由四分之三侧面向正面的构图角度过渡。早期的西王母造型多以侧面的形式来表现,而这一时期开始,西王母开始出现了正面视角,多居于一副完整图像的中部上端。

最后,西王母的职能有所扩大,墓室中的西王母形象不再单一的表现长生不死,其形象往往在一副图像的顶端中部,其下还出现了车马出行图像和圣贤故事,表现出了西王母信仰由仙至神的过渡(图二)。

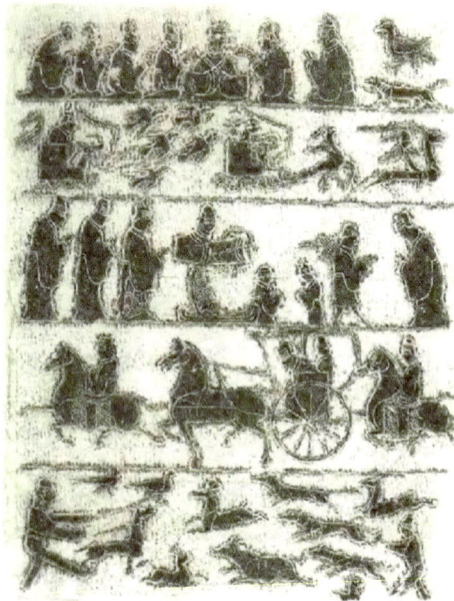

图二　嘉祥县纸坊镇敬老院出土画像石

**3.西王母信仰转变的第三阶段**

东汉早期至东汉中期是西王母信仰转变的第三个阶段,至这一阶段起,西王母信仰基本形成完整的体系,西王母在民间信仰中的地位达到了最高峰,西王母也彻底完成了其本身由仙至神的转变。

首先,西王母的配偶东王公出现,而西王母与东王公的这对固定组合之前还有其他的组合关系。

西汉以前的文献中,西王母一直是独自"穴处"的形象,并未出现西王母与其他人物成组出现的"社会化"形象⑧。而在西汉后期,在鲁南地区出现了"子路——西王母"组合,邹城市卧虎山西汉宣帝至元帝时期 M2 出土的一套椁板上(图三),在石椁的南板内侧、北板内侧,分别刻有西王母和子路。子路头戴雄鸡冠,与文献记载子路"冠雄鸡,佩猳豚"吻合。子路是孔子的得意门生,"孔门十哲"之一,勇猛过人,但被孔子教化后不仅救苦济贫,最后为保其主而战死。子路是典型的儒家圣贤形象,在儒家思想盛行的鲁地,将西王母与子路组合在一起可以看出西王母的地位已有所提高。

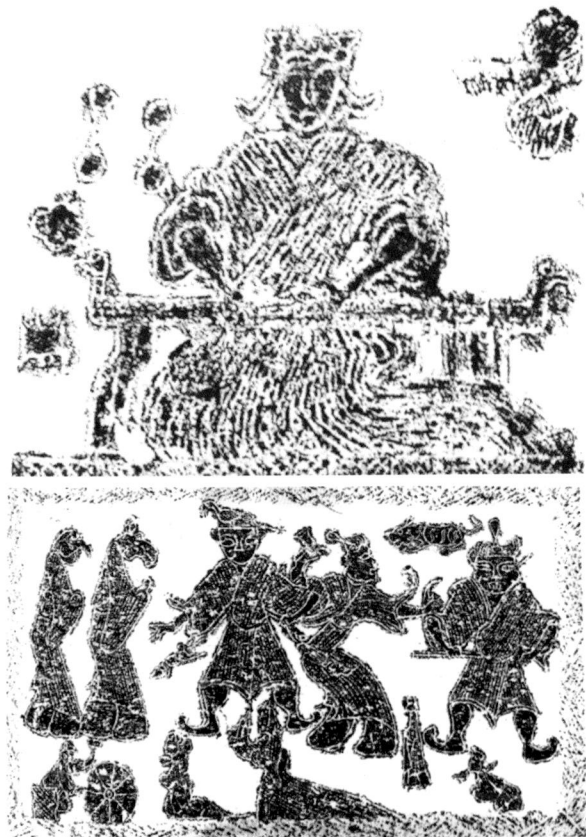

图三 邹城市卧虎山 M2 椁板

公元一世纪前后,西王母与风伯箕星的组合出现于孝堂山石祠的画像中(图四、图五)及微山县青山村出土西汉晚期画像,风伯也称箕星、飞廉。唐《开元占经》引《尔雅》云:"箕为风,箕主蛮夷。""蛮夷"指古代的东夷族,箕宿位于东方,故有"箕主蛮夷"之说。汉画中出现的风伯形象大多数都发现于山东及苏北一带,同时,山东汉画像石中的风伯吹屋画像,几乎都刻于祠堂东壁之上,这些都证明风伯所具有的东方神性和东方地域背景。而风伯作为风神却出现在汉代墓室壁画中与西王母同时出现可能与汉人相信风神能使人得道成仙有关,而西王母与男性神组成配偶这一现象也已暗示了西王母

神的特性在逐渐增强。

图四 长清孝堂山石祠西壁顶部西王母

图五 长清孝堂山石祠东壁风伯箕星

箕星被东王公所取代,见于东汉(大约公元151年后)所建嘉祥武梁祠的两面山墙画像中⑨。东王公的出现要比西王母晚,在汉以前并没有东王公这位男性神,而是在汉代的造神运动中被人为的创造出来与西王母构成固定的组合关系。巫鸿指出"汉宇宙哲学认为阴与阳是两股极端对立的力量,它们在无数成双成对的力量平衡中来显示自身,如东与西、男与女、兽与禽、天与地、日与月等等。"西王母作为一个阴神,就必须有一个阳神与之对应,东王公无论是方位、职能还是称谓都与西王母达成了完美对应,而需要注意的是,与之前的子路——西王母组合和风伯——西王母组合不同,这次的对应组合是以西王母作为中心,东王公的出现完全是为了配合西王母而被创造出来,西王母不再需要借助其他圣贤或神来证明自身存在的合理性,而是完全全以一个女性神的形象出现。

其次,西王母作为全能神的信仰模式开始出现,从墓室壁画的构图上来看,西王母的构图视角完全从四分之三侧面转为了正面,这一角度的变化使得西王母成为了整个构图的中心,李淞认为,这一角度的转变代表了西王母偶像式构图的形成,并且这一时期西王母和东王公都出现了双翼。流传日本的《杜氏作神人灵兽画像镜》中的铭文内容也为西王母神权的提高提供了证据,铭文中提到"上西王母与玉女,宜孙保子兮。得所欲,吏人服之,曾官秩,白衣服之。金财足,与天无极兮"人们对西王母长生不死的信仰转变为了对西王母神力的信仰,西

王母已由仙完全转变为无所不能的神。

另外在部分画像砖里伏羲女娲成为西王母的侍从，伏羲女娲信仰由来已久，而汉代受五德终始说的影响，伏羲女娲更是被尊奉为三皇五帝中的三皇，而东汉中晚期时，在部分画像石墓中均可看到西王母坐在伏羲女娲交尾而成的座椅上，如在滕州市桑村镇大郭村出土的西王母画像石中，伏羲女娲均呈恭敬状态左右并列侍奉在西王母身旁，西王母在民间的神权地位高于始祖伏羲女娲(图六)。

图六　滕州市桑村镇大郭村出土西王母画像石

**4.西王母与道教的融合**

在四川地区出土的图像资料中可以发现，大概从东汉开始西王母可能就与道家学说产生了融合，这一点可以从西王母坐骑的变化上来判断，如果将墓室壁画和画像石中的西王母坐骑总结分类可以分为六类，分别为云气、悬圃(也有称天柱、昆仑等)、几、榻、伏羲女娲、龙虎。前三种均来自于早期神话传说，最后一类龙虎座普遍出现在东汉以后的四川地区，在早期道教的图像中，普遍可以看到龙虎的形象，龙虎是道教的重要象征物，而龙虎与五斗米道更是有着特殊的渊源。中国的道教发祥地就在江西的龙虎山，第一代天师张道陵率弟子入云锦山炼九天神丹，"丹成而龙虎见"，云锦山便从此改名为"龙虎山"。张道陵也就是五斗米道的创始人之一。于吉的太平道与张道陵的五斗米道皆出自于黄老道，且以神仙崇拜及方术为教义特征，而五斗米

道更是出现于巫觋盛行的巴蜀地区，更与巫道融合，神鬼观与道教高度结合。《神仙传》记载张道陵得道时见天人，"忽闻天人下降，千乘万骑，金车羽盖，骖龙驾虎，不可盛数"。由此可见，龙虎座在当时成为神仙降临的代表，而四川地区出现的龙虎座西王母可能是受到当地早期道家学说的影响(图七)。道教在中国民间的影响力非常巨大，流传世间也很长，至今道教都是我国五大宗教之一，而汉代以后道教为西王母信仰的流传也起到了重要作用，后世流传的王母与王母娘娘信仰均是起源于西王母信仰。据《集仙录》载："西王母即九灵太妙龟山金母，又号太虚九光龟台金母元君，系先天西华至妙之气化生。"上清教的兴起更是把王母娘娘尊奉为七圣之一，是道教的上古神灵。虽然在汉代以后西王母不再经常出现于墓室当中，但西王母信仰却通过道教得到了流传与推广。

图七　彭山一号石棺拓片

**三、汉代生死观的演变**

西王母信仰的变化与汉代生死观的演变有着直接的关系，西王母信仰的产生是灵魂观念进一步发展的结果，自旧石器时代晚期，山顶洞人就曾在死者周围撒红色的赤铁矿粉[⑩]，至少在这一时期就已经产生了灵魂观念。到了汉代，汉人认为死者的亡灵处在弱小可怜的境地，"谓死如生。闵死独葬，孤魂无副，丘墓闭藏，谷物乏匮，故作偶人以侍尸柩，多藏食物，以歆精魂"，因此，人们除了从陪葬品上不断满足亡灵的需要，在精神上，西王母信仰的出现为当时的人们缓解了死亡的痛苦。

西王母信仰在民间广泛流行于西汉末期，西汉末年政权动荡，天灾人祸不断，人们迫切需要摆脱痛苦生活的方式，西王母的出现为这种渴求提供了方法——长生不死，自战国直西汉，一直被统治者追捧的成仙运动在民间也得到了发展，哀帝建平四年的流民运动中所提的口号"信西王母者得永生"

及汉末在墓葬中反复出现的西王母与长生不死药，正是这一时期汉人生死观的直观反映。

到东汉时期，虽然人们开始对成仙表示怀疑，但对灵魂观念的认识从来没有动摇，当人们逐渐认识到神仙世界的虚幻后，人们开始了对死后冥界生活的幻想。东汉时期也是西王母信仰盛行的重要时期，墓葬中西王母图像成为了不可或缺的元素，西王母不再是单纯掌管不死药的神仙，而是与东王公一起成为管理冥界的统治者，这也正体现了汉代生死观信仰自神仙信仰正式转入鬼神信仰的阶段；东汉厚葬之风较西汉时更加盛行，上至帝王诸侯墓，下至普通平民墓葬，陪葬品的数量都较西汉时有所增加，人们试图在墓葬中还原生前的生活，墓葬中出现了大量反映日常生活的模型明器，大约始于西汉中期，日常起居必需品，如灶、仓与房屋等的陶质模型开始堆满墓葬。随着时间的推移，这类器物的种类日益丰富，例如在东汉墓葬中，我们发现几乎所有家禽家畜的陶质明器[11]。墓室四壁重现楼阁庄园、宴饮乐舞、车马仪仗等现实生活，从而使得人们在死后的世界继续享受美好的生活。而西王母在这一时期已逐渐从掌管不死仙药，引导死者亡灵进入神仙世界转变为无所不能的冥界统治者。

西王母信仰在上层社会并不常见，汉代出土壁画墓中鲜少见西王母造像，因为汉墓中的壁画主要体现的是宇宙思想，2015年发掘的阳桥畔村渠树壕汉墓中保存了较好的壁画图像，墓室前后室券顶均绘有日月、四象、二十八星宿及人物图像，而墓口及墓室四壁则主要绘执锛武士、车马出行、山林牧马、侍女、楼阁庄园、宴乐人物等[12]（图八、图九）。汉墓壁画中以天文星象来表现超越现实生活的虚拟世界，日月和星宿在这一层的构图中占据重要地位，神仙及神兽分居自己所属的星宿当中，汉墓壁画中死者对天的崇拜来自于天文星象知识，而不仅仅是对神仙的崇拜。汉代自上至下全民普遍信仰长生不死，西王母作为一个民间广受追捧的神，其长生不死的职能也为贵族成员所接受，东汉时期西王母已成为一个万能的神，甚至体现出某种政治诉求，而这是统治阶层及贵族成员所无法接受的，因此西王母对汉代上层阶级的生死观

无法造成大的影响。

图八　陕西省靖边县阳桥畔镇渠树壕汉墓天象图

图九　陕西省靖边县阳桥畔镇渠树壕汉墓悬弩、
仕女图（上）和乐舞图（下）

## 四、结语

通过对墓葬中的西王母图像的整理研究，我们可以看出汉人的生死观及神仙信仰，汉人对死亡的恐惧及对死者的同情造成汉代厚葬之风盛行，并力图在丧葬中寻找永生的途径。董仲舒提出的"天人合一"思想为贵族阶层广泛传播，统治阶级对天的信仰高于对神仙的信仰，历朝历代的统治者都设置了专门观测天象的部门，这套神秘的宇宙知识被统治阶层垄断，而中下层平民阶层只能通过流传于民间的阴阳方术和神仙思想来满足自己对长生的愿望。西王母传说始于上古神话，兴盛于汉末，在王莽的推动下进入白热化阶段，又在民间得到进一步的发展，完成了自身由仙至神的转变，西王母信仰虽无法撼动国家信仰体系，但其在民间的影响力却十分巨大。道教作为中国本土的民间宗教，其对西王母信仰的流传也起着积极的推动作用，汉以后，王母娘娘成为了民间女性信仰的主要对象，一直流传至今。

**注释：**

① 洛阳市第二文物工作队：《洛阳偃师县新莽壁画墓清理简报》，《文物》1992年12期，第1-8页。

② [晋]郭璞传，[清]郝懿行笺疏，张鼎三、牟通点校，张鼎三通校：《山海经笺疏·第二 西山经》，齐鲁书社，2010年，第4728页。

③ [晋]郭璞传，[清]郝懿行笺疏，张鼎三、牟通点校，张鼎三通校：《山海经笺疏·第十六 大荒西经》，齐鲁书社，2010年，第5000-5001页。

④ [晋]郭璞传，[清]郝懿行笺疏，张鼎三、牟通点校，张鼎三通校：《山海经笺疏·第十二 海内北经》，齐鲁书社，2010年，第4942页。

⑤ [汉]司马迁撰，[南朝宋]裴骃集解，[唐]司马贞索隐，[唐]张守节正义，中华书局编辑部点校：《史记·卷四十三 赵世家第十三》，中华书局，1982年，第1779页。

⑥ [汉]班固撰，[唐]颜师古注，中华书局编辑部点校：《汉书·卷二十七下之上 五行志第七下之上》，中华书局，1962年，第1476页。

⑦ [汉]班固撰，[唐]颜师古注，中华书局编辑部点校：《汉书·元后传第六十八》，中华书局，1962年，第4033页。

⑧ 姜生：《汉帝国的遗产：汉鬼考》，科学出版社，2016年，第119页。

⑨ 信立祥：《汉代画像石综合研究》，文物出版社，2000年，第156页。

⑩ 贾兰坡：《周口店遗址》，《文物》1978年11期，第89-91页。

⑪ 余英时：《东汉生死观》上海古籍出版社，2005年，第93页。

⑫ 陕西省考古研究所、靖边县文物管理办：《陕西靖边县杨桥畔渠树壕东汉壁画墓发掘简报》，《考古与文物》2016年第6期，第3-12页。

（作者单位：西北大学文化遗产学院）

# 试论西安出土下颌托及其相关问题

◇ 王　堆　王　君

**内容提要**：下颌托，丧葬用具，多发现于死者头骨附近，尤其是在下颌骨位置，起初被误以为是"犯人死后刑具""专门为殓葬用的饰物"，经考证其用途是为了维护死者下颌骨经久不至脱节。本文结合文献及考古发掘资料，概述西安出土下颌托情况，分析下颌托的基本形制、特征等，考证西安下颌托的来源，探析下颌托的文化内涵，认为它是覆面的一种新样式。下颌托对研究我国古代丧葬习俗、宗教文化等具有重要意义。

**关键词**：下颌托　袄教　萨满教　覆面

2013 年，西安博物院为庆祝国际博物馆日特别推出原创展览"金辉玉德——西安博物院藏金银器珍品展"，其中一件唐金属下颌托，引起了笔者的注意。我国出土下颌托总数约 100 多件，广泛分布于新疆、山西、河南、陕西、重庆、广州等地，从春秋一直延续至宋辽元时期。西安最少出土 9 件下颌托，其中北魏时期 2 件、唐代 7 件。

## 一、西安出土下颌托概述

### 1. 北魏下颌托

1953 年北魏墓中发现一名男性颌下戴铅质下颌托，由于报道简略(无图)，具体情况不详[1]。

1955 年西安西郊任家口邵真墓（公元 520年），该墓为砖室墓，墓室由主室、甬道、墓道组成，出土"饰具一件，箍住头盖同时包住下颚的几条银片连成，在下颚处，成勺状……在饰具的里面有牙齿三枚"(无图)。随葬品有陶器、陶俑、银器、石刻、漆器等。发掘报告中还提到"在西安的六朝至唐的古墓中，已经发现过几次了，看来可能是一种专门

为殓葬用的饰物"[2]。因此这一时期出土的下颌托最少在 2 件以上。

### 2. 唐代下颌托

1955 年西安韩森寨雷宋氏墓（公元 745 年），土洞墓，墓葬分墓道、甬道及墓室 3 个部分，呈刀形。下颌托为金质，"重二两二钱二分，形似口罩，金带由下颚经两耳至头顶结在一起"（图一）。发掘报

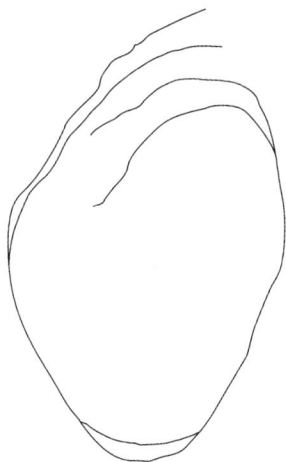

图一　雷宋氏墓出土下颌托

告指出此件金颚托的出土解决了一个难题，即下颌托是为故者保全骨骼完整而特别设置的，该墓随葬品有333件，陶瓷51件，钱币95枚、其余为金属类③。

1979年灞桥区洪桥区洪庆镇田王村出土1件金质下颌托，"通高66厘米，重72克。颌托素面，为金薄片捶揲而成，整体为椭圆状，托为椭圆形，中凹，呈球面，用于托人下颌。左右两端有扁长柄成弧状，起固定颌托作用"(图二)④。现藏于西安博物院。

图二　西安市灞桥区洪庆镇田王村出土下颌托

1988年在咸阳国际机场发现贺若厥墓（公元621年），该墓出土一件金冠饰，出土时仍然戴在死者头上。金冠饰"由金腭托、金花钿、金坠、金花等各种饰件和宝石、珍珠、玉饰等300多件连缀而成，造型精美，豪华富丽，世所罕见"⑤。可见专家们认为下颌托为冠饰的一部分。该件下颌托锤打而成，托为椭圆船形，两侧为带状后分出数股在颅顶缠结(图三)。

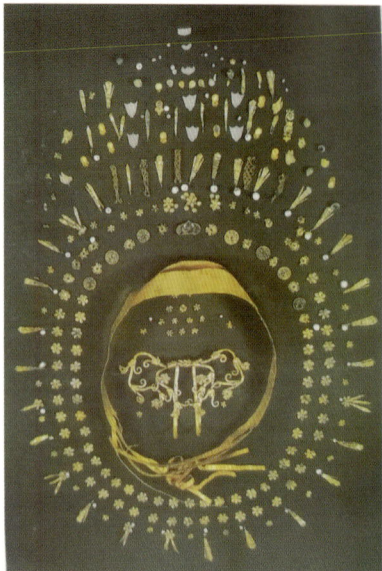

图三　贺若氏冠饰

1991年西安东郊灞桥区新筑乡金乡县主墓（公元724年），墓为土洞，由墓道、天井、过洞、小龛、甬道及墓室等6部分组成。出土1件铜质下颌托(现藏西安博物院)，已残为多片，有鎏金痕迹(图四)，出土有花冠饰件(图五)，随葬品有170余件，彩绘陶俑居多⑥。

图四　金乡县主墓出土下颌托

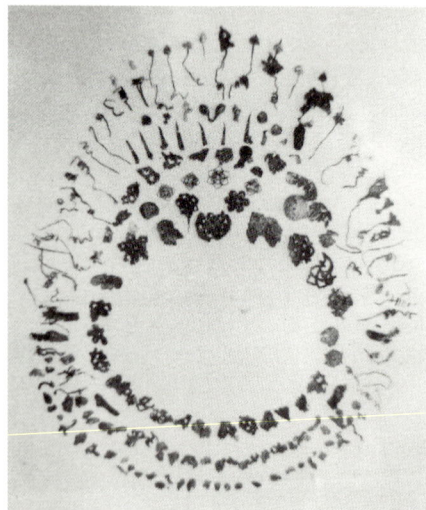

图五　金乡县主墓出土花冠饰

2001年西安理工大学曲江新校区李倕墓（公元736年），土洞墓，墓葬由斜坡墓道、3个过洞、3个天井、甬道及墓室组成。下颌托为银质，"薄银片压制而成，残损严重。托部呈椭圆形，敞口，圆底，内壁有锻打痕，口沿处因较薄而多残损；两端向上翘起较窄的条片，上部残缺。残高3.6、托高1.7、长8.8、最宽处4.7、片厚0.02-0.1厘米。"(图六)该墓随葬品有陶、瓷、漆木、铜、铁、金、银、玉等各种质地，其中金冠(图七)、金佩饰结构复杂，工艺精湛，为前所未见⑦。

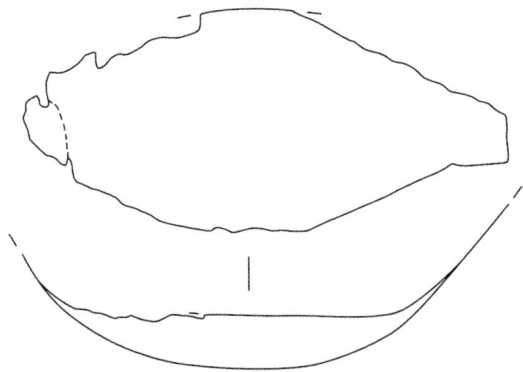

图六　李偁墓出土下颌托

图七　李偁冠饰

图八　阎识微夫妇墓出土下颌托

图九　阎识微夫妇墓出土冠饰

2002 年西安灞桥区纺织城马家沟村东阎识微夫妇墓(公元 706 年),墓为单室土洞,平面呈刀形,由墓道、过洞、天井、壁龛、甬道和墓室组成。出土 1 件铜质下颌托,"两侧为长条形,相交于顶部,下部为椭圆形。高 21、托宽 8 厘米"(图八)。该墓出土有冠饰(图九),随葬品有俑 87 件、铜器 54 件、陶器 3 件⑧。

2012 年西安朱雀路与南三环十字西南、南寨子村北张夫人墓(公元 733 年),土洞墓,墓葬平面近直背刀型,由墓道、过洞、天井、甬道墓室 5 部分组成。出土下颌托为银质,"上部窄条片围城的椭圆形环状,环径 13.8-20.4 厘米,条片宽 0.8 厘米,下部承托下颌骨部分呈椭部圆形碗状,长 8、宽 2 厘米。"(图十)该墓随葬品 15 件(组),有陶器、铜器、银器等⑨。

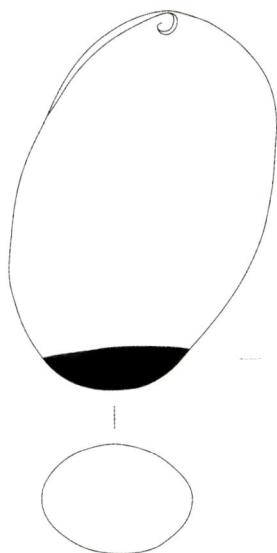

图十　张夫人墓出土下颌托

## 二、西安出土下颌托特征

### 1.空间分布

陕西出土下颌托的墓葬包括:邵真墓、宋氏墓、贺若氏墓、金乡县主墓、李倕墓、阎识微夫妇墓、张夫人墓等集中于西安,这一现象与长安作为唐的国都,皇室贵胄多居住于此有关。

### 2.时代分布

西安未发现东魏、西魏、北齐、北周、隋、盛唐之后的下颌托。类似的情况也存在我国其它地区,如新疆出土汉晋之前的,大同出土北魏时期的,南方地区只有中晚唐、宋元时期的。下颌托的丧葬习俗似乎随着某一类特定人群或者政治经济中心的转移而迁移。南北朝时长安并非是北方的政治经济文化中心。安史之乱后,经济重心南移,人口南迁,人们认识到生命的无常,现世的安稳远比死后虚无飘渺的极乐世界更重要。丧葬观念更加强调孝道,因此在丧葬环节中人们更加重视能够直观体现孝道的"丧礼"及"祭礼",墓葬的营造及厚葬的观念逐渐弱化。在国家政策方面,政府提倡薄葬,据《旧唐书·代宗本纪》记载:"诏诫薄葬,不得造假花果及金手脱宝钿等物"。

### 3.材质和形制

西安出土下颌托的材质包括:金3件、银4件、铜1件,铅1件。形制上,张夫人墓、阎识微夫妇墓、1979年灞桥区洪桥区洪庆镇田王村出土的下颌托一端有环,其他为无环或者残缺无法辨认。形状以环形为主,即两侧条带很长,绕到头顶相合,整体如椭圆形的环,没有发现U形下颌托。

### 4.墓主身份显赫

邵真为阿阳县令、假安定太守。贺若氏,丈夫独孤罗是北周八柱国之一独孤信的长子,独孤信的长女、第七女、第四女分别是北周明敬皇后、隋朝文献皇后、唐朝元贞皇后,家族地位显赫。金乡县主为唐高祖李渊第二十二子滕王李元婴的第三女。李倕曾祖为唐高祖第十八子舒王元名,祖为豫章王亶,父为嗣舒王津,丈夫侯莫陈氏为北魏贵族后裔。阎识微为朝议大夫,太州司马,其妻裴氏是新野县主第五女,新野县主是唐太宗李世民的侄女,齐王李元吉第六女。张夫人,其祖父为银青光禄大夫、陇州刺史,其父任职于蜀,其母的家族原属于鲜卑族拓跋的一支,是北魏、东魏、西魏的皇族。雷宋氏是唐玄宗时期著名宦官高力士的妹妹。

## 三、西安出土下颌托来源

下颌托的习俗非汉人传统,关于它的起源扑朔迷离。早在古希腊文献中已提及下颌托的使用,并称之为othone(复数othonai),原意是女性穿着用的白色亚麻布。古希腊文化中的迈锡尼(Mycenacan)与几何风格(Geometric)时期(相当于前1200-前800)墓葬中也出现黄金唇盖,同期的阿提卡(Attica)与雅典(Athens)地区墓葬内也发现金质以及铅质的下颌托,这个传统在古希腊的远古(Archaic)以及古典(Classical)时期(公元前8至前4世纪)仍然继续保持,在此段时期的阿提卡地区墓葬内发现数件金质下颌托,与唇盖并存。公元前6世纪至公元前5世纪时的古希腊陶瓶上就描绘有下颌托和头冠配套使用的图像⑩。因此有学者认为"新疆发现的下颌托葬俗很有可能是由印欧人群从古希腊带来的。"⑪但"从考古资料看来,新疆早期的下颌托习俗似乎与古希腊同步。"⑫所以难以判断谁是谁的源头。

那么,新疆是否是北魏大同出土下颌托的源头呢?北魏是我国拓跋鲜卑建立的政权。鲜卑是我国古代北方的游牧民族,公元398年鲜卑拓跋部以山西平城(今大同)为统治中心建立北魏王朝,北魏进入"平城时代"。这一时期有两件事值得注意:第一件与西域各国实现往来。北魏曾多次派遣使者前往西域,西域粟特国、龟兹、车师、疏勒、乌孙、鄯善、破洛那、悦般等国也陆续派遣使者到北魏都城平城(今大同)朝贡。大同北魏城址、墓葬出土的银多曲长杯、银碗、鎏金银盘等,表明北魏和西域的联系使西域的金银器传入平城。第二件西域胡人特别是工匠迁居平城。公元439年北魏灭北凉时,曾将河西特别是姑臧的吏民工匠以及粟特商人数万人掠至平城⑬。平城是我国出土金属下颌托最早的地区,而且年代主要集中在献文帝与孝文帝(公元454至499年)期间。北魏与西域胡人频繁的外交往来、胡人工匠的迁入,为北魏王朝不仅带来了下颌托的丧葬文化习俗,同时带来了下颌托的制造工艺,且被善于吸收其他民族文化的鲜卑族贵族所接受。

公元494年北魏孝文帝迁都洛阳，北魏进入"洛阳时代"。此后北魏平城出土下颌托数量断崖式下降，几近消失。与此同时洛阳、长安等两京地区出现了下颌托，显然这与北魏迁都洛阳有直接的关系。随着北魏入主中原，鲜卑文化对中原地区的政治、军事、民族观念等也产生了深远的影响。在生活领域里，汉族传统的"上衣下裳"变成"上衣下裤"，饮食中添加了食羊饮酪，床榻转变为胡床、骑马之风逐渐盛行等等[14]。下颌托的丧葬习俗再被传入长安之后，很快被本身具有鲜卑族血统的李唐王朝所接受。上行下效，中晚唐以后下颌托逐渐出现在汉族中下层官员的墓葬中。安史之乱后，下颌托的丧葬习俗传入南方地区。

**四、下颌托的文化内涵**

关于下颌托的宗教文化内涵主要有两种观点。

第一种观点是祆教说。冯恩学认为，"在我国发现的这些粟特人墓的石刻图中，口罩的位置对我们研究口罩与下颌托的关系特别重要。口罩置于口部的很少，而且置于口部者都是放在鼻下。""祭祀戴口罩是防止圣火盆的火焰烧燎胡须"，"下颌托是受祆教祭司神灵戴口罩的艺术形象影响而产生的神器，具有神灵佑护的含义。"[15]冯爽认为，"'黄金之丘'重要发现是坟丘中间有灰的泥砖祭坛和祆教庙宇建筑遗址，这说明'黄金之丘'与祆教有密切关系。"他推断"下颌托或是受祆教影响的产物"[16]。

第二种观点是萨满教说。付承章认为，"头骨为寓魂之所，形不散则魂不散，保存下来的魂魄，经过若干艰辛跋涉与周旋，才能从九天寰宇回到人世。给死者戴下颌托，其目的可能是为了从横、纵向箍紧头部，防止头骨散落，从而保护死者灵魂。"[17]吴小平认为，"下颌托是在游牧地区萨满教灵魂不灭观、丧葬面具盛行的大环境下产生的，其作用就是将头颅固定，以便灵魂认识和返回，承担着与丧葬面具相同的角色"[18]。

祆教说、萨满教说都有其合理性与其局限性。西安安伽墓、史君墓、康业墓，墓主人均为粟特人，但是并没有发现下颌托。"如果下颌托与祆教有关，则下颌托主要应该在入华粟特人墓葬中发现，但在

至今能确认的几例粟特人墓葬中仅发现史道德墓一例使用下颌托，而其他使用下颌托的墓葬主人或不是粟特人，或无法证明为粟特人。"[19]同理，我们不能在所有出土下颌托的墓葬中发现与萨满教有关的文化因素，如面部缠裹丝织品、腰带、皮靴等。从西安出土下颌托墓主人身份来看，他们不仅不是"当时占少数且处于社会上层的萨满"，而是佛门信徒，如金乡县主墓、张夫人墓、李倕墓均出土与佛教有关的塔式罐，雷宋氏既是佛教信徒又是道教教徒。

下颌托最初的起源不排除是因为宗教信仰，但是在传播与接受的过程中，这种最初的宗教文化意义不断弱化甚至丧失。金银属于贵重金属，只有有一定身份和地位的人方可用做丧葬器具，因此下颌托成为墓主人身份和地位的新象征。西安出土的下颌托材质为金银铜，墓主人要么出身皇室宗族如金乡县主、李倕、贺若氏，要么是达官贵人如邵真、阎识微、张夫人、雷宋氏等，墓葬中随葬品精美且丰富。

此外我国整个历史时期都存在着"覆面"的丧葬习俗，"覆面"是人死后掩盖在死者面部的覆盖物，其材质主要有玉石、蚌壳、丝织品、金属等。如先秦时期的"缀玉面饰"、汉代的金缕玉衣等，除了宣传封建等级思想之外，其目的就是"金玉在九窍，则死人为之不朽"，所以下颌托可以看作覆面的一种新样式。

**五、结语**

总之，下颌托是一种特殊的、神秘的丧葬用具，在我国流传时间很长，分布范围很广，使用人群主要是皇室贵族。下颌托是我们研究古代殡葬习俗、宗教信仰、民族关系、工艺水平等的重要实物资料。其来源、传播途径、文化内涵还有待于我们继续探索。

注释：

①张正岭：《西安韩森寨唐墓清理记》，《考古通讯》1957年第5期，第62页。

②陕西省文物管理委员会：《西安任家口M229号北魏墓清理简报》，《文物参考资料》1955年第12期，第59-64页。

③张正岭：《西安韩森寨唐墓清理记》，《考古通讯》

1957 年第 5 期，第 57-62 页。

④西安市文物考古研究院：《西安文物精华·金银器》，世界图书出版公司，2012 年，第 111 页。

⑤李炳武：《中华国宝：陕西珍贵文物集成：金银器卷》，陕西人民教育出版社，1998 年，第 164-165 页。

⑥西安市文物管理委员会：《西安唐金乡县主墓清理简报》，《文物》1997 第 1 期，第 4-19 页。

⑦陕西省考古研究院：《唐李倕墓发掘简报》，《考古与文物》2015 年第 6 期，第 3-22 页。

⑧西安市文物保护考古研究院：《西安马家沟唐太州司马阎识微夫妇墓发掘简报》，《文物》2014 年第 10 期，第 25-48 页。

⑨西安市文物保护考古研究院：《西安南郊唐代张夫人墓发掘简报》，《文博》2013 第 1 期，第 11-17 页。

⑩荣新江、罗丰：《粟特人在中国》，科学出版社，2016 年，第 501-530 页。

⑪靳艳、杨志国：《中国境内发现下颌托渊源研究述评》，《档案》2019 年第 3 期，第 36 页。

⑫荣新江、罗丰：《粟特人在中国》，科学出版社，2016 年，第 501-530 页。

⑬荣新江：《丝绸之路与东西文化交流》，北京大学出版社，2015 年，第 34-35 页。

⑭李慧：《魏晋至隋唐时鲜卑文化对中原地区的影响研究》，《贵州民族研究》2019 第 1 期，第 172 页。

⑮冯恩学：《下颌托——一个被忽视的祆教文化遗物》，《考古》2011 年第 2 期，第 63 页。

⑯冯爽：《试论重庆地区唐宋墓出土下颌托的文化内涵》，《地域文化研究》2019 第 2 期，第 124 页；

⑰付承章：《中国古代北方民族下颌托问题初探》，《赤峰学院学报》2014 第 7 期，第 10 页。

⑱吴小平：《论我国境内出土的下颌托》，《考古》2013 年第 8 期，第 102 页。

⑲王银田：《下颌托与祆教无关》，《中国文物报》2014 年 10 月 4 日，第 6 版。

（作者单位：西安博物院）

# 中国传统村落保护研究综述 *

◇ 魏唯一

**内容提要**:近年来,伴随文化遗产保护意识的逐步提高,传统村落保护与发展问题已经成为社会各界关注、讨论的热点。文章系统梳理总结了中国传统村落研究的相关论文文献,对研究方向与学术观点加以分类与概述,涉及村落保护主体、保护方法和价值认定等方面。

**关键词**:传统村落 文化遗产 保护

中国传统村落保护研究渊源于历史村镇的保护实践,自 20 世纪 80 年代,著名文物保护工作者诸如吴良镛、郑孝燮、仇保兴和阮仪三等,围绕历史村镇文化遗产的保护工作,开展了大量研究工作,先后提出了"真实性、完整性、延续性"的基本原则和"保护第一、加强管理、合理开发、永续利用"的基本方针,并提出"加强规划、整体保护""新旧分开、有机更新"等保护理念,为我国历史村镇文化遗产的保护做出了重大贡献。本文以期刊文献为基础材料,对中国传统村落保护研究历程进行初步梳理与概述,依据研究方向与研究理念的差异,中国传统村落保护研究大致可为三个阶段,即发轫期、上升期和鼎盛期。

## 一、发轫期(1991 至 2005 年)

刘沛林首次提出以传统村落的"意向"作为专题性研究,他认为中国传统村落富有"可识别性"和"可印象性"的特点,不同民族、不同区域代表性的"意向"也不同,传统村落在营建与发展的过程中应具有环境意向、景观意向、趋吉避凶、生态意向等四个特征[1]。王立等则从"耕读文化思想""防御意识""理水文化理念""风水观念"四个方面探讨了传统文化在古村落中的外在表现形式,以期从中获得经验,并在未来城市建设中避免出现建筑功能化、缺乏文化内涵等问题[2]。金涛等认为村落选址、街巷格局、空间格局三个因素可用来作为传统村落在营造过程中的意实体特征,并以生态观、形态观、情态观和意太观四大观念作为传统村落对自然、社会、情感和文化的表达和寄托[3]。传统村落的意向表达其归根结底,是人类长期与大自然相处模式的不断开发与改良的过程。

有学者从风水学角度出发,对传统村落的规划意向进行了论述,认为通过水系治理、植被治理等方式对村落自然条件进行积极地改造,使之趋于理想的居住模式[4]。

* 本文是国家社会科学基金项目"新型城镇化背景下的陕西古县城保护研究"(14XKG005)、河南省非物质文化遗产科学研究项目"从'民居'到'民生'——河南省传统村落中的非物质文化遗产的传承与保护研究"(20HNFYB04)阶段性成果之一。

蒋高宸以云南传统村落为研究对象,在研究过程中要从众多传统村镇中,选取一些特色鲜明和不同代表的作为研究模型,随后进行考察访问、测绘等工作,获取丰富的一手资料,对传统村落研究方法具有一定指导意义⑤。

朱晓明从家庭模式的变化、人与自然关系的变迁、社会组织结构改变等三个方面阐述了传统村落在聚居环境中发生的自更新过程,认为完整的生活系统、和谐的生活、生业方式以及乡村凝聚力是研究传统村落的基本出发点,也是关注的重点⑥。

自20世纪90年代始,我国部分学者开始关注国外传统村落的保护情况,以期为现代化建设中的中国乡村提供可供借鉴的思路。王路所撰《农村建筑传统村落的保护与更新——德国村落更新规划的启示》从村庄的边界条件、风景聚落的关系、村落的交通、空间实体和建筑类型等五个建筑学角度着手,详细介绍了德国政府在对传统村落更新与保护中的作用,文中强调了在政府的宏观规控下,村落中原住居民的参与度也是不可或缺的重要因素⑦。

王路从传统村落的自然条件、内部的生产生活关系、功能的混合使用与多层次利用、营造村落过程中产生的特殊性和不可替代性等方面,阐释传统村落规划建设的经验,这一研究对当代聚落规划、建设有一定参考价值和借鉴意义⑧。

林川对比山西晋中、安徽徽州两处一南一北极具地方特色的传统聚落群,着重分析了社会和文化因素(晋商文化与徽商文化)对于传统村落公共空间、教化场所(家祠、书院、学堂等)、聚落空间的不同影响,着重强调了社会文化对于现当代村落规划和营建的重要性⑨。

朱晓明首次对传统村落评价标准进行探讨,他认为古村落的评估特点在于,其是一个整体性的文化单元。传统村落的评价标准可分为:其一是历史性,即评判传统村落历史文化价值的重要程度;其二是基础评价,即以客观肉眼、根据事实的标准对古村落进行现状的评估;最后是居民意向,这一部分主要强调公众对古村落保护的参与度和理解包容力。这是学术界第一次对古村落评价标准的正式发声,也为日后我国传统村落的评定提供了借鉴⑩。

1987年世界环境与发展委员会首次阐述了可持续发展的概念,并于1989年5月举行的15届联合国环境署理事会上得到广泛认可,从而日渐形成国际社会共识⑪。1994年3月国务院正式批准了《中国21世纪议程——中国21世纪人口、环境与发展白皮书》,这是我国针对人、地关系及自然环境变化提出的一项基本国策。此后学术界也将此概念引用到传统村落保护研究中,希望在传统村落面对新形势新变化的同时寻求一条适合传统村落发展的道路。喻琴⑫、汪任平⑬以徽州和澜沧江中下游的传统民居为研究对象,力求从生态学角度出发,发掘传统村落与乡土建筑的丰厚历史积淀,分析域内人文特色、建筑文化,结合内部资源与环境的现状,探讨传统村落如何走向可持续发展。

关于宗族血缘关系对传统村落的发展产生的影响,刘立川⑭、唐明⑮、莫书友⑯分别以深圳龙岗坑梓黄氏客家人聚落、山西丁村、广西博白县宁潭莫氏宗族为例,从选址条件、经济模式、宗族组织等角度分析了宗族的发展特征与村落变化的关系,揭示了中国宗族社会中聚族而居和村落形态之间的联系。从这个方面可深切的认识宗族对于村落原住居民社会生活的影响,也可以以此为切入,深度挖掘传统村落背后所隐藏的人文思想及意义。

传统村落因其具有得天独厚的历史文化优势,加之有别于城市的生活方式及景观,随着改革开放的不断深化,传统村落旅游逐渐成为一种趋势。但因传统村落旅游为一处待开发的"处女地",在作为旅游景点的同时,频频暴露出一些问题。有学者分析总结了传统村落作为旅游资源所具备的开发特征、经营模式,总结出传统村落旅游开发时应解决的问题⑰。朱晓翔对传统村落旅游资源的概念、分布、特点、形成发展、资源构成和价值功用等进行了基础性分析,并指出《旅游资源普查、分类与评价》应用于传统村落开发过程中的问题,尝试建立传统村落旅游资源的价值评价体系,并以河南等地9处村落案例进行实证研究,对于传统村落旅游开发具有一定借鉴意义⑱。

值得注意的是,中国传统村落保护研究在21世纪初开始发生转型。从基本对某一传统村落或建筑单位的研究转变为注重多角度多学科的融合,研究视野和方向也从单纯的建筑学范围,拓展到传统社会生活和文化领域,前者诸如张帆的《中国传统聚落极域研究》[19]、冯楠的《龙门古镇古村落研究》[20],后者诸如窦思的《黄土高原沟壑区人类关于传统山地村落的记忆消失初探》[21]、刘大可的《论科举与传统村落社会——闽西武北客家村落的田野调查研究》[22]。从研究村落中单体建筑所赋予的内涵,逐渐扩展到村落中各类型建筑及村落结构、空间形态和地域间的比较探讨,并上升到村落(聚落)研究的层次[23]。

在传统文化的更新、社会经济的飞速发展的时代背景下,传统村落已表现出不能适应现代社会需求而面临严峻挑战的境遇。在传统村落如何处理好保护与利用的关系上,有相关研究人员开始立足于实际国情,揭示出传统村落保护与利用的迫切性和重要性。魏欣韵[24]、杨过[25]、胡杏云[26]、赵志芳[27]等人分别选取了部分地区的传统村落为例,从不同方面进行了实证的分析与研究,并针对具体研究对象提出保护措施。

传统村落保护研究在我国学术界起步较晚,早期研究对象主要为传统民居,继而总结与描述村落客观存在的物质形态。这一时期传统村落的研究范围主要集中在安徽徽州、福建闽西客家、山西晋中几个城市及地域而展开,从初始时期对于村落以及村落民居的文字性叙述,到逐渐开始关注村落的空间形态、分布格局等建筑学范畴,最后认识到传统村落所赋予的历史、文化内涵,开始进行多学科交叉研究。研究领域的多样性表明,传统村落开始逐渐受到学术界的关注,对于日后传统村落评选工作的开展提供了学术支持与理论保障。

**二、发展期(2006 至 2011 年)**

相较于 20 世纪 90 年代至 21 世纪初期阶段,本时期研究论文的数量进一步增加,研究方向也进一步多元化。按照文章的研究领域大致可以分为以下几个方面:

**1. 传统村落保护与发展**

2005 年 10 月 8 日,中国共产党第十六届五中全会通过《十一五规划纲要建议》,明确推进社会主义新农村建设为阶段性目标。在党中央领导下开展大规模新农村建设,对我国的农村建设带来了历史性巨变,同时在进行新农村建设中,传统村落的现状遭受了不可避免的破坏,其生存现状也受到与日俱增的挑战。

不少学者将视线聚焦在传统村落的保护上,杨晓蔚、姜劲松、汤蕾、陈翀等人以苏州东山镇、西山镇域内传统村落建设为例,分析了传统村落的内涵,提出了保护传统村落的规划思路和传统空间的设计方法,力求在新农村建设过程中对村落中传统建筑加以引导、控制与保护[28]。祁嘉华、郑晔梅指出新农村建设过程中传统村落面临的问题,提出在新农村建设过程中应秉持"修旧如旧""有机更新"原则,切实结合国务院《十一五规划》对新农村建设的五项要求,才能使传统村落在新农村建设中走出与其他村落不同的路径[29]。由此可以看出,社会逐渐意识到传统村落是我国重要的文化遗产,在国家政策环境下,学界就如何将传统村落保护融入新农村建设中提出了自己的见解。

**2. 传统村落文化**

冯骥才认为传统村落就是传统文化的载体,保护传统文化就是保护民族的 DNA,是当前文化抢救的重点关注对象[30]。白佩芳等人以传统村落物质文化遗产与非物质文化遗产之间的关系为角度,撰文探讨传统村落文化研究的理论基础、方法论以及研究手段[31]。胡彬彬基于大量的田野调研工作,对我国传统村落及其文化遗存现状进行了梳理和讨论,认为抢救和保护中国传统村落及其文化内涵与形态,应成为"十二五"期间文化遗产保护的重中之重,是对传统村落作为文化遗产重要构成部分的振臂高呼[32]。

**3. 传统村落旅游开发**

如何选择具备旅游开发条件的传统村落、如何进行旅游开发等一系列问题,成为学术界关注与研究的重点。对于传统村落旅游价值的评判,有学者认为传统村落具有古老性、封闭性、独特性、完整性,作为其鲜明的旅游特征,在旅游资源上富含历史遗存、乡土文化、古今差异等资源价值[33]。潘彩霞评述了国内外传统村落旅游规划的发展过程,以苏州传统村落及旅游开发现状进行分析与评价,着重探讨了苏州传统村落旅游开发的各种影响因素和开发策略,最后加以案例进行了实证㉝。肖光明㉞、商硕㉟等分别以旅游资源的开发与管理、旅游资源优势理论、旅游解说系统为视角,在选取实地案例的基础上,对研究对象所出现的问题进行分析与讨论,探索适合本地区传统村落旅游发展的新思路。李文兵对国外传统村落旅游开发的文献进行了系统的梳理,结合中外对于传统村落旅游的开发案例,主张应对具体村落个案、旅游资源本体可持续性、游客体验和游客感知等方面进行深入研究㊱。

自 2003 年以来,国家住房和城乡建设部与国家文物局开始联合公布中国历史文化名村,这些反映了国家不同地区、民族和社会经济发展水平的村落集聚了历史、人文、科学、美学等多元的旅游价值。学术界分析传统村落旅游资源的价值功用,有助于提升对传统村落旅游资源价值的认识,为下一步更好地开发传统村落提供了学术依据。

### 4. 传统村落生态环境

对于传统村落人居环境的研究,徐晨曦等着重对传统村落的人居环境进行了分析,结合实际调查对传统村落人居环境问题提出些对策㊳。还有部分研究学者通过对传统村落景观构成基本要素的分析,提出对于保护传统村落景观的基本原则,进而探讨传统村落景观设计的研究思路和方法,目的在于保护传统村落的区域文化特色,打造可持续发展的人居环境。在传统村落的生态环境及生态评价方面,有研究者总结了传统村落在处理人与自然关系方面的生态理念和技术经验,以传统村落中人与自然环境和社会环境的互动关系出发,强调传统村落保护和利用过程中应注意对生态环境和人居环境的重视,旨在传统村落的可持续性发展㊴。

建筑学领域一如既往地保持着对传统村落的关注,研究的主要方向为传统村落的空间形态㊵、村落的防御性㊶、村落的形态演变㊷等。此外,地理信息系统(GIS)等新技术的引用,有助于传统村落保护和规划㊸。

在这一阶段,传统村落逐渐受到学术界不同学科的重视,如地理学、旅游学、生态学等,在研究方

法上不断创新,研究视角不断突破,是传统村落保护研究的发展期。

### 三、鼎盛期(2012 年至今)

2012 年公示第一批中国传统村落名录,传统村落保护的问题正式纳入国家行政部门管理范畴。历经过描述研究为主的发轫期,研究方法与研究理论不断拓展的发展期,传统村落保护相关研究进入鼎盛时期。

近年来,国内学术界对传统村落文化遗产的保护研究日益重视,主要集中于传统村落价值认定、传统村落保护方法、传统村落保护主体、传统村落旅游破坏性开发、传统村落保护对象、传统村落保护中出现的问题等六个方面。

#### 1. 传统村落价值认定

王小明系统回顾了传统村落价值认定的实践历程,然后对传统村落价值认定标准的科学性进行了理论分析,并对传统村落整体性保护提出建议㊹。汤文君认为传统村落在现阶段被破坏的主要原因是,其真正价值没有被正确而充分的认识,缺乏对古村落保护意识。罗康智则认为对传统村落当代价值的认知未达到普世性,传统村落自身所具备的基本属性及其当代价值,对传统村落实施的保护与传承对策是否具有针对性和时效性,在于对当代价值的掌握㊺。

#### 2. 传统村落保护方法

冯骥才认为,时下对传统村落的保护,主要方法为民居博物馆、分片区保护、原生态形、景观形式和露天博物馆,并提出建立法规机制、请专家参与、传统村落现代化、利用代替开发、提高村民的文化自爱与自信等方法,对传统村落进行严格与科学的保护㊻。周乾松提出了一系列传统村落的保护方法,包括建立传统村落保护领导小组,政府职能部门配合检查督察、加强传统村落保护的宣传教育、建立传统村落名录制度、实行分类保护与分级管理、出台政策法规、加大对传统村落的财政预算、实行"村民自保、私保公助""多元化、社会化、转移性"保护等㊼。傅娟等运用 GIS 地理信息系统,构建形态属性数据库,对区域传统村落形态特征及其演变规律进行分析,对于在城镇化进程中从区域层面保

护传统村落给予了重要参考⑧。郑文武以乡愁概念及乡愁承载体为研究背景，运用数字化理论，主张传统村落数字化应注意顶层设计，并开发面向乡愁需求的虚拟旅游服务产品⑨。

### 3.传统村落保护主体

对于传统村落保护主体的研究，有学者认为应以保障与延续原有生产生活方式为前提，建立村落居民参与机制，大力发展当地特色经济产业，增加村落居民收入途径⑩。张勃认为原住村民应是传统村落实现保护的主体，村民对于村落保护与发展有自主性的发言权利。国家需要在对传统村落保护过程中开放参与机会，提升村民参与的文化自觉意识和行动能力，村民的保护与参与是保护传统村落的重要切入点⑪。郑皓文等认为在传统村落保护的过程中，发展乡村绅士可成为传统村落的一条发展路径，在分析了乡绅的利弊性之后，提出应推进公众参与传统村落的保护发展，建立多方监管机制确保乡绅制度的可持续发展⑫。马翀炜认为保护与发展传统村落，首先要尊重村民在发展中的主导性地位，只有明确村民参与和管理权利，才能使得传统村落得以保留和延续⑬。童成林提倡对于传统村落的保护主体，政府应作为主导层面，对传统村落进行整体性保护，在保护发展的过程中要对村落的物质环境进行更新和改善，使之与村民迫切需要改善当前生活相结合⑭。周樟垠等以社区营造为视角，认为可以运用"社区营造"的传统村落首先必备以地缘、血缘关系为典型，之前在管理组织上政府主导的"自上而下"模式应向由原住居民主导、政府支撑及社会各界组织共同参与的"上下结合"模式转变，通过政府放权、资金政策支持，调动公众参与的能动性，发挥乡贤、乡绅的能量，达到村落的可持续发展⑮。也有学者认为应建立政府与居民共同保护机制，各级地方政府应各司其职，在保护利用过程中必须坚持以民为本，尊重村民自治的权利，调动村民积极性，使开发成果惠及村民、社会共享⑯。

### 4.传统村落旅游破坏性开发

肖明艳认为当前旅游经济的发展使传统村落的文化价值相对弱化，文化遗产资源被功利化，提出以社区居民为主导，尊重村落的文化价值，将文

化与经济有机结合，从而实现传统村落的可持续发展⑰。何烈孝运用旅游生命周期理论和文化生态理论，从经济、文化等方面探讨村落旅游后的衰落，对传统村落的旅游开发进行反思⑱。方恒弟认为传统村落作为一种文化载体，是作为旅游开发和利用的重要资源，但随着开发传统村落整体风貌正在遭受着不同程度的破坏和影响，在不影响村落风貌的前提下结合实地调研，提出相应开发的策略⑲。奚汀等以区域为视角，对传统村落进行空间分析的基础上，制定出挖掘传统文化、组群整合发展与村落旅游特色化三大旅游发展策略⑳。黄秀波等人基于访谈、参与观察等田野调查方法，以个案为研究对象，提出现阶段不同主体对于传统村落的发展诉求是矛盾冲突的㉑。张剑文讨论了在对传统村落进行保护与旅游开发中，分析了政企合作模式(PPP)和其三种具体实现方式(PPP、BOT、PFI)，指出每种方式的优缺点，避免在开发过程中政府单一主导或私营企业独大的弊端㉒。

### 5.传统村落保护对象

但文红等认为文化景观是世界文化遗产的一种类型，是天、地、人三者结合、物质与非物质相结合的产物，具有很高的研究价值。在对传统村落保护和开发的过程中应该探索出既符合村民需求又符合文化景观保护的新途径㉓。李华东主张传统村落的保护应囊括三个层次，表层即对山水环境、风貌格局等物质载体的保护，中层是对传统生产方式的保护和传承，深层则是对文化共同体的修复。传统生产方式是传统村落存续的内在生命力，目前的难点和重点是对传统生产方式的保护㉔。潘鲁生认为目前传统村落的保护已经逐步深入，从物质形态所表现的建筑、空间格局等转向非物质形态的文化内容深化。他强调保护传统村落其核心就是保护农村的文化生态㉕。在城镇化的背景下，如何做到"以人为核心"是重点也是难点，潘鲁生在全国政协座谈会上指出，要保护好传统村落就要设身处地的为村落里生活的人们着想，应该从保护村民的基本利益出发，将保护传统村落与改善民生相结合，避免出现村落的空心化㉖。张勃认为当前传统村落的保护工作主要在修复和提升两方面多加注意，即修复

社会对传统村落保护的态度、村落受损的建筑、丢失的文化传统和记忆,提升村落居民生活质量、村落原住居民就业机会和原住居民的开发参与度[67]。

6.传统村落保护中出现的问题

曹易等指出传统村落保护实践中存在的问题,诸如:收取资料不翔实,保护规划内容多引用城市规划套路而缺乏"乡村性",法律法规存在漏洞,后期跟踪保护欠缺[68]。周乾松认为传统村落的定义尚无明确概念、认定标准较为单一,对于传统村落的稀缺性认识尚为不足,村落建筑处于"老龄化""疲态化",且缺少修缮资金,农村无序性规划导致的"自主性破坏"[69]。王梦娜则从非物质文化遗产保护的角度出发,系统的阐述了近年来在传统村落非物质文化遗产保护工作中出现的一些问题,主要包括学界干涉、地方干预、忽视非物质文化遗产活态保护以及物质与非物质文化遗产间的关系[70]。伽红凯认为传统村落的保护有着明显的"逆城镇化"特征,并且还存在着与农业现代化、新农村建设、原住民生活水平提升的矛盾[71]。范生姣认为地方型法规的约束力较低,造成传统村落保护难度加大,新建民宅的"自发性"导致传统村落的风貌受到较大影响,消防减灾的设施还处于初级水平,非物质文化遗产传承成为难题,村落管理存在多头管理,管理体制尚不健全[72]。

**四、结语**

随着 2012 年第一批中国传统村落名录的公布,关于传统村落保护的研究也逐渐积累了丰富的成果。但研究对象大多集中在传统村落分布密集的南方地区,西北与东北地区由于保存条件等原因,研究进程相对进展缓慢,可作为下一阶段传统村落保护研究的重点区域。传统村落的保护是在文化遗产大保护的背景下开展的,对其研究应秉持考古学的方法、人类学的视角,结合村落现存历史建筑,进行整体性剖析,建立起整个村落变化发展的过程。同时,在研究工作期间,应系统地展开生态调查,包括自然景观等一系列环境背景内容。在此基础上进行文化人类学调查,涉及其经济形态、社会形态、生产技术、家族人口、婚姻状态及聚落规模、社群的组织、宗教信仰和传统的戏曲、舞蹈、艺术等。

传统村落保护的研究历程及其阶段性特征,对我国目前传统村落的发展和保护带来以下几点启示:

第一,城乡关系的正确认识是传统村落发展方式的核心要素,在中国的地缘背景和城乡一体化进程中,村落依附于乡镇,乡镇则依附于城市,村落内部的发展不仅来源于城镇的外部推动,更依赖于内部力量。因此传统村落的保护和发展不是简单的发展旅游和文化等产业、城镇向村落提供设施和服务,而在于地方与区域之间建立联系,对于传统村落的保护规划应着眼于地方特色,立足于地区认同,整合经济、社会、环境、文化等资源,从而实现传统村落的可持续发展。

第二,农业仍是传统村落发展的核心,农民离不开土地,丧失土地就意味着丧失职业。随着日前乡村旅游等多元化乡村经济的发展,农业的地位在传统村落的保护过程中不断降低,随着农业现代化水平的提高,在粮食作物满足日常生活所需之后,如何发展农业特色化、多功能现代化农业是传统村落保护开发过程中所需要思考的问题。

第三,村落的空心化是当前传统村落面临的重大问题,传统村落以及所属的乡镇首当其冲需要面对的就是人口的空间重组。随着城市化的推进,偏远地区和居住环境较差地区的人口流失将成为常态化。在探讨传统村落保护的过程中,要做到因地制宜、培养村落的内生动力,积极地推进土地的产权流转和村落宅基地的整理,对村落的公共空间进行修缮和恢复,实现传统民居空间传统与现代更新的有效结合。如何留住人、如何把人引进来,这需要我们在接下来的工作中着重研究传统村落的产业、使用价值、交通、人居环境的改善和公共服务设施的建立。

第四,传统村落得以常年发展的原因之一在于其空间具有弹性,故而空间规划在传统村落的可持续保护与发展过程中举足轻重。在对传统村落进行规划,首先要与村落布局、人居环境、土地利用等规划保持一致性,尤其以传统村落内部的各类资源诸如林木、水、土地、房屋等等,都要做到科学协调。其次,传统村落所具备的人文景观、自然景观等多方面价值,应立足于空间的多功能性,在制定保护和发展的政策过程中整合内外部资源,自下而上地构建地域认同与文化认同,从而在保持传统因素不变的前提下进行多元化经济的发展,为传统村落的保护提供助力。

**注释:**

①刘沛林:《中国传统村落意向的构成标志》,《衡阳师专学报(社会科学)》1994年第4期。

②王立、李春、邓梦:《古村落布局中的象征表达》,《重庆建筑大学学报》2002年第3期。

③金涛、张小林、金飚:《中国传统农村聚落营造思想浅析》,《人文地理》2002年第5期。

④袁飞鸿、王勤诚:《中国传统村落规划思想探源》,《村镇建设》1998年第6期。

⑤蒋高宸:《以村落环境为主轴的广义聚居学研究——云南聚落研究的一份提纲》,《云南工业大学学报》1997年第4期。

⑥朱晓明:《论传统村落中聚居环境的变迁》,《同济大学学报(社会科学版)》1999年第11期。

⑦王路:《农村建筑传统村落的保护与更新》,《建筑学报(社会科学版)》1999年第11期。

⑧王路:《村落的未来景象——传统村落的经验与当代聚落规划》,《建筑学报(社会科学版)》2000年第11期。

⑨林川:《晋中、徽州传统民居聚落公共空间组成与布局比较研究》,《北京建筑工程学院学报》2000年第3期。

⑩朱晓明:《试论古村落的评价标准》,《古建园林技术》2001年第4期。

⑪邱琳:《论可持续发展战略与实现全面建设小康社会奋斗目标的必然选择》,《科学社会主义》2003年第5期。

⑫喻琴:《徽州传统民居群落文化生态环境要素的分析及发展思考》,武汉理工大学硕士学位论文,2002年。

⑬汪任平:《澜沧江中下游流域传统聚落研究初探》,昆明理工大学硕士学位论文,2002年。

⑭郭谦、林冬娜:《深圳客家宗族派衍与传统村落拓展——以龙岗坑梓黄氏为例》,《汕头大学学报(人文社会科学版)》2002年第3期。

⑮唐明:《血缘·宗族·村落·建筑——丁村的聚落形态研究》,西安建筑科技大学硕士学位论文,2002年。

⑯莫书友:《村落宗族的昨天、今天与明天》,广西师范大学硕士学位论文,2003年。

⑰黄芳、浣伟军:《古村落旅游开发的模式探讨》,《湖南商学院学报》2003年第5期。

⑱朱晓翔:《我国古村落旅游资源及其评价研究》,河南大学硕士学位论文,2005年。

⑲张帆:《中国传统聚落极域研究》,郑州大学硕士学位论文,2003年。

⑳冯楠:《龙门古镇古村落研究》,西安建筑科技大学硕士学位论文,2004年。

㉑窦思:《黄土高原沟壑区人类关于传统山地村落的记忆消失初探》,西安建筑科技大学硕士学位论文,2005年。

㉒刘大可:《论科举与传统村落社会——闽西武北客家村落的田野调查研究》,《客家文化研究》2004年12月。

㉓彭松:《非线性方法——传统村落空间形态研究的新思路》,《四川建筑》2004年第2期。

㉔魏欣韵:《湘南民居——传统聚落研究及其保护与开发》,湖南大学硕士学位论文,2003年。

㉕杨过:《探索传统村落更新的有效途径——以束河为例》,昆明理工大学硕士学位论文,2004。

㉖胡杏云:《传统古村落的保护与发展——以宁波余姚柿林村为例》,《宁波大学学报(理工版)》2005年第4期。

㉗赵志芳:《历史文化村落的保护与利用——以山西省传统民居集落为例》,太原理工大学硕士学位论文,2005年。

㉘汤蕾:《新农村建设背景下的古村落群整体保护策略——以苏州西山镇古村落群为例》,《和谐城市规划——2007年中国城市规划年会论文集》,城市规划出版社,2007年。

㉙祁嘉华、郑晔梅:《新农村建设语境中的古村落保护与发展——以陕西为例》,《西安建筑科技大学学报(社会科学版)》2011年第6期。

㉚冯骥才:《保护古村落是当前文化抢救的重中之重》,《政协天地》2009年第11期。

㉛白佩芳、杨中、周吉平:《关于传统村落文化研究方法的思考》,《建筑与文化》2011年第8期。

㉜胡彬彬:《我国传统村落及其文化遗存现状与保护思考》,《光明日报》2012年1月15日。

㉝李丽、肖磊:《古村落旅游资源特征及价值研究》,《山东省青年管理干部学院学报》2009第6期。

㉞潘彩霞:《苏州古村落旅游开发策略研究》,苏州科技学院硕士学位论文,2011年。

㉟肖光明:《古村落旅游资源的区域开发与经营管理——以广东省肇庆市为例》,《国土与自然资源研究》2008年第1期。

㊱商硕:《传统村落景观的旅游开发探析——以山西平遥古城为例》,《科技情报开发与经济》2011年第30期。

㊲李文兵:《国外传统村落旅游研究及对我国的启示》,《地理与地理信息科学》2009年第2期。

㊳徐晨曦:《古村落人居环境保护研究——以湖南岳阳张谷英村为例》,湖南师范大学硕士学位论文,2012年。

㊴江文婷、胡振宇:《中国传统村落的生态经验解析——以楠溪江中游古村落为例》,《住宅科技》2011年第10期。

㊵李欣、单鹏飞:《传统村落空间形态的保护与延续》,《小城镇建设》2011年第3期。

㊶伍国正、余瀚武、周红:《湖南传统村落的防御性特征》,《中国安全科学学报》2007年第10期。

㊷马航:《中国传统村落的延续与演变——传统聚落规划的再思考》,《城市规划学刊》2006第1期。

㊸胡最、刘沛林:《基于GIS的南方传统聚落景观基因信息图谱的探索》,《人文地理》2008年第6期。

㊹王小明:《传统村落价值认定与整体性保护的实践和思考》,《西南民族大学学报(人文社会科学版)》2013年第2期。

㊺罗康智:《中国传统村落的基本属性及当代价值研究》,《原生态民族文化学刊》2017年第3期。

㊻冯骥才:《亟须加强对古村落文化的保护》,《农村工作通讯》2011年第9期;冯骥才:《传统村落的困境与出路——兼谈传统村落是另一类文化遗产》,《民间文化论坛》2013年第1期。

㊼周乾松:《新型城镇化过程中加强传统村落保护与发展的思考》,《长白学刊》2013年第5期。

㊽傅娟、黄铎:《基于GIS空间分析方法的传统村落空间形态研究——以广州增城地区为例》,《南方建筑》2016第4期。

㊾郑文武、刘沛林:《"留住乡愁"的传统村落数字化保护》,《江西社会科学》2016年第10期。

㊿姜勇:《浅谈满族传统村落调查与保护的急迫性——以辽宁省新宾县为例》,《文学大视野》2013年第3期。

51张勃:《传统村落保护必须重视村民参与》,《光明日报》2015年8月2日。

52郑皓文、朱霞:《传统村落保护利用的乡村绅士化发展路径研究》,《2015中国城市规划年会》,2015年。

53马翀炜、覃丽赢:《回归村落:保护与利用传统村落的出路》,《旅游学刊》2017年第2期。

54童成林:《新型城镇化背景下传统村落的保护与发展策略探讨》,《建筑与文化》2014年第2期。

55周樟根、曾庆云、陈华智:《社区营造视角下传统村落的保护与利用——以梅湾村为例》,《小城镇建设》2016年第9期。

56周乾松:《城镇化过程中加强传统村落保护的对策》,《城乡建设》2014年第8期。

57肖明艳:《贵州生态博物馆的村落旅游探讨》,《广西民族师范学院学报》2012年第4期。

58何烈孝:《历史文化村落旅游后的衰落与复兴研究》,江西师范大学硕士学位论文,2012年。

59方恒弟:《试论旅游开发中传统村落风貌整治规划》,《旅游纵览》2014年第1期。

60奚汀、周婵华、徐硕含:《基于区域视角的传统村落旅游发展策略研究》,《2015中国城市规划年会》,2015年。

61黄秀波、孙九霞:《传统村落旅游发展的迷思:主体诉求与空间正义》,《旅游论坛》2017年第2期。

62张剑文:《传统村落保护与旅游开发的PPP模式

研究》,《小城镇建设》2016 年第 7 期。

㊜但文红、彭思涛、宋江:《贵州村落文化景观保护研究》,《中国农村土地整治与城乡协调发展学术研讨会》,2012 年。

㊽李华东:《传统生产方式保护与传统村落的未来》,《建筑师》2016 年第 5 期。

㊾潘鲁生:《传统村落需要保护文化生态》,《中国建设报》2014 年 12 月 17 日。

㊿潘鲁生:《城镇化进程中的传统村落保护与改善民生问题》,《中国艺术报》2014 年 12 月 22 日。

67张勃:《传统村落与乡愁的缓释——关于当前保护传统村落正当性和方法的思考》,《民间文化论坛》2015 年第 2 期。

68曹易、翟辉:《对传统村落保护与发展模式的几点思考》,《小城镇建设》2015 年第 5 期。

69周乾松:《我国传统村落保护的现状问题与对策思考》,《中国建设报》2013 年 1 月 29 日。

70王梦娜:《传统村落非物质文化遗产保护研究》,湖南师范大学硕士学位论文,2014 年。

71伽红凯:《中国传统村落保护的矛盾与模式探析》,《中国农史》2016 年第 3 期。

72范生姣:《传统村落保护与发展面临的问题及对策思考》,《原生态民族文化学刊》2016 年第 2 期。

(作者单位:安阳师范学院历史与文博学院)

# 浅议南京城墙常州府产城砖及其文化遗产价值

◇ 赵梦薇

**内容提要**：南京城墙砖来自于长江中下游的江苏、安徽、湖南、湖北、江西五省。南京城墙砖上的砖文不仅反映出"物勒工名"的严格责任制，还蕴涵其他丰富的历史文化信息。本文选取了明代常州府城砖作为研究视角，整理了部分常州府城砖，对其砖文内容、印制方式、砖文分布、运输路线等方面进行了分析，并结合地方志对砖文内容进行了初步的考证，尝试剖析南京城墙常州府城砖背后的文化遗产价值，以此充实南京城墙申遗资料库。

**关键词**：南京城墙 常州府 城砖 砖文 文化遗产价值

南京城墙是由明太祖朱元璋于元至正二十六年(1366)始建，历时二十八年修筑完成的都城城墙，城墙由宫城、皇城、京城、外郭四重城垣组成，是目前世界上现存长度最长的城市城墙。南京城墙是中国古代城市城墙的巅峰之作，是人类珍贵的历史文化遗产，具有丰富多元的文化遗产价值。建成的南京城墙长达35.267千米，巨大的体量决定了南京城墙的建设需要耗费大量的建材，包括城砖、石材、木材、黏合剂等，其中城砖是建材中最大宗的一项。

## 一、南京城墙砖概况

初步估算建设南京城墙耗费城砖上亿块，城砖的烧制有较为统一的标准，且质量上乘，要求"敲之有声、断之无孔"。南京城墙砖最大的特色在于其"物勒工名"制度，这种制度将古代城砖"责任制"发展到了巅峰。一块标准的南京城墙砖记载了产地以及自上而下的官员、基层组织负责人、工匠等职位和姓名，最多达十一级。一旦城砖出现质量问题，朝廷即可按照所记载的人名进行追责。这种"物勒工名"的严格责任制最大限度地保障了南京城墙砖的高质量和城墙的坚固性，这在中国乃至世界建城史上都非常罕见。

南京城墙城砖的产地在文献中并无详细记载，但城砖砖文多记录了产地信息，为探寻城砖产地提供了保障。经过诸多研究学者多年不断地收集和整理，目前可见南京城墙砖的产地基本以长江中下游直隶地区、江西行省和湖广行省所辖的各府、州、县为主，大致包括今江苏、安徽、湖南、湖北、江西五省（图一）。从砖文看，部分地区所产城砖在砖文内容、印制方式、分布情况等方面具有较强的地域特色。本文将聚焦直隶地区的常州府城砖，对城砖砖文内容进行初步考证，并对其涉及的相关问题进行探讨，以发掘常州府城砖的文化遗产价值。

## 二、南京城墙常州府城砖分析

### （一）常州府建置概述

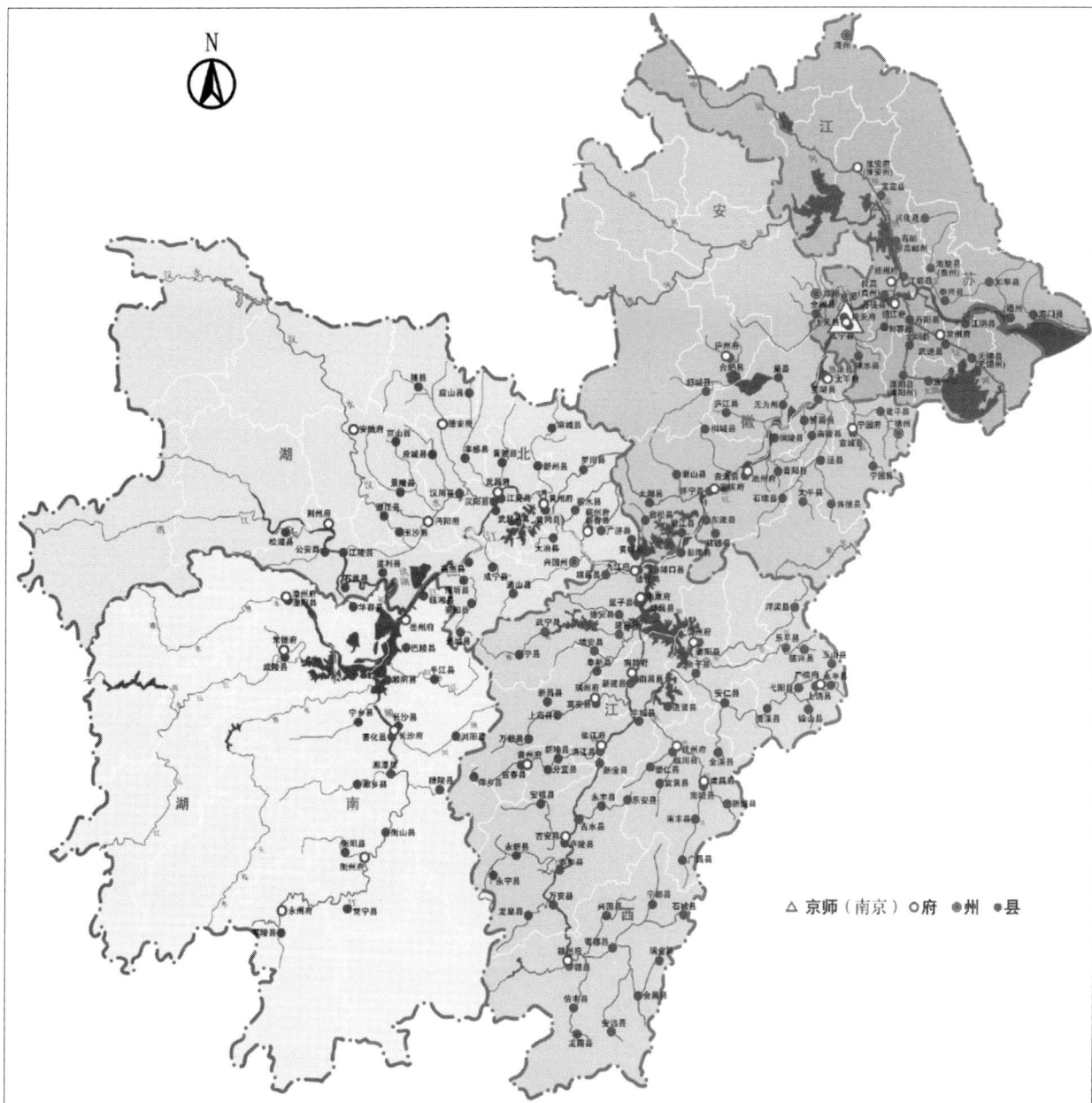

**图一 南京城墙砖产地分布图**

(图片来源:南京城墙保护管理中心:《铭文天下——南京城墙砖文》,南京出版社,2016 年,第 6-7 页)

常州府是明、清两代常州的行政建制。常州曾先后有延陵、毗陵、晋陵、兰陵等旧称,自毗陵起为郡,隋代废郡,改以州统县,古毗陵郡遂为常州。唐代升常州为望,列入全国州府十望之一。宋代常州属两浙西路。元代至元十四年(1277)升常州路,元惠宗至正十七年(1357);明太祖丁酉年三月丁亥改元常州路为长春府,同月己丑又改为常州府,隶江南行省,后隶南京。常州路下的武进、晋陵 2 县改名为永定、京临,与无锡、宜兴 2 州仍隶于府。寻省京临县。壬寅年(1362)永定又改名为武进。吴元年,江

阴直隶州降为县,改属于府。洪武二年,无锡、宜兴 2 州也降为县。成化七年(1471)增设靖江县。此后,府领 5 直辖县。万历末,因避讳改为尝州府。府治在今江苏常州市①。

(二)常州府城砖梳理情况

笔者对《南京城墙砖文》一书中的常州府城砖进行了梳理,涉及常州府下辖的宜兴县、无锡县、武进县、江阴县四县②。洪武十七年正月,朝廷不再征派各地劳役烧制城墙砖,仅有军队烧砖。而靖江县置于成化七年,因此常州府城砖中未发现靖江县所

产城砖属正常情况。《南京城墙砖文》一书收录的砖文拓片虽不全面,但选取的砖文较有代表性,因此对于砖文的分析有较高的参考价值,仍能从中发现一些问题。

1.城砖砖文内容和所反映的问题

常州府城砖按砖文内容可分为两类:第一类砖文格式多为"常州府□□县提调官③主簿/县丞□□司吏□□作匠□□洪武七年月日"。该砖文主要记载了城砖的产地府县名称、县一级官员名称(提调官主簿/县丞、司吏等)、负责烧造城砖的具体工匠名称以及城砖烧造年份。根据所收集的砖文,所见纪年的城砖均为洪武七年(图二左)。

第二类砖文格式则为"常州府提调官通判□□司吏□□□□县提调官主簿/县丞总甲□□甲首□□小甲□□ 窑匠□□坯匠□□造砖人夫□□"格式。此类砖文内容更加详细,主要记载了城砖产地府级名称、府一级主要官员名称(提调官通判、司吏等)、县级名称、县一级官员名称(提调官主簿/县丞、司吏等)、基层组织负责人名称(总甲、甲首、小甲)、负责烧造城砖的具体工匠名称(窑匠、造砖人夫、坯匠等)(图二右)。

表一 常州府两类城砖砖文信息对比表

| 砖文内容信息 | 第一类城砖 | 第二类城砖 |
|---|---|---|
| 产地(府县名称) | 有 | 有 |
| 府级官员名称 | 无 | 有 |
| 县级官员名称 | 有 | 有 |
| 基层组织负责人 | 无 | 有 |
| 纪年 | 有 | 无 |

从表一可看出,以上两类砖文主要区别在于第一类记载的官员为县一级,无基层组织负责人名称,但有纪年;第二类记载的官员有府、县两级,有基层组织负责人名称,但无纪年。出现这两类城砖的情况较为符合南京城墙砖总体的烧造制度。根据南京城墙砖文的整体情况来看,洪武十年前的城砖多有纪年,且各地砖文格式不统一,具有较强的地域特点;而洪武十年后的城砖砖文基本为全国统一的较为规范的格式,且加上了"总甲""甲首""小甲"这类的基层组织负责人姓名,但纪年消失。

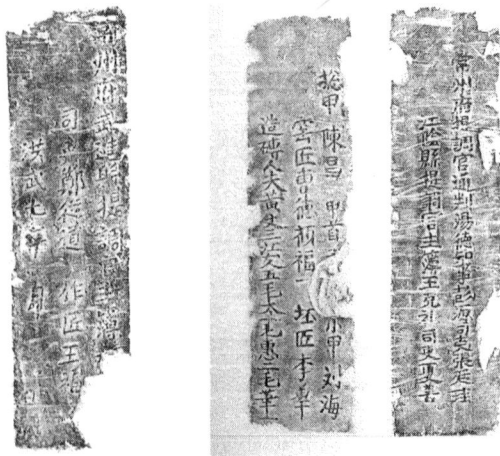

图二 两类常州府城砖砖文内容样式对比

明太祖朱元璋在明初建设都城时需要大量的人力,就需要从全国各地征派民夫,其中部分征派来源于朝廷颁布的"均工夫"的政策。《明会典》载:"洪武元年,定役法,每田一顷,出丁夫一名。二年,置直隶应天等十八府州, 及江西等府均役图册。……二年,置直隶应天府等十八府州, 及江西九江,饶州,南康三府,均工夫图册,每岁农隙,其夫赴京供役,每岁率用三十日,遣归田多丁少者,以佃人充夫,其佃户出米一石资其费用,非佃人而计亩出夫者,其资费每田一亩,出米二升五合。"④即拥有一顷田就需要征派一名民夫。根据《明会典》和《明太祖实录》等史料的记载,"均工夫"的政策仅在直隶应天地区和江西行省等地大范围推行过,主要原因在于明初国家刚刚安定,直隶地区和江西行省经济相对较为发达,且水路交通便利,因此仅在这两地大范围推行。

另外明初还存在一种"黄册里甲制"的赋役形式。《永乐大典·湖州府·田赋》所引《吴兴续志·役法》记载:"国初,各都仍立粮长。洪武三年以来,催办税粮军需,则为小黄册之法;夫役则有均工夫之制;总设粮长领之。……粮长,洪武四年始置。每粮万石,设粮长一名,知数二名,推粮多者为之。……黄册里长、甲首,洪武三年为始,编置小黄册。每百家画为一图, 内推丁力田粮近上者十名为里长,余十名为甲首。每岁轮流。里长一名,管甲首十名;甲首一名,管人户九名。"⑤以此推测,"甲首""小甲"则为"总甲"的下级单位负责人。杨国庆老师认为南京城墙砖的砖文中"甲"一级的基层组织的出现,与洪武年早年实行的"黄册里甲制"有关⑥。从砖文来看，洪武早期虽责任制不够完善，但砖文中已经出现"甲首""人户"等称谓，因此这种制度确实被采用于城砖烧制。

从上述情况看来，在洪武早期，各地为南京及明中都（凤阳）烧制城砖征派人夫服役的组织形式较为复杂，存在多种方式在各地推行的情况。虽然"均工夫役"和"黄册里甲制"在洪武早期已经实行，但还不甚完备，仅在局部地区推行。洪武早期的部分砖文中对两种制度也有所体现，如"□八都洪武四年均工夫""袁州府临江县提调官韩及古司吏黎焕张里长徐士行烧砖人杨□五人户李伯显洪武七年□月□日 窑匠许伏"等。直到洪武十年后，全国才开始在烧制城砖的过程中统一采用"黄册里甲制"，并规定砖文各级责任人要更加详细，包括府级责任人、基层组织负责人（总甲、甲首、小甲）和具体负责烧造城砖每个环节的工匠（窑匠、坯匠、人夫等）。因为"黄册里甲制"带来了更加完备的责任制，自上而下，从各级地方官员到基层负责人到各环节的工匠姓名都十分详细，使得烧制南京城墙砖的各级责任人十分明确，一旦城砖出现质量问题，追责也十分迅速、完整。因此洪武十一年后含有"甲"这类基层组织负责人的城砖大量出现，纪年砖文便因此失去了实际意义而消失。

2.砖文印制方式及分布情况

根据整理的砖文拓片可见，常州府城砖基本为模印阳文。其制作方法应是将砖文刻印在制作砖坯的模具中，在填入练过的黏土时直接将砖文印制在砖坯上，再烧制成砖（图三左）。个别砖文为戳印阳文，其制作方法应是在砖坯成型后，在坯体阴干之前，将阴刻好的砖文压印在砖坯上，再阴干入窑烧制（图三右）。

砖文的分布整体也可分为两类，一类为印制在城砖较窄的侧面（城砖竖立放置时）。此类分布情况占绝大部分，且基本都分布在两个侧面。（图三左）一面为府县名称和自上而下的朝廷官员名称；一面为从"总甲""甲首""小甲"的基层组织负责人姓名至"窑匠""造砖人夫"等具体负责烧制城砖的工匠

姓名。其中仅有个别城砖为单面砖文。

另一类砖文印制在城砖的顶面，根据统计，此类情况仅出现在无锡县的城砖中，大多分布在同一顶面，只有一例分布于两个面。但由于顶面面积较小，砖文内容也较少，仅有产地、重要官员和工匠名称等。但印制在顶面的城砖都有一个共同特点，即都有"洪武七年"的纪年砖文。而无锡县的城砖在洪武十年之后的规范性砖文中又分布在城砖的两个侧面，可见砖文印制在顶部的是无锡县在洪武十一年之前的一种有地域性特色的城砖（图三右）。

图三 常州府城砖砖文印制方式及分布情况

左：模印阳文，砖文分布在城砖两侧面

右：戳印阳文，砖文分布在城砖顶面

3.城砖运输方式简析

南京城墙砖的砖文显示，上亿块砖都来自于长江中下游各大小支流周围的府、州、县。在交通不发达的古代，要运输约40斤一块的城砖，水路无疑是最为便捷且省力的方式。明代都城应天府（今南京市）位于长江下游，烧制完成的城砖均可通过大小河流逐步进入长江而抵达南京。

常州府地处长江下游的太湖流域，境内河流密布，水网发达，为南京城墙砖的运输提供了充分的基础。常州府所辖的江阴、武进、无锡、宜兴四县地理位置优越，水路交通十分发达，具备充足的运输条件。鉴于目前尚未在四县境内发现南京城墙的砖窑遗址，无法得知城砖具体产地和所在支流，因此只能对常州府城砖的运输进行粗浅的分析。

整体来看，常州府城砖运输的主要河流干线为长江和京杭大运河。明代的无锡县（治在今无锡市）

和武进县(治在今常州市)紧临京杭大运河,城砖可直接进入京杭大运河,再于今镇江市境内进入长江,运抵南京;宜兴县(治在今宜兴市)位于太湖西北侧,运砖船可通过河网向北进入京杭大运河,再进入长江;而江阴市(治在今江阴市)紧临长江,因此不需要依靠京杭大运河,而可直接从长江运抵南京。

明初朝廷运砖时通常采用两种方式,一种为过往的船只顺带。《明会典》记载:"凡顺带砖料,洪武间,令各处客船,量带沿江烧造官砖,于工部交纳。"⑦另一种则下令让富户造砖运砖。明代刘菘《槎翁文集》:"会有旨,起均粮城甓。自成以田税及等任总甲事,造运舟,命莳往莅之"⑧。京杭大运河和长江下游常年水运繁忙,过往商船络绎不绝,且江南之地较为富饶,砖瓦业亦十分发达,可征派造船富户也相对较多。因此可推测,常州府地区城砖的水路运量很大,可为应天府的建造提供数量较多的城砖。

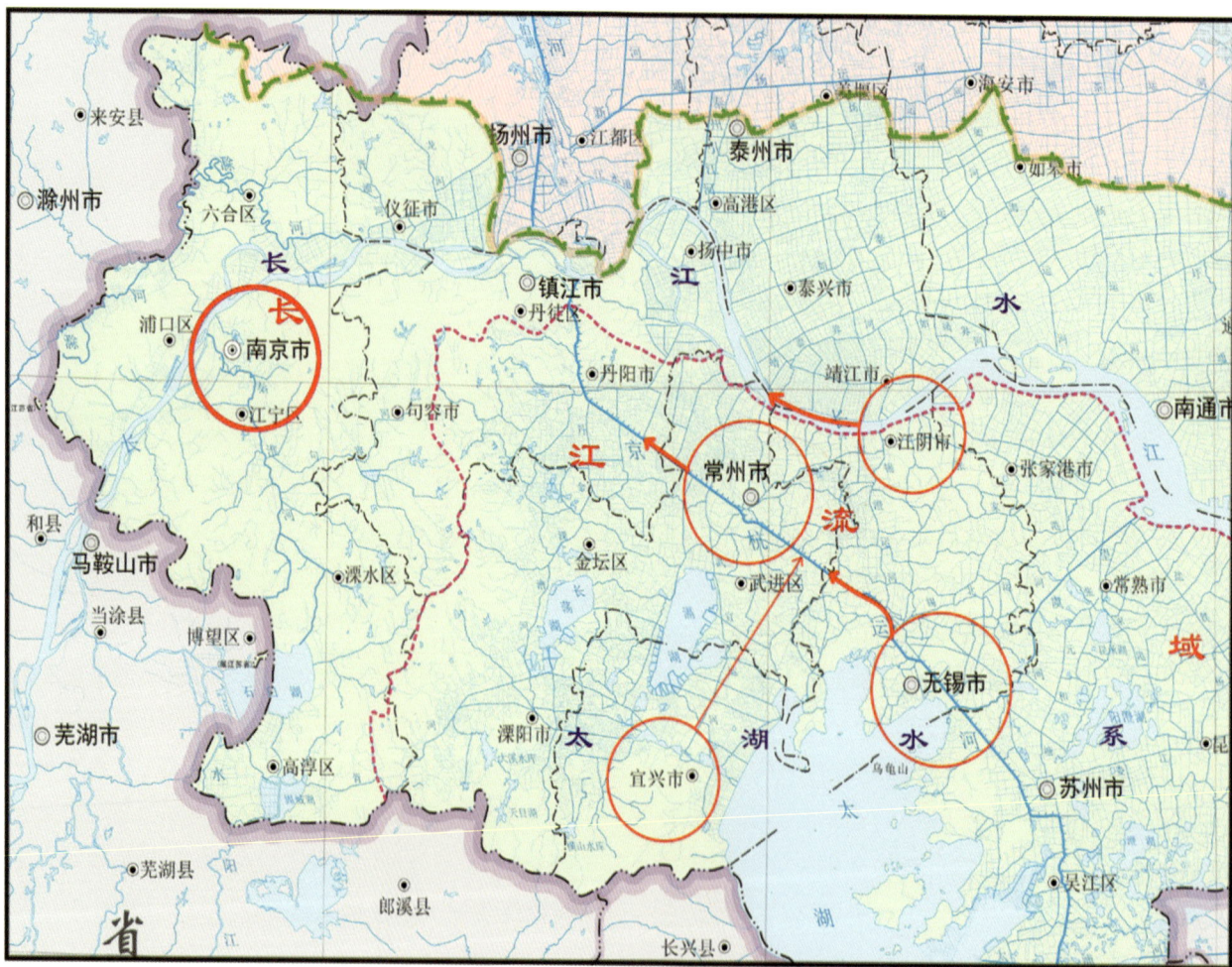

图四　常州府城砖运输路线推测示意图⑨

### 三、常州府城砖砖文小考

南京城墙砖是一座"活"的明初资料库,除了可提供城砖烧造的产地信息之外,还蕴涵着丰富的历史文化信息,在史书文献中都难寻踪迹,如洪武年间朝廷委派各地管理为确保城砖烧造质量而施行的责任制、明初农村基层组织的变化过程、各地制砖工艺、姓氏文化、简化字、民间书法等多元文化信息。城砖砖文可与史料相互印证和补缺,亦可修正史书典籍上的不正之处。笔者在整理过程中尝试将常州府城砖中的官员与地方志中记载的官员名称进行了对比,发现有可相互印证之处也有一些出入,以下将列举几例。

首先,在所整理的常州府城砖中,可见常州府一级官员的名称有"常州府提调官通判汤德知事彭源司吏张廷珪"。在《康熙·常州府志》⑩官职表中可以找到"通判汤德""知事彭源"两人的官职和姓名。

且根据府志,汤德于洪武元年担任通判一职,但彭源就任具体时间不详(图五)。

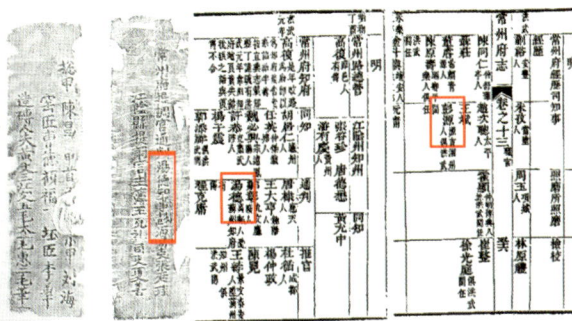

图五　常州府城砖拓片和《康熙·常州府志》中的"汤德""彭源"

县一级官员中,可见砖文中有"常州府宜兴县提调官主簿许穆……洪武七年月日"。而《康熙·常州府志》职官表中也有"主簿""宜兴许穆"的记载。且任职的年份为洪武三年,这与砖文记载的"洪武七年"也可相互印证,说明许穆至少到洪武七年仍在担任常州府宜兴县主簿一职(图六)。

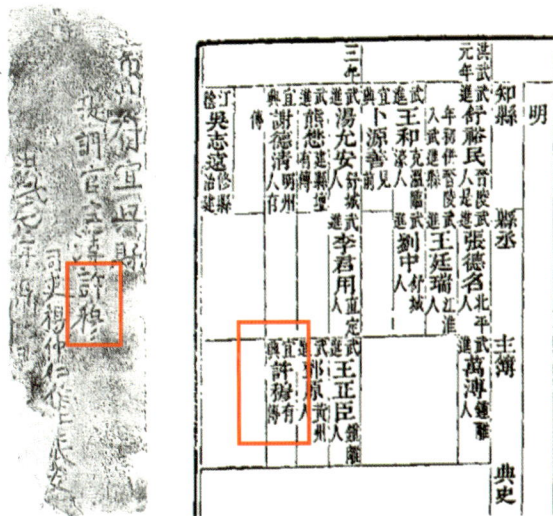

图六　常州府城砖拓片和《康熙·常州府志》中的"许穆"

武进县的一块城砖砖文为"常州府武进县提调官主簿张荣□……洪武七年 月 日",主簿的姓名和纪年因砖文模糊不清而无法识别完整。在查阅《康熙·常州府志》职官表之后可知,洪武五年张荣祖担任武进县主簿一职位,因此可以推测砖文上模糊的人名为"张荣祖",且因为洪武十年后纪年砖基本消失,因此这块城砖的纪年应当在洪武五年到洪武十年之间(图七)。

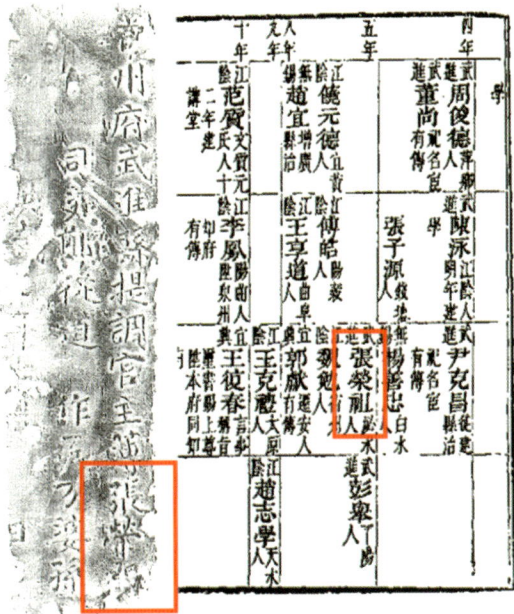

图七　常州府城砖拓片和《康熙·常州府志》中的"张荣祖"

除了上述城砖砖文和地方志相互佐证和补缺的情况外,还发现有砖文和地方志记载有所出入之处的情况。如《康熙·常州府志》记载:洪武三十一年至永乐元年,无锡县县丞由赵次进担任;永乐二十二年,贾从善、周炳二人担任无锡县县丞;但所整理的两块常州府城砖砖文记载:"常州府无锡县提调官县丞贾从善……洪武七年月日"和"……无锡县提调官县丞周炳司吏高彦"。根据砖文可知,洪武七年时,贾从善已经在担任无锡县提调官县丞一职,而在无纪年城砖中则由周炳担任提调官县丞。根据上文南京城墙砖文的整体情况看,洪武十年之后不见纪年砖文,因此可以推测最早在洪武十一年,提调官县丞就由贾从善更换为了周炳。

出现这种砖文和地方志有所出入的情况,相较来说南京城墙砖的可信度要更高。首先,该地方志为康熙年间编纂,记载的明代官职情况很可能出现差错;更重要的原因在于南京城墙为朱元璋所建的都城城墙,实行如此严格的责任制是为了最大限度保障城砖的质量和都城的防御性。因此城砖要求质量很高,由官吏查验城砖时,"敲之有声,断之无孔"的标准成为明代烧制城砖的定例。质量不达标的城砖将按照城砖上印制的责任人层层追责,因此在当时的环境下,城砖上责任人信息出现错误的可能性较小。另据无锡当地古籍《无锡斗门小志》记载："张谦字仲谧，号乐清，其先赵人。父文益赘贾从善，洪武间从善举贤良，擢丞无锡，文益从焉，爱锡山水秀丽，遂占籍为锡人"[11]。可知贾从善在洪武年间因"善举贤良"被任命为县丞一职，亦可从旁佐证贾从善在洪武年间确实已担任县丞并承担了烧造城砖的工作。但因无法确定当时是否存在有几人共同担任无锡县县丞或者有换人的情况，所以可以推测《康熙·常州府志》中记载的贾从善担任无锡县县丞的时间至少应提前至洪武七年(图八)。

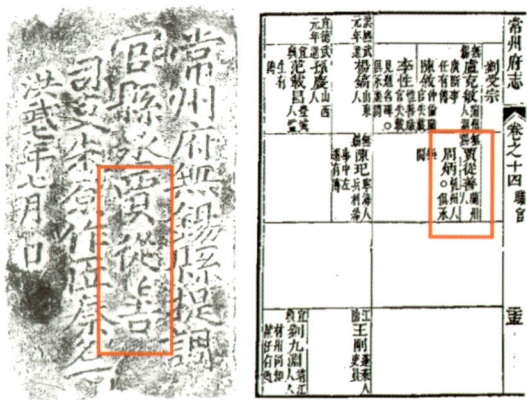

图八 常州府城砖拓片和《康熙·常州府志》中的
"贾从善"

### 四、结语

放眼于南京城墙砖整体，常州府城砖于其他府县城砖一样具有一些共性，如洪武早期城砖有纪年，且砖文责任制层级和责任人较少；洪武后期砖文责任制层级完备，责任人更加详细，增加了"甲"一级基层负责人，且纪年消失；也存在一些具有常州府当地特色的城砖，如砖文印制在顶面，具有较强地方特色的无锡县洪武早期城砖。

南京城墙砖文的梳理工作已逐步进行了近三十年，取得了阶段性成果，但囿于砖文信息采集整理的困难和人手、精力的不足，目前的成果还只是冰山一角。南京城墙未来的基础研究工作将继续针

对南京城墙砖进行分类和深入研究，将砖文和史料、地方志等文献资料充分结合进行对比研究。本文便是从小切口深入的一次尝试，希望能对常州府城砖进行初步的探索，挖掘常州府城砖的独特之处和南京城墙砖厚重珍贵的历史文化内涵，以此充实南京城墙的文化遗产价值。

**注释：**

① 周振鹤主编，郭红、靳润成著：《中国行政区划通史·明代卷》，复旦大学出版社，2007年，第43页。

② 本文所整理的拓片内容及图片均来自南京市明城垣史博物馆编撰：《南京城墙砖文》，南京师范大学出版社，2008年，第20-26页。

③ 提调官是南京城墙砖生产过程中一个特殊的职位，根据事务临时设置，事务结束后则取消，一般由府县两级重要官员兼任。

④ [明]申时行等修：《明会典》(万历重修本)卷二〇六，中华书局，1989年，第1027页。

⑤ 转引自杨国庆、王志高：《南京城墙志》，凤凰出版社，2008年，第266页。

⑥ 杨国庆、王志高：《南京城墙志》，凤凰出版社，2008年，第266页。

⑦ [明]申时行等修：《明会典》(万历重修本)卷一九〇，中华书局，1989年，第963页。

⑧ [明]刘崧：《槎翁文集》卷二。转引自王裕民：《明代总甲设置之考述》，载《第十届明史国际学术讨论会论文集》，人民日报出版社，2005年，第165页。

⑨ 底图为江苏省自然厅2019年监制发布的江苏省地图水系版局部。

⑩ 江苏府县志辑：《中国地方志集成·常州府志》，江苏古籍出版社，1991年。

⑪ [清]佚名纂：《无锡斗门小志》，中国哲学书电子化计划网，其稿本藏于北京师范大学图书馆。

**(作者单位:南京城墙保护管理中心 南京城墙研究会)**

# 科学认知下的保护修复

## ——以馆藏汉代青铜鼎的修复为例

◇ 李倩倩　刘　明　马燕如　丁为新　韩　超

**内容提要**：青铜器是我国古代文明的象征之一，具有极高的历史、艺术和科学价值。然而，因其结构特征、铸造缺陷、储存条件等限制性因素，使得古代青铜器保存面临着严峻问题。本文拟对常州博物馆馆藏的一件汉代青铜鼎进行保护修复，结合相关史料，在保护修复前，利用便携式 X 荧光光谱、X 射线衍射仪、拉曼光谱、X 射线探伤等仪器对铜鼎进行全面系统的分析研究，发现该件青铜鼎受到有害锈的腐蚀。此外，在鼎身锈蚀下发现铭文，从而实现对文物的保存现状有更科学全面的评估，分析检测的结果还可以为后续铜鼎的保护修复工作起到直接或间接指导作用。

**关键词**：青铜器　青铜鼎　科技分析　文物保护　文物修复

## 一、引言

该件汉代青铜鼎源于 1984 年上海博物馆调拨，现保存于常州博物馆文物库房内，由于常州大环境湿度相对较高，导致小环境骤升骤降明显，截止 2019 年储藏柜中无微环境调控措施，故保存环境达不到"稳定洁净"要求。

该件器物文物总号 8993，分类号 TO820，质地青铜，基本保存完整，但通体覆盖各色锈蚀、土垢等附着物，锈蚀严重，锈层致密坚硬，瘤状物堆积严重表面模糊。通高 17.3cm，腹径 64.4cm、口径 15.9cm，重量 2876.6g。该鼎由鼎身和鼎盖两部分构成，鼎身呈敛口、球形腹，腹下部收敛成圜底，左右对立附耳，附耳外曲，下承三蹄足，腹部饰一周凸弦纹，鼎身腹部被大量瘤状物和表面硬结物覆盖，一鼎足存在部分缺失，另有一足严重变形，向外凸出且缺失，

变形及缺失部位铜质疏松。鼎盖上置三环纽，边缘隐约可见"咸阳之厨"四字铭文，鼎盖有两处位置变形开裂，裂缝长分别约 3cm、2.4cm。保护修复前文物现状见图一。

## 二、文物保护修复前的科学认知

文物具有不可再生性，在保护修复处理前必须要经过系统地分析研究，对其有较为深入全面的认知，通过多种现代分析手段，相互印证获取器物现状信息，利用分析结果，有依据的选择保护方法、材料工具。文物保护修复不仅是把破碎的文物复原，延长其受自身老化和自然力侵蚀的"寿命"，也是保护文物所蕴含的珍贵历史文化信息，更是对其历史、艺术、科学价值的一个重新"发掘"、认识、评价的过程①。文物在对其保护修复操作前，如若没有详细了解器物，直接进行操作处理，很可能对文物造

1.正视图　　　　　　　2.鼎足存在部分缺失

3.鼎盖变形开裂　　　　4.鼎足

图一　汉青铜鼎(TO820)保护修复前形貌图

成"保护性"破坏,带来无法弥补的遗憾。故对该件汉代青铜鼎实施保护修复前,采取多种分析手段对文物进行分析,以期对其有较为深入全面的认知后再展开操作处理。

(一)实验仪器与方法

1.实验仪器

(1)美国戴安离子色谱(Dionex ICS-3000),流速范围:0.00-10.00mL/min 最大压力:5000psi;检测依据 JY/T020-1996 离子色谱分析方法通则。

(2)美国尼通 XL3t980 型手持式合金分析仪,准直器 8mm,常见金属模式,60S。

(3)日本理学制造,X 射线衍射仪型号 D/max-rA。X 射线发生器功率配 3KW(X 光管)及 18KW(旋转阳极靶),铜靶材,管电压:40KV;管电流 30mA;起始角:10°;终止角:80°;步宽角度:0.02°;测量时间:0.2h。

(4)美国 Thermo Scientific DXRxi 显微拉曼成像光谱仪,搭配 Olympus BX-51 显微镜(激光波长 532nm、638nm、785nm,光栅 900lines/mm,50μm 共

焦针孔)。

(5)X 射线探伤设备为依科视朗固定型 Y.TU320-D03 定向油冷型双极金属陶瓷 X 射线管搭配德国德尔公司 HD-CR35NDT 计算机成像板扫描仪。通过铅房外控制台调节电压、电流、焦点、拍摄时间等具体参数进行拍摄,拍摄距离为:75±5cm,拍摄管电压 15~320Kv。

(6)化学定性分析:$Ag^+ + Cl^- = AgCl\downarrow$ 利用样品中的化学成分是否能与某些试剂产生特殊的反应现象来鉴别成分的一种分析方法。

2.实验方法

(1)离子色谱(LP):将样品由自动进样器注入。

(2)便携式 X 射线荧光光谱(PXRF):将仪器模式调为常见金属模式,在文物多个位置进行无损检测,然后取平均值。

(3)X 射线衍射分析(XRD):将铜鼎锈蚀产物样品研磨至粉末,放置在样品架上测试。

(4)拉曼光谱分析(Raman):将粉末状样品挑取少量置于载玻片上,滴加酒精扩散,再用另一载

玻片按压，使样品粉碎散开，待酒精挥发后放于拉曼显微镜下进行彩色显微观察选点检测。

（5）X射线探伤（X-ray craftsmanship）：通过铅房外控制台调节电压、电流、焦点、拍摄时间等具体参数对文物多方位进行无损拍摄。

（6）硝酸银定性分析：对锈样进行硝酸酸化，再用硝酸银溶液进行滴定检测。

（二）实验结果与分析

1.有害离子分析：离子色谱

离子色谱法具有同时检测出多种离子，操作简单、快速等优点，近年来越来越多的研究已证实，离子色谱分析法可作为文物保护修复前对其保存环境的调查研究、病害机理分析的一种有效手段[②③]。该件青铜鼎为上海博物馆调拨至我馆，因缺少档案记录，对其源于出土或传世不详，由于青铜鼎器身、鼎足处有大量锈蚀、土垢等附着物，这些附着物可以反映文物原埋藏环境及后续保存环境的蛛丝马迹。为了解这些附着于文物表面物质的易溶盐的种类和含量，故对其上附着物采用离子色谱法分析。分析数据见表一。

**表一　汉代青铜鼎（TO820）表面附着物离子色谱检测结果**

| 样品名称 | 样品形貌 | 样品编号 | 阴离子（mg/kg） | | |
| --- | --- | --- | --- | --- | --- |
| | | | 氯离子（$Cl^-$） | 硝酸根离子（$NO_3^-$） | 硫酸根离子 $SO_4^{2-}$） |
| TO820-7 | 土黄色粉末 | 180827H10F003 | 356 | 977 | 9.68 |

根据离子色谱法检出限结果，$Cl^-$、$SO_4^{2-}$、$NO_3^-$含量很高，$Cl^-$、$SO_4^{2-}$、$NO_3^-$表征着出土或保存环境的酸性，$NO_3^-$的存在说明与出土或保存环境水体营养富集有关，其中$Cl^-$含量高达356mg/kg，对青铜材质文物伤害最为明显。潮湿的酸性环境为粉状锈的产生提供了有利的条件，逐渐使青铜器腐蚀产物扩散深入，以至酥粉，若不及时保护处理，会加速其腐蚀，从而导致文物珍贵信息的丢失[②]。因此在注重保留重要的、有价值的历史痕迹信息的同时，对这些附着物及凝结物应予以彻底清除。

2.元素定性定量分析：PXRF

便携式X射线荧光光谱作为文物研究的一种手段，其便携方便，无损等特点，在国内外文献中已有相关论述。通过便携式X射线荧光光谱仪，采用常见金属分析模式对文物进行无损成分分析，结果显示青铜鼎基体所含的铜（Cu，质量百分比约为47%）、锡（Sn，质量百分比约为39%）、铅（Pb，质量百分比约为12%）其余微量元素约占2%。说明TO820为铜-锡-铅三元合金材质，含锡量在39%与《考工记·金有六齐》中"五分其金而锡居二"即含锡量为20%相差甚大，近19%，即TO820因表面铜腐蚀，使得部分铜离子流失，而锡易氧化形成$SnO_2$从而使得表面富锡，致使锡含量较高。

3.锈蚀结构分析：X射线衍射分析（XRD）

X射线衍射分析法已经广泛的被应用在文物保护中，60年代，Carey等人[④]曾用X射线衍射法确定了无机原料的组分。张碧健等[⑤]使用X射线衍射仪对青铜器有害锈粉末进行了分析研究，研究结果为青铜器去除有害锈提供了新方法。X射线衍射仪能准确把握文物基体以及锈蚀产物的成分[⑥]，通过X射线衍射对TO820表面的锈蚀物进行物相组成定性分析，结果分析见表二。

**表二　汉代青铜鼎（TO820）表面的锈蚀物物相定性定量分析结果**

| 样品名称 | 样品编号 | 羟胆矾 $Cu_4[SO_4](OH)_6$ | 石英 $SiO_2$ | 孔雀石 $Cu_2(OH)_2CO_3$ | 赤铜矿 $Cu_2O$ | 氯铜矿 $CuCl_2·3Cu(OH)_2$ |
| --- | --- | --- | --- | --- | --- | --- |
| TO820-1 | 180814S05F001 | 94% | 6% | – | – | – |
| TO820-3 | 180814S05F002 | – | – | 100% | – | – |
| TO820-4 | 180814S05F003 | – | – | 100% | – | – |
| TO820-5 | 180814S05F004 | – | 6% | – | – | 94% |
| TO820-6 | 180814S05F005 | – | – | – | 100% | – |
| TO820-8 | 180814S05F006 | 81% | 4% | 15% | – | – |

从表二，XRD 分析结果表明这组青铜器样品的主要锈蚀产物有：绿色的羟胆矾 $Cu_4[SO_4](OH)_6$、孔雀石 $Cu_2(OH)_2CO_3$、氯铜矿 $CuCl_2·3Cu(OH)_2$，红色的赤铜矿 $Cu_2O$，间有少量白色或无色的石英 $SiO_2$。多样的锈蚀产物充分说明了 TO820 表面色彩的各异。其中，氯铜矿 $CuCl_2·3Cu(OH)_2$ 的出现，在一定条件下可能产生氯离子，存在对器物进一步腐蚀的威胁。

4.锈蚀结构分析：拉曼光谱分析（Raman）

拉曼光谱已经成为文保领域的重要研究手段。沈大娲等[⑦]对截止 2015 年 3 月拉曼光谱在文物考古领域应用的文献进行了梳理，从 SCI/SSCI 期刊库及中国知网期刊库及特刊库，检索到了有英文文献 992 篇，中文文献 160 篇，其结果表明，拉曼光谱在国内外文物博物馆领域影响深远。通过对 TO820 表面锈蚀物进行显微拉曼光谱分析，综合文献中的拉曼光谱特征峰（表三），确定 TO820-5、TO820-7 分析结果见图二。

表三　拉曼特征峰参考数据[⑧]

| 物质名称 | 化学式 | 拉曼特征峰值 |
|---|---|---|
| 氯铜矿 | $CuCl_2·3Cu(OH)_2$ | 120m,149m,360w,512vs,820m,846s,910s,973s |
| 石绿（孔雀石） | $Cu_2(OH)_2CO_3$ | 154s,176s,220m,268m,349m,432vs,509m,553s,558w,757vw,1051m,1085m,1495vs |

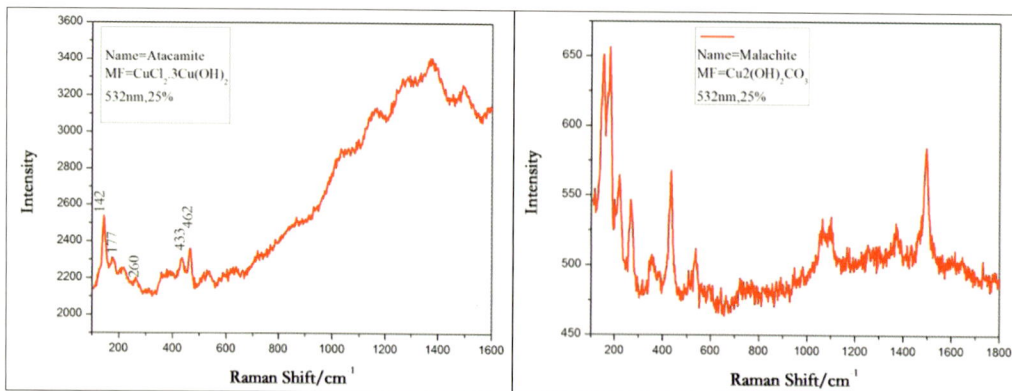

1.TO820-5 绿色粉末——氯铜矿　　2.TO820-7 绿色粉末——孔雀石

图二　汉青铜鼎（TO820）腐蚀产物拉曼光谱图

根据拉曼特征峰比对可知，TO820 表面锈蚀物中有氯铜矿（$CuCl_2·3Cu(OH)_2$）和孔雀石（$Cu_2(OH)_2CO_3$）。氯铜矿为碱式氯化铜的一种同分异构体，而碱式氯化铜普遍被认为是粉状锈的主要成分，故氯铜矿的出现，往往暗示青铜器过去或现在的保存环境中有氯离子的存在，而氯离子的存在可能会生成有害锈，不断加剧青铜器的腐蚀，必须及时处理。

5.内部结构：X 射线探伤

经过 X 射线的拍摄，可清楚看到青铜鼎的真实现状，鼎的范铸垫片（鼎身约 11 个，鼎盖约 15 个），同时揭示了隐藏于器物锈蚀之下的铭文，古文字专家释读鼎身铭文为"十年左庶长某之造，西工宜，一斗或一升"。铭文的释读记载了造鼎之人，"一斗或一升"说明该鼎并非祭祀用具、烹煮肉食的实用器，而是作为量器使用。从 X 光片下铭文字迹为刻铭而非铸铭，刻铭的发现也为该件青铜器的断代提供重要参考标准。

6.硝酸银定性分析

为弥补仪器分析当中的缺陷和不足，对青铜锈蚀的分辨使用了灵敏度较高的化学定性分析（$HNO_3-AgNO_3$）。在符合文物修复原则的基础上，收集少许文物样品掉落的层状硬解物、浮锈、土锈和青铜锈样品（图四）。将其溶解在体积比为 1:1 硝酸水溶液中，待其充分溶解后，采用 0.1mol/L 硝酸银溶液对其进行化学滴定，滴定现象见图五，滴定结果如表四所示。

1.鼎身铸造轮廓

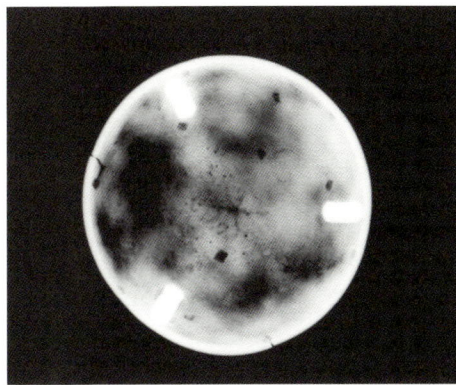

2.范铸垫片分布

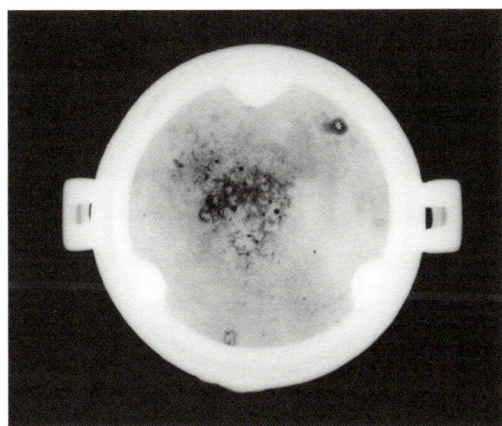

3.鼎底铸造缺陷沙眼

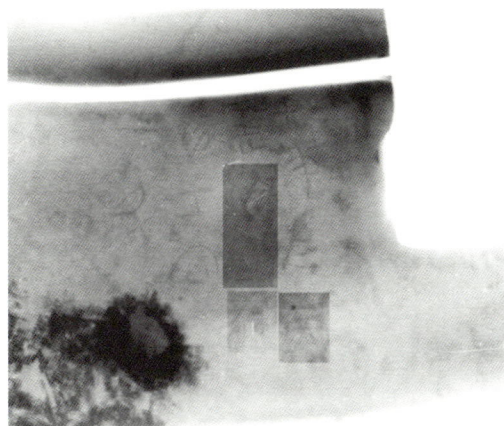

4.鼎身铭文

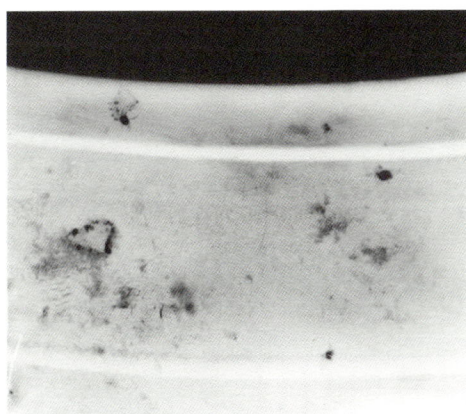

5.鼎身铭文

图三　汉青铜鼎(TQ820)X 射线探伤形貌图

图四　化学定性样品形貌

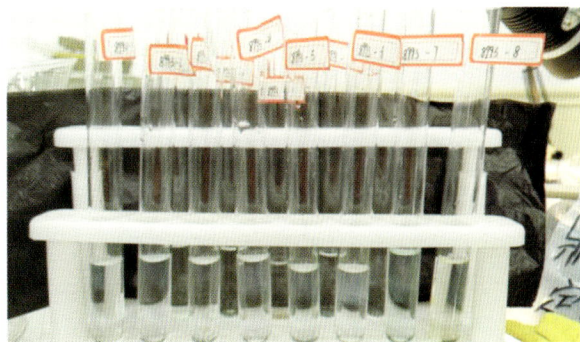

图五　$HNO_3$—$AgNO_3$ 定性分析

表四　硝酸银定性分析结果

| 样品编号 | 取样部位 | 样品描述 | 加硝酸银 | 二次加硝酸 |
|---|---|---|---|---|
| 8993-1 | 鼎身瘤状物 | 深绿色 | 白色絮状沉淀 | 沉淀不溶解 |
| 8993-2 | 右耳口沿处 | 青绿色 | 白色絮状沉淀 | 沉淀不溶解 |
| 8993-3 | 鼎身口沿处 | 鲜绿色 | 白色絮状沉淀 | 沉淀不溶解 |
| 8993-4 | 腹部左侧瘤状物 | 深绿色 | 白色絮状沉淀 | 沉淀不溶解 |
| 8993-5 | 腹部右侧瘤状物 | 浅绿色 | 白色絮状沉淀 | 沉淀不溶解 |
| 8993-6 | 左耳外侧 | 青绿色 | 白色絮状沉淀 | 沉淀不溶解 |
| 8993-7 | 鼎足接缝处 | 青绿色 | 白色絮状沉淀 | 沉淀不溶解 |
| 8993-8 | 鼎内右侧 | 浅绿色 | 白色絮状沉淀 | 沉淀不溶解 |
| 8993-9 | 鼎内左侧 | 青蓝色 | 白色絮状沉淀 | 沉淀不溶解 |
| 8993-10 | 短足连接处 | 青蓝色 | 白色絮状沉淀 | 沉淀不溶解 |
| 8993-11 | 鼎盖背面中心 | 豆绿色 | 白色絮状沉淀 | 沉淀不溶解 |
| 8993-12 | 鼎盖正面中心 | 蓝绿色 | 白色絮状沉淀 | 沉淀不溶解 |
| 8993-13 | 鼎盖边缘 | 豆绿色 | 白色絮状沉淀 | 沉淀不溶解 |
| 8993-14 | 空白水样 | 无色 | 澄清 | 澄清 |

从图五和表四的结果可以看出，1-13号锈样均出现白色絮状沉淀，14号空白水样澄清无明显肉眼看见的絮状沉淀。说明样品中均含有氯离子，故汉铜鼎上存在对其极为不利的有害氯离子，应尽可能去除。

（三）小结

以对文物的认知，仅使用某种方法是单一不全面的，综合多种分析方法对TO820进行分析检测，检测结果可以看出，这件汉代青铜鼎除肉眼可见的开裂、变形、断裂、层状堆积、硬结物等病害外，鼎身锈蚀下还存在肉眼难辨的刻铭，揭示了TO820用途为量器，具有重要的史料价值，在保护修复中应避免损伤。其次，该件器物主要为铜、锡、铅三元合金元素组成，而出土或保存环境中含量很高的 $Cl^-$、$SO_4^{2-}$、$NO_3^-$，这种潮湿的酸性环境为粉状锈的产生提供了有利的条件，表面锈蚀物中有羟胆矾 $Cu_4[SO_4](OH)_6$、孔雀石 $Cu_2(OH)_2CO_3$、氯铜矿 $CuCl_2 \cdot 3Cu(OH)_2$，赤铜矿 $Cu_2O$，其中红色的赤铜矿 $Cu_2O$ 是一种致密的氧化层保护膜，绿色的孔雀石 $Cu_2(OH)_2CO_3$、翠绿色的羟胆矾 $Cu_4[SO_4](OH)_6$ 结构致密，腐蚀相对平稳，都属于无害锈，其色泽古色古香，深受喜爱，可不清理。而绿色的碱式氯化铜 $CuCl_2 \cdot 3Cu(OH)_2$ 是一种绿色粉状锈，属于有害锈，会使得锈蚀不断扩展深入，需及时处理，予以清除。

三、实施保护修复

综合前期文献查阅和仪器检测分析结果，为充分了解文物的病害打下基础，更为保护修复方案提供了充分的方法论指导，旨在通过科学合理的保护手段达到延缓文物衰败、延长文物寿命的目的。依据文物保护修复方案制定详细的技术操作步骤。

保护修复操作流程：

文物现状记录→清理→有害锈置换→有害锈封堵→矫形→补配→缓蚀→封护→随色→保护修复方案。

保护修复所用材料、工具：

超声波、手术刀、棉签、刷子、打磨机、U型钳、自制矫形工具、数码温控热风枪、环氧树脂、硝酸、硝酸银、倍半碳酸钠、氧化银、乙醇、EDTA二钠盐、BTA、B72、虫胶漆片、矿物颜料等。

值得注意的是，因该件青铜鼎有害锈蚀严重，故用碳酸钠、碳酸氢钠配置5%的倍半碳酸钠溶液进行化学置换，五天一个周期后，用小型打磨机打开表层有害锈，让倍半碳酸钠溶液渗透到更深层的基体中充分置换，连续置换3个月后，在经化学滴定确定再无有害离子浸出后，对其孔洞进行AgO置换封堵，经过4次AgO置换封堵后，将铜鼎置于恒温恒湿箱中进行深层有害锈诱发实验，经过三次操作后，发现并无新的有害锈生成，然后在遵守保护修复原则及保护修复方案的基础上对展开修复工作。使用矫形工具对变形部位进行矫形，用环氧树脂进行补配，使用1-2%BTA乙醇溶液浸泡或涂刷进行缓释处理；使用1-2%Paroloid B72丙酮溶液进行涂刷封护；对器物进行随色做旧处理，保护修复后效果见图六。

1.鼎身铸造轮廓

2.范铸垫片分布

3.鼎身铸造轮廓

4.范铸垫片分布

图六　汉青铜鼎(TO820)保护修复后形貌图

**四、结语**

本工作以常州博物馆馆藏的一件汉代青铜鼎(总号8993、分类号TO820)的保护修复为例，以文物价值研究为主线，将所形成的研究结果，支持于后续保护修复工作，表明了多方面分析研究是做好文物保护修复工作的必由之路。通过保护修复使这件青铜鼎焕发新生，极大地提高了其历史、艺术、科学价值。

致谢：本工作得到故宫博物院霍海俊研究员、中国国家博物馆王赴朝研究员、北京乐石文物修复中心有限公司程岳峰的指导和帮助，在此表示感谢！

**参考文献：**

①高秀华：《X射线探伤技术在文物保护及考古绘图中的应用》，《文物修复与研究》，中国文联出版社，2016年，第203-208页。

②程德润、王丽琴、党高潮：《环境对青铜文物锈蚀的影响》，《环境科学》1995年第2期，第53-55、82页。

③荆海燕：《青铜器粉状锈浸泡液中氯离子的离子色谱法分析》，《西安文理学院学报（自然科学版）》2016年第3期，第75-77页。

④Garey, Carroll L., Swanson, John W. Characterization of filler and coating pigments in paper by X-ray techniques-I. Identification. Public Health Reports, 1960, 75(10): 925.

⑤张碧健、秦颍、曼德付等：《青铜器有害锈变温XRD及热分析》，《光谱实验室》2013年第6期，第2775-2778页。

⑥陈坤龙：《古代材料X射线衍射分析及其应用》，载《中国文物保护技术协会第二届学术年会论文集》，2002年，第426-429页。

⑦沈大娲、郑菲、吴娜、张亦弛、王志良：《拉曼光谱在文物考古领域的应用态势分析》，《光谱学与光谱分析》2018年第9期，第2657-2664页。

⑧刘照军、王继英、韩礼刚、周晓：《中国古代艺术品

常用矿物颜料的拉曼光谱（二）》，《光散射学报》2013年第2期，第170-175页。

⑨胡东波：《文物的X射线成像》，科学出版社，2012年。

⑩宋淑梯：《司母戊鼎的X光检测及其铸造工艺》，《东南文化》1998年第3期，第126-131页。

⑪解晋、闫文祥：《馆藏出土青铜器保护中的X射线成像技术的应用及展望》，《文物世界》2016年第2期，第74-77页。

（作者单位：常州博物馆  西安交通大学机械结构强度与振动国家重点实验室  中国国家博物馆）

# 试论抗战全面爆发前常州运河治理<sup>*</sup>

◇ 应焕强

**内容提要**：本文选取抗战全面爆发前武进县运河疏浚工程为研究对象，根据水利管理机关会议记录、报刊文献资料，深入剖析地方运河治理的政治博弈和经济领域的竞争，展现武进府县机关顺应现代水利工程技术和管理的改进、粮食和金融市场规律，着眼长远，完善灾荒治理的职能。

**关键词**：1912-1936 年 运河常州段 政府职能 水利政治

常州枕江蹈湖，境内河网密布，舟船往来如织。早在春秋时期，吴王夫差组织人力在常州奔牛开挖运河。隋唐以来，大运河水势平流，沿线物产丰饶，作为漕运要道、"贡赋必由之路"得到不断疏浚维护。明永乐间取道孟河、德胜河入长江。清道光间海道运送漕粮，加之江水倒灌，淤塞严重，船只通行困难，至此常州运河航运衰落。进入民国时期，常州工商业发达，运河沿岸厂房商铺鳞次栉比，客货往来频密。尽管沪宁铁路常州设立多处站点，市县公路逐步推展，常武地区襟江带河，运河航运依然是物资流转重要枢纽。

常州段运河全赖江湖灌注，潮落则水涸。冬春季节江潮较小，河水亦浅。每日潮汐，河沙淤积，每隔数年就须挑河捞浅。运河北岸，是"中吴要辅"常州繁华的城厢地区。为免水陆转运不便，组织挑浚河道成为地方府县官员管理河务的常项。过往研究学者强调江南运河对常州工业、航运和商品经济发展的促进作用①，又或是认为近代以来运河对沿线城市社会经济影响式微的悲观论调②，而忽视了维持运河航道畅顺本身和两岸社会发展密切相关，需要商业资本投入用以疏浚、养护，持续盘活运河资源，滋养地方社会。在特定历史情境下，运河的治理对地方府县改善民生和政治职能转向起着特殊作用。本文选取抗战全面爆发前武进县运河疏浚工程为研究对象，根据水利管理机关会议记录、报刊文献资料，深入剖析地方运河治理的政治博弈和经济领域的竞争，展现武进府县机关顺应现代水利工程技术和管理的改进、粮食和金融市场规律，着眼长远，完善灾荒治理的职能。

## 一、民初水位偏低 疏浚工程延宕

民国初年，苏浙太湖水利工程局等与省署、江苏省财政厅与民争利，水利政策侵害地方利益，违背民意，激起绅民反抗，最终陷于停顿③。其后，当局意识到水利事业的政治考量需要兼顾地方社会经济发展，与各地绅商密切沟通，适度让利，方能稳妥推进。改革水利管理机构，统筹和协调疏浚运河，提

* 本文是江苏省社会科学院大运河文化带建设研究院一般项目(DYH19YB10)阶段性研究成果。

高工程施行效率。

战乱频仍，水利工程计划停留于纸面上，付诸实施者甚少，或为形势所迫而中断。水利管治当局退而求其次，保证日常水文信息的测量和记录，为将来兴修工程提供可靠数据资料。1919年，丹徒市公所和江南水利局在上游河段捞浅，经费紧张，工程最终未有完竣。其后筹款甚为不易，加之政局动荡，战乱不断，捞浅工程计划未能施行④。1920年4月1日，负责推进江苏省内运河疏浚、闸坝修筑等水利事业的督办江苏运河工程局在江都成立⑤，张謇出任督办。他指出欧美各国水利工程技术日新月异，借由工程设计图纸积累有益经验，所建船闸使用灵便又安全。改进疏浚运河的技术和设备，在人工不能及之河段，适度引用机械挖掘和机船运送土方，在治运专款中列支⑥。局方着手调查统计运河常州段在内的水位、降水、蒸发量等水文信息。"国内外时势屡变，实业艰困，事如乱丝"。张謇亦深感工程推进困难，距离工作目标仍有较大差距而于1923年6月请求辞任督办一职⑦。不过，当时水利工程集中在苏北和苏中地区。1923年，江苏水利协会派员到常州调查运河水文情况，在横林、戚墅堰、横山桥河、武进西门普济桥、北门北塘河青莲墩、孟河、华墅、奔牛天禧闸、吕城闸等多处勘测水流情况⑧。常州运河全年大部分时间水位偏低，阻碍货运船只往来。9月至次年3月，荫沙、越河等多处干涸⑨。借用庚子赔款各国退赔的部分金额用于修筑闸坝，维持河内水位，保障航运所需。常州境内有天禧双闸、孟河双闸等8处纳入闸坝重建计划⑩。

### 1924年下半年常州运河水位（单位：米）⑪

| 月份 | 最高 | 最低 |
| --- | --- | --- |
| 7 | 3.62 | 3.39 |
| 8 | 3.45 | 3.20 |
| 9 | 3.38 | 3.10 |
| 10 | 3.13 | 2.36 |
| 11 | 3.01 | 2.83 |
| 12 | 2.85 | 2.63 |

### 二、时局稳定 筹谋疏浚计划

20世纪20年代，常州运河水利情势不容乐观，农田受害，交通阻滞，严重影响地方实业发展。

1920年，关河疏浚工程工费调用镇江县水利经费外，更获得省建设委员会补助资金。夏秋两季，江水侵袭低洼地区，水患严重，亟待建造河闸、疏浚淤积的泥沙、修筑堤塘。江苏防灾会工程股、太湖水利局技术人员到常州考察江水倒灌和闸座，酝酿建闸工程设计方案。由于工程造价高昂、耗时长久、人力投入巨大，水利当局广泛征求意见。惟因军事动乱下国民革命军北上途经武进，武进境内德胜河等疏浚计划流产⑫。加之，中央预算款未得拨发，水利事业仅能进行全流域农产、航运调查，大型工程计划惟有暂时搁置。历年勘测数据对其后开浚工程具有极大参考价值。直到南京国民政府成立，江南地区局势趋于稳定，为水利建设事业奠定了良好的外部环境。至此，武进建设局开始谋划疏浚境内大小河流。1928年，武进县建设局局长庄启提出治理运河的方案，"涝则湖能侵运，在多去路杀其流；旱则支能夺干，在广来源以济其运"⑬。

武进县建设局与太湖流域水利工程处有着长期合作关系。武进县在境内北部的魏村设闸防御旱潦、疏浚德胜河时向水利工程处商请拨借图纸副本⑭。疏浚工程所需款项巨大，武进县踌躇不决。1929年由太湖流域水利工程处改组而成的太湖流域水利委员会为推进其既定的"疏浚常镇运河计划"，数次督促县府组织设立专门机构推进工程的实施。太湖水利委员会委派副工程师夏寅治、工务员刘锺瓒为正副主任工程师到开浚运河武进段委员会提供技术指导，共享测量图纸资料。会同江苏省水利局、武进县建设局共同议定工程计划⑮。11月16日，太湖流域水利委员会召开常务会议，重点听取"开浚运河武进段办理情形"的报告⑯。同期，太湖水利委员会指导连接长江和运河的孟河疏浚工程⑰。

时局趋于安定，江苏省内地方疏浚河道的呼求再起。国民政府立法院通过《江苏省运河工程公债条例》，允许江苏省通过发行短期公债来募集1931年省内修复运河堤岸及疏浚下游河流出海水道所需的资金。江苏省建设厅、财政厅会同各县局征收亩捐，江苏省建设厅公债基金保管委员会保管⑱。武进县县长吴德耀报告省建设厅，部署运河武进段的开浚工程。工程经费预算30万元，采用带征亩捐、筹垫等法筹集。1930年4月18日，武进县开浚运河委员会召开第一次委员会议，设定常务、监察、工程、经济等委员名额。25日，召开各部联席会议，明确各位委员的职权⑲。尽管武进县多次请示汇报江苏省建设厅，在工程管理人选上坚持由地方人士担任，庄蕴宽、冯嘉锡分别担任开浚运河委员会正、副主任。武进当局筹得经费30万元后，开浚运河委员会约请太湖水利委员会指导规划，选派测量队前往测量，以便拟定详细的工程计划⑳。5月起，技术长、工程师、工程员、练习生等组队多次到现场查勘地形和绘制断面图。

运河开浚的消息在地方传布开来，得到积极响应。横林镇农民霍震、镇长蔡廷彦等暨商团横林支部闻讯开运运河委员会成立，报请省建设厅一并开浚横林段运河㉑。建设厅批复，要求武进县县长和建设局长派员查勘，审核商议后报告。

### 三、运河开浚的实施

1930年上半年，多方商议酝酿后决定，运河开浚的范围从奔牛镇天禧桥起到戚墅堰镇东南贤林浜口为止，全长约30千米。太湖水利局的技术员开始实地考察测量地形、断面等，打桩设立标志，并绘制工程图样㉒。核算各段土方数目，为便利将来疏浚河道，摒弃推移倾倒土方的传统做法，酌情选定低田、小沟、护城河、荒地、菜田、桑园等作为堆填土方的地点。以上工作，当年夏季完成。到1931年6月，工程大部分宣告完竣。由于进入梅雨季节，施工难度加大，暂时停顿。

太湖水利委员会秘书长孙辅世指出常州运河疏浚困难重重。运河疏浚挂牌省级水利工程，然而省府对工程的管理未能跟进。省县文书往来频密，流于形式。武进县机关团体、武进县商会自行筹集款项，函请省署强力要求选用地方人士充任监工，参与挑浚河道。此举虽为地方争夺利益，但缺乏通盘考虑，亦无水利工程技术人才，显得过于意气用事。期图借机通过为期数月的工赈水利工程改善穷困民众的生活、安定社会，相当短视。武进县当局主导工程管理，太湖水利委员会的技术人员参与程度有限，仍然在工程图表审查等关键事项上争取适度介入㉓，确保不会出现重大纰漏。经费支绌，难以调

集机船开浚河道㉔，人力的合理调配在严控工期上至为重要。事与愿违，技术设备较为落后，监工缺乏水利工程学识和经验以致管理不善，工作效率低下。劳工以江北籍为多，需要支付盘费，另受大小包工头的折扣。按挖出的土方核算薪酬，工价偏低，难以维持生计，人心涣散，不听指挥。分包制下苦乐不均，令劳工内部矛盾纷争迭起。雨雪停工多日，投入40余万工，土方数不过60余万立方公尺。除去工程材料、设备、管理的开销，工程费已支出逾10万元㉕。10月16日，夏寅治报告太湖水利委员会武进运河计划已完成㉖。

### 四、运河开浚与市政管理的改进

疏浚运河使得交通便利、水患减少，农田灌溉获益匪浅。"常州以下，仅通行小轮民航，未尽宽深，欲求与通沪之吴淞江，及通杭之运河，重载运输，畅达无阻，亦仍有开浚之必要"㉗。然而，工程耗费甚巨，需要加以养护，减缓淤塞的进程。太湖水利局检讨疏浚运河工程的种种缺憾，其间在工程人员安排和进度计划上向武进县当局做出重大让步，提出河道治理的建议。

疏浚工程前半期经费支出过大。太湖水利局见状建议武进县当局减少工程师、总务、会计等管理人员，压缩人员薪酬。调配已有技术工程经验的监工，抓住水位降低的时机，召集工人开挑河道，及早完工。水利局指出做好日常养护工作可以大幅降低治河成本。委派技术员定期检测运河含沙量、流速、降水量和蒸发量等㉘，估算河床变化等资料，供调整水闸和航道管治决策参考。武进运河倚赖长江挹注，流速缓慢。河面上木筏拥挤，令航道窄狭，水流不畅。为保证运河流速，减少泥沙沉淀，查禁奔牛至常州西门段运河河面上的木筏航行和密集停泊。

水利局技术官僚就工程完竣后运河养护提出建议。他们认为县政府应劝诫民众顾全大局，协力配合养护河道。撤除河堤两岸林立的鱼墩，切勿往河道随意倾倒垃圾。鱼墩多达一百数十处，妨碍水流。鱼墩有如礁石，足以使得河道荒废。鱼墩阻截流沙，易于淤塞河道。市镇河道两边多建有民居，民人向砖泥垃圾倾弃河道，河面缩狭，河流亦不够畅顺，渐趋淤塞㉙。以上夏寅治提出的运河养护建议均须

武进县府派员不时巡检，取缔停泊的木筏、安插的鱼墩以及捞除垃圾。

不过，此一提议加剧了常州地方业界的矛盾，木业生存空间缩窄，境内码头、商港捐资疏浚河道，而孟河和运河系常州地区大豆和木业货物运输的重要途径，两大行业共用河运而争执不断。1931年，疏浚奔牛至戚墅堰河道，常州木业更向地方银行借款承担四分之一工程经费。受战事和行业恶性竞争影响，作为苏南木材集散中心的常州木业元气大伤，至1935年贷款仍有一万余元未还清。常州西门外大豆市场贸易繁盛，系江淮地区大豆集散地[30]。地方豆业承担该年武进西门外河道加深拓宽工程经费，魏村等地工商业界提请禁止木排停泊运河，一时间木业压力陡增[31]。

1934年夏季，江南亢旱，而治安环境尚可。为拯救灾黎、利于善后建设，省府借机以工代赈，省、县联合筹款，江南工赈浚河工程拉开帷幕。大力疏浚镇江至武进段运河，被列为省级水利工程。在江苏省建设厅任职的陈志定(武进卜弋桥籍人、中央大学土木工程专业毕业)，获委任为镇武运河工赈处工程师兼主任，负责工程设计、督导、考核[32]。建设局组建镇武运河工程测量队。彼时地方时有盗抢案件发生，武进县政府责成公安局组织数支警队予以保护。救济灾民，乡镇征集工夫，人工挑浚，依据所挖土方，拨付钱粮。工程目标在于允许900吨位船只通行，满足航运和国防需求。经费和技术装备投入有限，后降低为600吨位船只通行即可。保证河底宽度16公尺，岸坡1比2。修建河闸，抬高水位，日常水位3公尺，最低有1公尺深[33]。省政府主席陈果夫、建设厅厅长沈百先严令灾工队长不得任意压迫灾工或是从中渔利。不过，治水权力从地方乡绅转移到技术官僚，缺乏严格审计监督的话，其中贪腐情形则变得更为隐秘[34]。武进县政府放弃全面干预、安插地方人士担任要职的做法，江苏省建设厅委派技术人员负责测量、设计、监工、编制工队、验收土方、审计、考绩等[35]。武进县组织招募一万名灾民挑浚河道。此次武进县政府注意运用市场调节规律，未有如前次完全寄望疏浚河道的工赈钱粮改善民生，而是多措并举，扶助受灾乡民。实地勘

察各乡实际受灾农田田亩总数。设立平民小本贷款处，救济境内灾情严重的西北、西南地区遭受饥荒的农民。秋粮登场，打击商民压低粮价同时又放高利贷予农民，以免粮户遭受双重压榨盘剥。派员保护各地粮仓，以防米粮遭遇抢劫，免除被恶霸操纵，切实发挥吸放存米的作用，调节群众食粮，安定民心[36]。至1935年夏，运河主干疏浚工程竣峻，实际支出经费仅3万元。农田灌溉有水可用，河道航运无碍。武进县乡利用解交省府水利建设的余款开浚干河、疏通支河，农民自觉广修沟洫，敷设涵洞，农村出现复兴的景象。

沪宁铁路与运河平行，河道具备运输粗重货物价廉的优势。武进地方兴修水利的热潮迭起，并获江苏省政府协调筹措款项。为便利农业灌溉、运销、生产，扶助农村经济建设，除去横林镇外，1930年孟河地方绅商组成"孟河开浚委员会"，年逾八旬的绅耆冯嘉锡担任主任。而孟河是武进西北地区的一条干河，北通长江，南端连结大运河，新孟河开通之前，南北船只、商旅转运、农田水利均赖此河。整个工程预算18万元，地方绅商、医界、农民广泛捐助筹款总计达14万元。考虑到上年地方粮食丰收，故而当地粮价和工价较低，开工疏浚河道可节省开支。经费不足部分以历年亩捐作抵押向江苏省农民银行商借[37]。当年，新孟河，即小河镇通江，经由武进县政府牵头组织挑浚，水流畅顺，较小船只往来颇多。而孟城通江的旧孟河沿岸遍布圩田，地势较低，江潮水势平缓，泥沙沉淀淤积，河闸年久失修，启闭毫无规则章法，蓄水泄洪功能减退，航运阻滞，建设水闸蓄水以利农田灌溉。江南水利工程处决定添建老孟河闸两处。1931年，江苏省府订立《运河工程短期公债条例》，省府委托"江苏省建设公债基金"处理有关事宜，本息由省内各地中央银行、中国银行、交通银行、江苏银行经理，极大地便利了各地水利工程的兴办。1936年，通过招标发包等流程，江苏省政府决定交由昌华公司承包兴建孟河闸工程，5月份开工，工期4个月[38]。雨季河中泥沙较多，土质疏松，打桩工程大受影响，桩基深度远未达原定计划。加之昌华公司资本薄弱，工程所需用料没有及时送达，工期延宕。技术员督促昌华公司改进

施工工艺和改换工程装备，控制工期和经费支出，确保工程质量⑳。省内运河疏浚工程推展顺利，故而省府得以在运河沿线设立新式仓库，便于运输物资。

## 五、结语

清代漕运停止后，运河维系着常州地方木材和豆类等大宗粗重物资货品的运输、客轮快船的航运、农田灌溉、防洪抗旱。河身窄狭，小轮载客，30多条航线通达无锡、溧阳、宜兴、金坛、江阴等处，航船、快船遍布各乡镇㉑。入冬后，支河干涸，河运挤塞，未有明显好转。运河疏浚多属于工赈性质，倚赖人力，技术较为落后。工程完竣后，河道养护缺位，河闸荒废，泥沙淤积情形容易出现反弹。

武进县在经历1930年工赈疏浚运河后，至1934年，摒弃倚赖工赈救济灾民、盲目与省府争利、排斥技术官僚的做法，尊重市场规律、改进水利技术和工程管理，稳定地方社会经济秩序，监督工程质量和效率，引导民众生产自救，打击不法商贩盘剥粮农。乡镇绅商积累了兴办现代水利工程的经验，成本降低，工时缩短，技术改进，质量提高，社会效益明显。地方交通事业勃兴，轮船航运日趋发达，易于筹措日常河道疏浚、清污资金。水利经费紧张，人工挑浚河道，土方未有堆填附近洼地，现代水利技术和机船介入程度低，浚深成效有限。

在地方公路建设和路面公共交通事业未有长足发展情形下，快船、小轮担负着客运主体任务。城市空间的外延得以放大，城市职能通达府县各村镇。运河疏浚耗费巨大，养护尤为重要。武进县政府为保航运畅通，减低运河治理成本，密切监测运河水文变化，加大河运巡察力度。将河务纳入市政常态管理框架，引导市民爱护水体，查禁向运河抛投废弃垃圾、泥沙砖块，以利用水清洁和航运安全。总之，民国时期运河疏浚在一定程度上促使武进县政府逐步转变机构职能，活化地方社会经济治理措施，寻求改善民生的长效机制。

注释：

①叶美兰、李沛霖：《江南运河与近代苏锡常地区经济（1840-1937）》，《学海》2012年第5期，第200页。

②张小庆：《京杭大运河江南河段沿线城市的形成与变迁》，《南京林业大学学报（人文社会科学版）》2010年第10卷第2期，第55页。

③胡勇军：《"与水争地"抑或"与民争利"：民国初期太湖水域浚垦纠纷及其背后利益诉求研究》，《中国农史》2018年第6期，第110-121页。

④夏寅治：《开浚运河武进段实施工程述略》，《水利月刊》1932年第2卷第1期，第45页。

⑤督办江苏运河工程局：《江苏运河工程小引》，《督办江苏运河工程局季刊》1920年第1期，第3页。

⑥佚名：《江苏运河工程费类别》，《江苏省政治年鉴》，江苏省长公署统计处，1924年，第210页。

⑦张謇：《张謇辞去督办江苏运河工程职务等事呈》，载岳宏编：《北洋军阀史料·黎元洪(卷六)》，天津古籍出版社，1996年，第1243-1247页。

⑧林保元等：《无锡、江阴、武进、丹阳、丹徒、金坛、宜兴、溧阳调查记录》，《江苏水利协会杂志》1923年第16期，第1-3页。

⑨太湖流域水利委员会：《疏浚常镇运河计划书》，《建设》1930年第8期，第27页。

⑩王清穆：《估计常镇运河及沿江诸闸工费简明表》，《江苏水利协会杂志》1924年第18期，第4-5页。

⑪太湖水利局：《太湖水利局测验太湖流域流量雨量(十三年下半年)报告总表(七月起十二月止)》，《江苏水利协会杂志》1924年总第20期，第1-13页。

⑫庄启：《开浚德胜河始末记》，《武进年鉴（第2回）》，武进县建设局，1928年，第30页。

⑬庄启：《武进水陆交通之亟宜改善》，《武进年鉴（第2回）》，武进县建设局，1928年，第12页。

⑭庄启：《武进县建设局函》，《太湖流域水利季刊》1928年第1卷第3期，第49页。

⑮开浚运河武进段委员会：《开浚运河武进段委员会函请将平面纵横断面运河两岸附近各图全份仅于本月三十日以前掷交由》(1930年10月24日)，《太湖流域水利季刊》1931年第4卷第2,3期，第52页。

⑯太湖流域水利工程处：《本会第十三次常务会议

纪录》，《太湖流域水利季刊》1931年第4卷第2、3期，第1页。

⑰太湖流域水利工程处：《函江苏建设厅(索疏浚孟河工程各项设计图标请查照检寄由)》(1930年12月6日)，《太湖流域水利季刊》1931年第4卷第2、3期，第54页。

⑱国民政府中央银行：《江苏运河工程公债条例》，《中央银行旬报》1931年第3卷第29期，第39页。

⑲江苏省政府：《武进开浚运河委员会章程照办》，《江苏省政府公报》1930年第506期，第22页。

⑳太湖流域水利工程处：《本会第二次委员大会纪录·常镇运河常州段工程》，《太湖流域水利季刊》1930年第3卷第4期，第5页。

㉑江苏省建设厅：《厅复令县勘查开浚武进横林段运河》，《江苏省政府公报》1930年第616期，第12页。

㉒太湖流域水利委员会：《武进运河施测大纲》，《太湖流域水利季刊》1930年第3卷第4期，第11-12页。

㉓太湖流域水利工程处：《本会第六次技术会议纪录》，《太湖流域水利季刊》1930年第3卷第3期，第12页。

㉔太湖流域水利工程处：《疏浚武进运河施工计划》，《太湖流域水利季刊》1931年第4卷第1期，第3页。

㉕夏寅治：《开濬运河武进断实施工程述略》，《水利月刊》1932年第2卷第1期，第46页。

㉖太湖流域水利工程处：《本会第二十七次会务会议纪录》(1931年10月16日)，《太湖流域水利季刊》1931年第4卷第2、3期合刊，第8页。

㉗沈百先：《江苏省交通建设计划刍议》，《江苏建设季刊》第1卷第2期，第4页。

㉘太湖流域水利工程处：《武进运河含沙量检测报告》，《太湖流域水利季刊》1931年第4卷第2、3期合刊，第9页。

㉙夏寅治：《开濬运河武进断实施工程述略》，《水利月刊》1932年第2卷第1期，第47页。

㉚《武进县》，《江苏》，中华书局，1935年，第280页。

㉛万灵：《常州的近代化道路：江南非条约口岸城市近代化的个案研究》，安徽教育出版社，第157页。

㉜何国才：《水利专家陈志定》，载中国人民政治协商会议江苏省武进县委员会文史资料研究委员会：《武进文史资料》(第10辑)，政协武进县文史资料研究委员会，1988年，第49页。

㉝《江苏省办理工赈疏浚江南干河报告(二十四年五月)》，《江苏建设》1935年第2卷第7期，第3页。

㉞陈岭：《清末至民国江南水利转型与政治因应：以常熟白茆河为中心》，《江苏社会科学》2017年第4期，第262页。

㉟武进县政府：《武进县工赈浚河工程总报告》，《江苏建设月刊》1935年第2卷第8期，第185页。

㊱武进县政府：《实施浚河事项》，《武进县政府民国二十三年十一月份政治工作报告》，武进县政府，1934年，第3-4页。

㊲江苏省政府：《农行贷款浚孟河照准》，《江苏省政府公报》1930年11月1日，第583期，第14-16页。

㊳孟河包港两闸工程事务所：《筹建孟河、包港两闸工程进行概况》，《江苏建设(江南水利工程专号)》1936年第3卷第8期，第157页。

㊴孟河包港两闸工程事务所：《建筑孟河、包港两闸工程总报告》，《江苏建设》1937年第8期，第45-49页。

㊵抗日战争与近代中日关系文献数据平台：《武进县的认识》，第11-12页，http://www.modernhistory.org.cn/reader.htm?fileCode=f39bc9c4a47f4513b647b70ae1e7591f&fileType=ts&startPage=3

(作者单位：常州市中医医院)

# 壁画颜料层加固材料研究进展

◇ 曹婧婧

**内容提要**：古代壁画凝结着劳动人民的集体智慧，其中画面层是文物信息的载体，因此对画面层加固材料的研究成为壁画保护的重点。本文着重对壁画颜料层加固材料及国内外研究进展进行了总结，分析了早期使用高分子材料对壁画产生破坏的原因。此外还针对传统加固剂与合成加固剂发展不均衡的问题，对加固材料未来的发展进行了展望。

**关键词**：壁画 加固材料 研究进展

壁画作为中华民族的文化瑰宝，源远流长，是极具研究价值的彩绘类文物之一，也是研究古代政治、经济、文化、艺术等方面的珍贵实物资料。作为有机物与无机物组成的复合类文物，一般由支撑体、地仗层、颜料层三部分构成，其中主要的艺术与文化价值则由颜料层承担。但由于颜料层胶结质的老化，易使壁画产生粉化脱落、起甲、空鼓等病害，因此加固材料的开发与改性就成为了一个重要的科研方向。目前，学界常见的颜料层加固剂主要分为两大类：天然高分子材料和人工合成高分子材料。天然高分子材料是传统的加固剂，有着应用时间长、无污染、副作用较小、安全性较高等优点，但渗透性能差，常温下多成凝胶状态，使用前需加热熔融，贮存稳定性差等缺点严重限制了其推广；而人工合成高分子材料渗透快、加固效果好，但耐老化性能差，老化后产生的二级产物会极大地影响文物的可再处理性。本文依照天然高分子材料与人工高分子材料的分类方式对壁画颜料层加固材料的国内外研究进展进行了总结。

**一、壁画保护常用的加固剂**

1.天然高分子材料

壁画加固保护中常用的天然高分子材料主要分为油脂类、糖类和蛋白类。其中油脂类化合物有桐油、亚麻油等。Mazzeo·R 在研究钟鼓楼油饰彩画胶黏剂时发现了大量壬二酸、辛二酸二甲酯，经研究钟楼彩画胶结物是亚麻油①。文物保护中常用到的糖类加固剂分为桃胶与纤维素。桃胶是桃树自然分泌出的树油经过化学手段制成为淡黄色结晶状的固态，主要组成多为一些大分子的糖类，比如半乳糖等，易溶于热水并且具有一定的黏性。蛋白类文物保护材料种类繁多，如皮胶、骨胶、蛋清等。动物胶是我国古代彩绘类文物传统胶黏剂之一②，在壁画制作中，工匠使用"胶矾水"③④调和矿物颜料绘制壁画⑤。蛋清则在西方干壁画和蛋彩画中具有较广泛的应用⑥⑦⑧。

2.人工合成高分子材料

随着科技的进步与科研的不断发展,人工合成高分子材料在各领域的应用逐渐增多,合成高分子材料也受到文物保护工作者的关注。近些年来合成高分子材料向结构更加精细化、性能更高级的方向发展。常用合成加固高分子材料分为以下几类:一、水溶性树脂。水溶性树脂是上个世纪发展并广泛应用的一类树脂胶黏剂。文物保护中应用较多的水溶性树脂是聚乙二醇[9]。聚乙二醇又称碳蜡,是一种非湿性物质,敦煌研究院曾使用聚乙二醇回贴起甲壁画;目前使用聚乙二醇4000(PEG-4000)来处理饱水的竹木漆器成效显著并且已实现自动化。二、溶剂型树脂。溶剂型树脂包括各类丙烯酸乳液、纤维素醚等材料。张晓梅、原思训向丙烯酸乳液中加入有机硅,从而研制出以丙烯酸乳液为主要成分、有机硅乳液为辅助试剂的"硅丙乳液",用其加固脆弱文物达到了显著的保护效果[10];Feller发现羟丙基甲基纤维素与甲基纤维素醚相比,柔韧性和稳定性更好[11],更适合作为文物保护材料对彩绘类文物进行修复。三、反应型树脂。反应型树脂主要通过主剂和固化剂发生反应而形成的胶黏剂,其种类繁多,有热固性树脂、热塑性树脂合成橡胶等,具有固化快、施胶工艺简单、强度高等优点。环氧树脂是彩绘类文物常用的反应型树脂[12],其渗透性好、粘结力、强收缩率低、韧性较高、稳定性好且耐酸碱[13],其组成包括主剂、稀释剂、固化剂、增韧剂、填料等部分[14]。福州市博物馆采用环氧树脂对福州碧泉庵壁画进行了加固修复,试验表面采用环氧树脂6101,聚氨酯650与丙酮比例为5:5:2时加固效果最佳[15]。蒙山连理塔壁画、永泰公主墓壁画、广西壮族自治区博物馆馆藏壁画《释迦牟尼花变图》均采用了环氧树脂对珍贵壁画进行了加固处理。

## 二、壁画加固材料国内外应用与研究

国外学者最早将高分子材料应用于文物保护领域。仓冈天心利用一种"硬树脂(copal)"材料对日本法隆寺壁画进行了加固[16],尔后人们便热衷于利用高分子合成加固剂对彩绘文物进行修复。意大利人用合成树脂保护了文物古迹上的雕刻;印度蒙戴拉太阳神庙建筑修复也采用了聚甲基丙烯酸甲酯加固法[17];苏联人将聚甲基丙烯酸丁酯溶于二甲苯作为溶剂加固壁画[18];在对古埃及起甲壁画的回贴以及欧洲彩色写本颜料的固色中使用N-羟甲基尼龙[19]。上个世纪六七十年代高分子材料才在我国壁画修复中得以应用。文物保护工作人员利用聚乙烯缩丁醛等高分子溶液对敦煌石窟和榆林窟的部分起甲、酥碱的壁画进行了加固;彬县五代冯晖墓壁画采用B72作为加固剂[20];汪万全对西藏文化古迹内部起甲壁画的修复使用了5%的丙烯酸树脂[21]。

随着大批的高分子材料的出现,国内外学者在文物保护原则基础上对高分子材料进行了严格的筛选研究工作。Braccia等针对颜料层的加固和封护进行探索,经多次试验选定利用B72来进行加固和保护,并且针对B72在自然环境下和人工氙灯这两种环境下的老化进行了细致的分析研究。梅隆采用傅里叶红外光谱法以及液相色谱法研究了丙烯酸树脂的光降解过程。李最雄和西浦中对于敦煌壁画加固材料进行了筛选,分别采用聚乙烯醇、聚醋酸乙烯乳液、B72和Ps等材料在壁画模拟样品上进行光老化和热老化实验,实验结果表明聚醋酸乙烯乳液的耐热氧化性和耐紫外线老化性能较强[22];苏伯明用醋酸乙烯乳液、丙烯酸乳液和B72三种加固剂加固模拟壁画,采用CR-121色度计,研究加固材料对不同矿物颜料的影响,结果表明:加固剂对于壁画颜色影响从小到大为丙烯酸乳液、醋酸乙烯乳液、B72[23]。赵静等人对于高分子彩绘文物涂层材料进行了一系列老化评估,采用分光光度计检测了老化后彩绘颜料色纯度、亮度的变化,采用傅里叶红外光谱法检测了各类材料光降解过程,采用粘接强度仪测定了保护材料与画面层的牢固程度,研究发现PrmalAC33、B72、有机硅的耐老化性好,粘接强度高,对颜色的变化小,对于彩绘文物有较好的保护效果[24]。

## 三、壁画加固材料改性研究发展现状

在对文物材料的性质进行研究的同时,我国对于人工合成高分子材料进行了大量的改性研究。张军等人研发出以改性有机硅为基体的新型加固剂在秦俑彩绘保护工作中有较广的应用前景[25];马清林通过模拟试验筛选出对壁画画面层有良好加固保护性能的有机硅改性环氧树脂，为解决未搬迁潮湿环境中壁画的保护提供了新型材料[26]；李玉虎采用配制成质量浓度为 0.5%-2% 的 B-63 水溶性环氧树脂对壁画画面层进行处理，实验结果表明 B-63 水溶性环氧树脂可渗透至颜料胶料层中，在有效防止壁画和彩绘颜料胶料层起甲脱落的同时，增加了颜料胶料层的柔韧性和附着力[27]。龚德才对无地仗彩绘进行保护时，将紫外线吸收剂 UV-9 加入 B72 中形成复合加固乳液，有效加固了无地仗彩绘，开辟了一条新型文物保护途径[28]。王丽琴在材料中加入紫外线吸收剂 uv326，使 B72 的抗紫线抗老化性质得到显著提升[29]。韩炜师利用纳米 $SiO_2$ 可以明显改善 B72 的耐老化性，且当纳米材料含量是 B72 质量的 8% 时，纳米 $SiO_2$/B72 各个性能达到最优[30]。李迎利用纳米 $TiO_2$ 于 B72 和 WD-10 进行了改性研究且在对 B72 改性的基础上，对 WD-10 材料进行防水处理从而提高文物的防水性能[31]。何秋菊利用超声波分散技术将纳米 $SiO_2$ 加入 MDI 型聚氨酯中，充分利用 ATR-FTIR 漫反射光谱技术、UV-Vis 光谱技术，并结合失重分析对改性材料进行分析，结果显示新材料具有抑制光裂解和光氧化反应的性能，很大程度提高了彩绘陶器的大耐老化性能[32]。王丽琴、吴晨采用 HALS-622 等 6 种受阻胺光稳定剂对于丙烯酸类文物保护材料进行改性，通过测量色度、接触角、失重率、硬度等指标得出了高分子低碱性的受阻胺光的耐老化性能效果较佳的结论[33]。董欣欣[34]研究了丙烯酸树脂包括有机硅改性丙烯酸树脂、环氧树脂改性丙烯酸树脂、纳米改性丙烯酸树脂等的主要改性方法，提高了丙烯酸树脂性能。聚氨酯材料由于具有优良的机械性能、耐腐蚀性、质轻、保温隔热、可在潮湿环境下固化等优点，备受文物保护工作者关注。王博[35]研究了聚氨酯及其改性材料的组成与结构，阐述了聚氨酯及其改性材料在纸质文物、彩绘类文物、金属文物、考古发掘现场等文物保护领域的应用现状，赵星[36][37]使用湿固化聚氨酯加固剂在实验室高湿环境中对模拟文物样品进行了加固，并在考古发掘现场对出土壁画进行了加固研究，实现了考古发掘现场脆弱文物的有效提取保护，解决了高湿环境脆弱文物加固的难题。

**四、目前存在的问题**

在对壁画的揭取与彩绘的回贴中，合成高分子加固剂使用较多[38][39][40]。虽然人工合成高分子材料有渗透快[41]、加固效果较好[42]、加固工艺便捷[43]等优点，但是却存在一些弊端。

1999 年修复人员采用 mowilith DM5 对墨西哥 temle Niclos 的壁画进行加固，然而不到十年时间，壁画画面层出现起翘和大面积剥落，地仗层出现大片空鼓[44]。收藏于大英博物馆内著名古埃及内巴蒙壁画也是因树脂材料产生老化，对文物形成了破坏性的保护，使画面凝结成一片收缩的乳白色固体，部分画面层也产生了龟裂[45]。据文物保护档案修复的记录，20 世纪 70 年代，我国东北地区墓葬壁画曾用编号为 B01-6 的树脂材料进行加固，然而由于时间久远，材料发生了老化，如今难以查找该保护材料的原始组成[46]。Rodorico 在实验中发现，使用丙烯酸类树脂加固文物，材料的憎水性和透气性会明显降低，从而导致壁画表面微孔堵塞，继而发生大面积空鼓、起甲、颜料层脱落等病害[47]。因此对丙烯酸树脂内部结构进行了探究，研究发现丙烯酸主链是碳碳单键，支链中存在着酯基，因此具有"热粘冷脆"的特点，所以丙烯酸类的文物保护材料自身性质不稳定。当丙烯酸树脂老化后，外观便会发黄，膜硬度也变得非常小，几乎一碰即碎，一旦成膜便不具有可逆性；其次丙烯酸树脂成膜温度极高，膜遇水容易损坏从而导致与加固物体之间的附着力变差，无法回粘。李倩通过超景深显微镜、扫描电镜、傅里叶红外光谱仪等仪器对隋史射勿墓壁画加固材料即环氧树脂进行了分析监测，结果表明环氧树脂老化会出现麻点、颜色加深的外观变化，材料内部结构表现为 O-H 键的吸收峰和 CH-2、CH-3 的吸收峰会减弱[48]。

以上加固实例说明合成高分子材料对彩绘类文物主要造成两大类影响，首先采用有机树脂对文物表面进行加固后，使文物表面颜色加深；其次人工合成高分子加固剂耐老化性能较差，并且老化后对文物样品造成不可逆转的破坏。

**五、讨论**

文物保护加固剂分为天然高分子加固剂与人工合成高分子加固剂。通过对彩绘类文物保护材料相关文献整理发现人工合成高分子材料尤其是丙烯酸类树脂的研究与应用较为广泛,而传统加固剂的研究较为匮乏。

丙烯酸树脂仍在彩绘类加固中具有重要的保护作用,但是丙烯酸类的文物保护材料耐老化性能较差,并且老化后便会发黄、发脆,对文物会造成不可逆转的损害[40]。天然高分子材料作为传统的加固材料,具有无毒、无污染、降解快等优点,使材料与文物本体更好的融合,也可以解决材料与文物的兼容性,最大程度保留了文物本身携带的信息,其良好的生物降解性确保文物的安全和材料的可逆性,在实际应用中符合"原材料原工艺修复文物"的保护原则和理念。但彩绘类传统加固剂一般以动物胶与蛋白类胶质为主,此类胶质不易保存,且易滋生细菌,在温暖潮湿的环境下易发生霉变,不利于壁画的保存。天然高分子材料与人工合成高分子材料各有利弊,在实际的保护应用应加以分类,针对不同保存环境与需求进行试验。

## 六、展望

文物保护最终着力点在于对彩绘类文物保护加固剂进行新材料、新工艺的研究。在了解彩绘文物病害的机理基础上,针对文物不同材质、不同保存环境,制定符合该文物的保护措施。尤其是在对材料的筛选工作中应去除试剂选择的片面性和盲目性,对加固剂的稳定性安全性、有效性和持久性进行系统、全面的研究。近年来,随着材料科学的快速发展,新型加固材料在彩绘类和砖石类等文化遗产的保护与加固或修复方面取得了良好效果[49],文保领域工作者愈加重视对保护材料的吸水性、表面性能、力学性能、渗透性及耐老化性能等方面的研究[50],在科学研究的道路上不断探索、努力实践,加强"保持原貌"的理念,建立系统、合理、客观的评价方法,完善文物保护体系,避免"保护性破坏"的发生。

**参考文献:**

①Mazzeo R.,Cam D.,Chiavaei G.,Fabbri D.,和玲,Prati S.《中国明代木质古建西安鼓楼彩绘的分析研究》,《文物保护与考古科学》2005年第2期,第9-15页。

②粟淑萍:《中国古代壁画制作技术初步分析》,《中国文物科学研究》2009年第2期,第89-92页。

③李长民:《浅论传统壁画的制作与材料》,《美术观察》2010年第1期,第111页。

④王文彬:《我国传统壁画的材料工艺及应用》,《美术研究》1987年第2期,第40-53页。

⑤刘凌沧:《传统壁画的制作和技法》,《美术研究》1984年第1期,第30-34页。

⑥叶心适:《欧洲古代壁画材料和技法的发展》,《考古与文物》1995年第6期,第9-52页。

⑦曲乐乐、林建业、王炬、李博:《从欧洲壁画的发展研究材料技法》,《美术大观》2008年第12期,第50-51页。

⑧赵南:《欧洲壁画的发展与油画的产生》,《美术教育研究》2013年14期。

⑨袁传勋:《文物保护用水溶性氨基树脂的研制》,《文物保护与考古科学》1996年第2期,第28-32页。

⑩张晓梅、原思训:《一种新型有机硅改性的丙烯酸树脂在加固糟朽丝织品中的应用》,《文物保护与考古科学》2003年第2期,第1-9、65-66页。

⑪Feller R.L.,Wilt M.E. Valuation of cellulose ether for conservation. The Getty Conservation Institute,1990,95:27-31.

⑫周宗华:《用于文物保护的高分子材料》,《高分子通报》1991年第1期,第41-45、27页。

⑬张志军:《秦始皇陵兵马俑文物保护研究》,陕西人民教育出版社,1998年,第61-68页。

⑭王蕙贞、董鲜艳、李涛、张艳群、王保平、李库、夏寅:《西汉初期粉彩陶俑的保护研究》,《文物保护与考古科学》2005年第4期,第39-43、70页。

⑮阮章魁:《福州碧泉庵壁画加固修复》,中国化学会主办,中国第八届科技考古学术讨论会暨全国第九届考古与文物保护化学学术研讨会,2006年。

⑯张基伟、贺林:《关中地区唐代壁画墓的保护与研究——以蒲城唐高力士墓为例》,《文物》2013年第7期,第90-96页。

⑰杨璐:《常用有机高分子文物保护材料的光老化

改性研究》,西北大学硕士学位论文,2006年。

⑱Falmakowski M.B.:《文物参考资料》,科学出版社,1955年,第1-12页。

⑲王进玉:《高分子粘合剂在壁画保护上的应用》,《自然杂志》1987年第1期。

⑳白崇斌、樊娟、张孝绒、杨军昌:《彬县五代冯晖墓壁画加固技术小结》,《考古与文物》1994年第6期,第16-19页。

㉑汪万福、李最雄、马赞峰、付有旭、刘涛、杨韬、樊再轩、李四存:《西藏文化古迹严重病害壁画保护修复加固技术》,《敦煌研究》2005年第4期,第24-29、115页。

㉒李最雄、西浦忠辉:《敦煌壁画加固材料的选择试验》,《敦煌研究》1988年第3期,第60-63、116页。

㉓苏伯民、李茹:《三种加固材料对壁画颜色的影响》,《敦煌研究》1996年第2期,第171-179页。

㉔赵静:《高分子文物保护涂层材料的稳定性能及在彩绘文物保护中的应用研究》,西北大学硕士学位论文,2007年。

㉕张军、蔡玲、高翔、赵文轸:《改性有机硅在模拟漆底彩绘保护中的应用研究》,《文物保护与考古科学》2012年第1期,第32-37页。

㉖马清林、张福绵:《潮湿环境下壁画画面层加固材料研究》,载中国材料研究学会编,《′96中国材料研讨会论文集(生物及环境材料)》,化学工业出版社,1997年,第561-563页。

㉗李玉虎、汪娟丽、单晓娟、成建正、申秦雁、罗黎:《B-63水溶性环氧树脂在去除壁画和彩绘上土锈或霉菌的应用》,专利公开号:CN101508864A,引用专利:CN1580161 A2005.02.16。

㉘龚德才、何伟俊、张金萍、王鸣军:《无地仗层彩绘保护技术研究》,《文物保护与考古科学》2004年第1期,第29-32、65页。

㉙王丽琴、杨璐、党高潮、赵静、梁国正:《改性B72文物保护材料耐光老化性能研究》,《西北大学学报(自然科学版)》2006年第5期,第761-764页。

㉚韩炜师:《纳米SiO₂改性丙烯酸酯类文物保护材料B72研究》,西北大学硕士学位论文,2014年。

㉛李迎:《纳米TiO₂改性文物保护材料研究》,西北

大学硕士学位论文,2012年。

㉜何秋菊、王丽琴、吕良波、李园:《纳米材料改性彩绘陶器文物保护材料MDI型聚氨酯的研究》,《精细化工》2008年第1期,第11-14页。

㉝王丽琴、吴晨、李迎:《受阻胺类光稳定剂改性文物保护材料B72》,《精细化工》2011年第6期,第620-624页。

㉞董欣欣、王丽琴:《改性丙烯酸树脂在文物保护领域中的应用》,《西部考古》(七),三秦出版社,2013年,第389-394页。

㉟王博、王丽琴:《聚氨酯及其改性材料在文物保护中的应用》,《西部考古》(八),三秦出版社,2014年,第213-220页。

㊱赵星:《湿固化聚氨酯文物加固材料的制备与应用》,西北大学博士学位论文,2019年。

㊲赵星、王丽琴、卞尚、赵西晨、董欣欣、乔成全:《一种湿固化聚氨酯的合成、表征及在文物中的应用》,《化学试剂》2017年第7期,第699-702页。

㊳张尚欣、付倩丽、黄建华、王亮、李斌、严苏梅、毛晓芬:《秦俑二号坑出土一件彩绘跪射俑的保护修复》,《文物保护与考古科学》2012年第4期,第109-116页。

㊴段修业、汪万福、格桑、丹不拉:《西藏萨迦寺壁画保护修复研究》,《中国藏学》2010年S1期,第63-68、141-142页。

㊵汪万福、李最雄、马赞峰、付有旭、丁长征、樊再轩:《西藏布达拉宫东大殿空鼓病害壁画保护修复研究》,《中国藏学》2005年第3期,第213-221、229页。

㊶Braccis Melo J. Correlating natural ageing and Xenon irradiation of Paraloid B72 applied on stone. Polym Degr Stab,2003,80:533-541.

㊷Lucia Toniolo,Tommaso Poli,Valter Castelvetro,Antonella Manariti,Oscar Chiantore,Massimo Lazzari. Tailoring new fluorinated acrylic copolymers as protective coatings for marble. Journal of Cultural Heritage,2002,3:309-316.

㊸Tomonson G.,Wemer A.E.,Feller R.L. The conservation of cultural property. Paris Unesco

Press,1975:303.

㊹Rodorico G.,Piero B. New methodologies for the conservation of cultural heritage:micellarsolutions,microemulsions and hydroxiden anoparticles. Accounts Chera Res,2010,43(6):695-704.

㊺Eric Miller 著,成倩译:《大英博物馆收藏的古代内巴蒙壁画》,载中国文化遗产研究院编,《文物科技研究》(第五辑),科学出版社,2007 年,第 134 至144 页。

㊻成倩、赵丹丹、郭宏:《早期失效保护修复材料对壁画的影响》,《文物保护与考古科学》2013 年第 2 期,第 77-82 页。

㊼Rodorico G.,David C.,Emilinano F.,et al. Nanoparticles of calcium hydroxide for wood deacidification:Decreasing the emission of organic acid vapors in church organ environments. Journal of Cultural Heritage,2009,10(2):206-213.

㊽李倩、刘成、武瑛:《隋史射勿墓壁画支撑体用环氧树脂的老化分析》,《西部考古》(十六),科学出版社,2018 年,第 304-316 页。

㊾周双林:《文物保护有机树脂溶液型加固剂应用过程中反迁原因的探讨》,《文物保护与考古科学》2003 年第 1 期,第 27-30 页。

㊿和玲、梁军艳、王娜、屈佳:《软物质材料用于文化遗产的保护》,《中国材料进展》2012 年第 11 期,第22-32 页。

51曹颐戡、王聪、王丽琴:《仿生超疏水材料及其在文物保护中的应用综述》,《材料导报》2020 年第 3 期,第 184-190 页。

**(作者单位:西安博物院)**

# 试论常州园林的规划保护与利用

## ——以大运河沿线景点为例

◇ 崔 勇

**内容提要**：本文以大运河沿线景点为例,对常州目前园林景点建设情况进行了归纳,提出了有关常州园林规划保护与利用要坚持的四项原则,并阐述了相关具体建议。

**关键词**：常州园林 大运河 东坡文化 规划保护 利用

城市现代化进程与保护历史文化之间的矛盾是不同历史文化名城共同面临的问题。对于常州这座历史文化名城,对古运河这条母亲河来说,必须以保护为主,保护与开发并举。其中开辟保护区,是一个有效的做法。城市文化的积淀与传承是世界各国重要的精神力量,多元的民族应该保持多元的文化特色,也就是我们常说的"越是民族的,就越能走向世界",或者说"民族的就是世界的"。人类对文化的追求,是人类心灵和情感的追求,是人类追求文明的理想境界。在加速现代化的进程中,对文化的追求,必将成为未来社会的时代特征。让常州的城市主体——常州市民能在所赖以生存的城市中寻找到心灵深处的理想家园,得到人类传统文明的熏陶,得到灵魂的净化和精神的升华。坚持以常州的方式,展示常州的文化传统、文化遗产、名胜古迹等特色,正是常州的特色和个性。

常州在园林规划保护利用时,必须坚持四项原则:一是原真性,即整旧如故,以存其真;二是整体性,即保护古建筑的整体环境;三是可读性,即能够让后人读出它的历史;四是可持续性,不仅让今天的市民和游人了解,也让今后的人们接受。我们的文化古迹与欧洲和埃及等都不同,我们要有自己地域的特色,有常州的特色。常州有着丰厚的旅游、文化资源,应该将历史文化,人文地理的潜在优势化为新的经济增长点。

大运河常州段是世界文化遗产,大运河文化带建设正在进行。以大运河沿线景点为例,搞好常州园林的规划保护与利用,有着较强的时代性、现实性、紧迫性,以及可操作性。

**一、弘扬地区文化,念好"山水经"、唱好"特色戏"**

以发展旅游业为突破口,在发展和实施常州园林、古运河保护利用,以及发展第三产业之时,认真研究国际国内发展旅游业的成功经验。从常州本地得天独厚的优势出发,打好两张"牌":第一张牌是保护和发扬"东坡文化"和"运河文化"传统特色,在弘扬民族文化上下功夫。常州有着2500多年文字记载的历史,是具有悠久历史的江南名城,素有"八邑名都"美誉和"吴文化"发祥地美称,"东坡文化"

与常州有着很大联系。城内有众多文物古迹和历史遗址，所以，要在保护文化底蕴上讲究品位、品格和品味，在规划项目上体现"运河水文化"的特色，在城市建筑风格上继承和发扬吴文化建筑的典雅、精细和大自然融合的特征。第二张牌是念好"山水经"，唱好"特色戏"。常州的城市形态融山水城园为一体，茅山、淹城、中华恐龙园、古运河、关河、滆湖、天目湖、洮湖（长荡湖）、东坡公园、红梅公园、青枫公园、荆川公园、紫荆公园、荷园等，及城内小巷庭院、古典园林、名人故居有机结合，形成独特的龙城风貌，其中古运河的文化底蕴、历史和影响具有独特的地位，她是孕育常州城市发展的母亲河，她环抱城市核心区，承载着常州悠久深厚的历史底蕴，见证着常州兴盛繁荣的演进历程。

古运河的保护和利用是常州未来几年城市建设的重大工程之一，将运河打造为"活力之河、魅力之河、生态之河"，形成"看运河必到常州"的品牌效应。常州这些独具一格的资源，满足了人们观赏真山真水、追逐真情真趣的需要和适应返朴归真的潮流。动员全社会积极挖掘和开发具有常州特色的各类旅游商品，反映运河和东坡的主题和内容，革新传统产业，开发新产品，挖掘民间手工艺术。同时，完善旅游配套设施，包括交通、通讯、运河两岸饭店、旅游工艺品、特色食品的生产供应以及各种服务业的软件建设"吃、住、行、游、购、娱"的旅游六大要素。精心谋划，统一组织，使运河两岸分散的饭店、旅行社、车队、景点、娱乐场所、购物商场等组成相互配套的旅游服务体系。运用市场机制，改变过去那种单纯靠政府投入办文化、旅游的模式，坚持国家、集体、个人一起上的方针，按照"谁投资、谁利益"的原则，鼓励全市各行业、各种所有制企业参与开发古运河规划、建设方面的文化旅游景点。可利用靠近上海的地理优势，做足"联"字文章，搞旅游联游。充分利用靠近上海、苏州、无锡的地缘优势，吸引大公司、大集团等单位来常州投资举办文化、旅游项目，建造疗养院和娱乐休闲中心，吸引更多外地人来此休假、旅游。

**二、古运河常州段旅游线应解放思想、大胆策划和规划**

进一步规划构筑古运河风貌区。在古运河两岸的区域内，以古运河为基调，规划设计以江南园林艺术与水乡民居独特的建筑手法相结合，使之河中有岛、园中有馆、街中有景、景中设店。同时新辟水面，形成河、园、岛、街、亭与古运河互相贯彻的水上旅游风光带。辅以人工垒筑的沿岸绿化林、假山亭台，使地形、景点错落有致。风貌区还可扩建、移建古拱桥、小桥、九曲桥，以凸现水乡风情，沿运河翻建民宅，体现前街后河、屋后码头、马头山墙、黛瓦坡顶、翘檐花窗的地道"运河人家"韵味。民宅里，开设古董古玩、文房四宝、工艺珍品、曲艺、棋牌、丝竹、茶道等店铺。东坡公园中重点搞好名人博物馆（或称民俗博物馆），主要反映吴越地区常州历史名人、事迹和代代相传、沿袭下来的民间民俗文化。这将成为京杭运河常州段的一个"闪光点"和旅游热线。

旅行社是联系旅游者与古运河旅游景点的重要纽带，熟悉国际旅游市场的最新动向。为了提升旅游文化品位，与国际接轨，可主动与中旅、国旅、中青旅等涉外旅行社讨教，研究旅客心态。适应境外团队的要求，增加一系列体现风土人情的动态"自助式"旅游项目，在游玩中添加新奇情调，让游客自己动手参与表演，旅游新项目可应运而生。畅游古运河，在国内外游客游东坡公园、篦箕巷等古运河景点时，不仅让他们欣赏到龙城美景和风光，而且还可聆听到江南丝竹、苏州评弹、锡剧演唱、常州滑稽戏，以及越剧、昆曲、京剧演唱；居民乐，则是让外国游客不住宾馆而住明清民居，甚至在农村土灶上烧江南风味的特色菜；让游客坐在古色古香的游船上饱览古运河两岸的水乡景观、建筑，也别具一番情趣。

充分利用诸如常州大剧院保利影城、亚细亚影视城、工人文化宫影剧院、南大街莱蒙国际都会"中影东方国际影城"等影剧院，加大大运河、苏东坡的宣传和推介力度。可拍摄介绍古运河两岸风光和苏东坡的旅游片，给观众以全面的印象，特别是对古运河的历史、两岸景点、特色有重点地介绍，可以重点介绍常州新运河改造的情况。还可观看常州电视台摄制的《龙城旅行》《古运河游》系列专题风光片，看中央电视台摄制的《走近常州》专题片，也可在古运河两岸组织舞龙表演、舞狮表演,让在游船上的游客看到后,登岸观赏,甚至亲自舞一回龙头、龙尾,体验一下其中的乐趣。

推出"空中俯瞰古龙城"项目,预留规划空间和场地。创造条件,购买专门的小型观光飞机,让游客在龙城上空飞行,从空中俯瞰龙城的全貌,特别是古运河从西向东,穿越而过的"琵琶形"的线路,换个角度,来个空中旅游,这样可做到乘"龙城号"游艇游、骑自行车行(骑)、乘观光汽车行、乘飞机行的"海陆空四种方式"行,增加旅游的乐趣。

创新苏东坡的宣传、运河文化宣传及旅游"名片"。为做到"研究苏东坡、必到常州""看运河,必到常州"的品牌效应,把古运河打造为"活力之河、魅力之河、生态之河",以水为纲、以绿为本、以文为魂。重点推进古运河、关河两侧城市设计和控规编制,可以把国内名人(政界、商界、建筑界、规划界、文艺界、工商界、旅游界)到常州考察、题词、作文、留影、开会、活动、研讨的资料印刷成画册,配上一些常州旅游方面的文章(散文、游记、诗歌、建议、方案),汇集出书,既可以作为对外宣传、交流的宣传品,也可以作为赠送友人的极好礼品,还可以让更多的人了解常州特别是古运河的情况,了解新运河的情况,在国内外广为宣传。

### 三、用国际视野和眼光来规划常州园林旅游文化

常州大运河用1300多年的光阴为后世积淀了璀璨厚重的历史文化:如舣舟亭、东坡公园中的洗砚池、乾隆下江南的御码头、宝玉失踪地篦箕巷、文笔塔、天宁寺……这些大量散落的人文景观明珠,由古运河这根贯穿全城的彩练奇妙地串连起来,最终成为常州独一无二的识别性特征和动人画卷。假如常州市区的旅游文章可比作是一首激情的诗,那么诗眼就非古运河莫属了!开发古运河意义深远,势在必行。

#### 1.常州古运河重点观光水域的地理段定位和综合治理

从常州市区地图上不难看出,大部分的人文景观散落在东坡公园至西仓桥这个航段上,就目前的情况来看,虽然已形成了水上旅游观光,但态势不够,还吸引不了众多游人。原因之一就是有几个重要景点原未被完全包容进去,如位于运河中段支流的兰园。其中有几处景点很有代表性,支流的延伸路程并不遥远,结合环保、绿化和文明城市、园林城市、生态城市创建,重点将这些内河河床进行清理、疏浚,使之水面开阔、水质清澄,各种旅游船只能开得进来。现在兰园、红梅公园已敞开,这一举措也对市区容貌的改观大有裨益。

#### 2.水上游览工具的开发及创意与古运河规划保护利用

水上观光离不开游船,这"游船"也大有文章可做。种类上可以多样化,如设计、制造大小不一、功能迥异的现代类观光游轮,有豪华型官船、游艇,亦有普通型,包括各种汽艇、各种供游人漂流用的橡皮舟;再如设计制造仿古类的画舫、石舫、木船、帆船乃至独木舟,充分展示出吴文化民情,这其中可结合古运河两岸古迹景点。如在东坡公园舣舟亭所停靠的乾隆下江南的清代御舟,在文亨桥畔停泊宝玉拜别贾政的画舫或石舫。在功能上,大型的豪华轮可服务于旅游团体,普通船可供家庭亲友游览。茶馆与咖啡厅可开在船上,甚至可以有歌坊,专门演唱吴文化戏曲或演奏江南丝竹。当然更可以提供游人自己操作的舟楫,体会桨声欸乃的返璞归真。

#### 3.东坡公园的主题建设与古运河规划保护利用

运河向东流经舣舟亭,这里踞山依水,林木蔚秀。11次涉足常州的宋代大诗人苏东坡曾在这里登岸。建议加强加大东坡公园的主题建设,增设东坡居士雕像及碑刻,并以此为中心,辐射常州历代名人,通过侨办、侨联或台办,吸引归国华侨或侨胞回家乡投资,每投资塑一名人像者,在雕塑铭文中加以说明,注明其功德,以至青史留名。相信此举可引来金凤凰,东坡公园在古运河规划开发中可集中体现常州的历代人文荟萃。运河两岸应充分绿化,遍植花草树木(如市花月季、市树广玉兰),沿岸草地如茵,各式供游人歇脚的凉亭石椅点缀其间。

#### 4.唱好篦箕巷景区的重头戏与古运河规划保护利用

以篦箕巷上建筑风格和文化底蕴作为基调,可以再作些投资开发、规划与补充,使之不显得单薄。

如可以将常州的宫梳名篦这种历史悠久、全国驰名的工艺品的生产、销售与古运河规划开发、旅游联系在一起,建筑一律规划建设成古色古香、临水檐头高挑巨大的宫篦美梳,外地游客上岸来后可自己动手描绘篦箕骨梁,或诗歌词赋或山水,用以馈友赠言,何等诗意风雅!又可留一些宫灯作坊区,专门制作明清风格的程式宫灯。篦箕巷对面的南岸还是冷清,那一长片地域有价值的建筑或产业不多,建议规划建设粉墙黛瓦、飞檐戗角的仿明清建筑,与篦箕巷隔河相望,用来装载几千年沉甸甸的历史。南岸的冷清与寂寞篦箕巷的古雅还需另一种俗世的绮繁来衬托,它的周围应该有南京夫子庙秦淮风光带、苏州观前街式的商业氛围。换言之,篦箕巷四周,包括怀德桥下、亚细亚影视城、米市街、豆市街、江南商场等应贯通一气,统一规划布局,区域大一点。包括莱蒙都会商业区、百年老店瑞和泰新址,应规划与古运河的关系,形成交相辉映的互补效应,逐渐形成常州休闲、游乐、购物于一体,吃喝玩乐穿的零售业大市场,但绝不允许其它工业与批发业进驻。过去的怀德桥西区,历史上曾是商贾繁华之地。此外隔河相望的米市街与豆市街,便是附近数县豆米集散之地。这两条小街依旧可以规划振兴。

5.注重常州特色,在"游"字上大做文章

常州是江南水乡的名城,打造旅游城市规划开发时不可缺少江南水乡、小桥流水的特色。常州城具有"城中有河、河中有城"的地理优势,特别是古运河常州市河段拥有十多条支流河道,四通八达,是城市的大"周庄",在常州旅游文化规划开发中,建议把运河支流河、城河统一规划为"联网",大河小河相通,对有名胜古迹的城河、支流河可重点打造,达到名副其实的效果。古运河的水流是自西向东流的,途径篦箕巷、清凉寺、东坡公园、政成桥外的"三官塘"等等。这许许多多的名胜古迹,均贯穿于古运河常州市河段的河畔,若把它们有机组合在古运河上,环环相扣就是一道亮丽的风景线。建议在沿河两岸植树绿化,桃树成行,柳树成荫,营造这样的意境。可在龙游河沿途的桥头堡附近建游船码头,让游客乘坐龙船。可在河中设置小龙船、木船或玻璃钢船,供中外旅客在龙船上"游龙河、划龙船、观龙景、穿龙袍",在美丽的游船上尽情享受乐趣,在古运河两岸建造沿河长廊、观景楼台、假山。把古运河两岸建造好,为常州的旅游事业增光添彩,可建成热闹繁华的"商业河":既有类似扬州"瘦西湖"的优美风景,又有南京"秦淮河"的繁华热闹;既有南通"濠河"的丰富变幻,更有常州古运河的地方特色!在运河两岸建饭庄酒楼、茶座戏馆等配套设施,那么,古运河的美好景象一定会引来游客如织、繁华热闹的场面,完全有可能把古运河打造成商业旅游河、夜景观光河、生态环境河,可推出情侣游、师生游、生日庆典游、全家游、夜景观光游,成为一道旅游热线,有地方特色的支流河,打造成各有特色、景观独特的河流。古运河水清柳绿鱼儿嬉,河底清澈,有鱼有虾。

(作者单位:常州市委办公室)

# 初唐佛教造像题记中的征边军旅 *

◇ 于　春　王燕妮　孙旭奇

**内容提要**：古代佛教造像题记是观察古代社会的一个重要窗口。四川茂县点将台李玄嗣造像题记反映了贞观初年吐谷浑在川西的侵边史实，李玄嗣等军旅驻守岷江上游，为贞观十二年松州之战中唐军击退赞普二十万大军奠定了基础；甘肃炳灵寺仪凤三年张楚金撰《灵岩寺记》可能是唐与吐蕃之战的反映。南宫后底阁出土龙朔三年韩善行造像的题记记录了唐高宗时期与朝鲜半岛的军事活动；天龙山造像题记反映出来自朝鲜半岛的百济军人在唐代征边战争中的一席之地。

**关键词**：吐蕃　百济　李玄嗣　韩善行　边疆

## 一、前言

佛教造像题记，是佛教考古研究中的一个重要内容。在田野调查工作当中，造像题记也是主要工作对象之一。通过对题记内容的考释，我们可以判断造像的时间、考证造像人的身份、考察造像人的信仰内容、目的以及社会的信仰组织形式，从而构建古代社会的信仰框架，观察古代社会的缩影。

自上世纪初以来，中国佛教造像中的题记内容就成为了佛教考古研究中的主要组成部分。侯旭东根据造像者社会身份，将造像分为"平民造像""官吏造像""僧尼造像"三大类。并结合崇拜内容，认为北朝末期北方（集中在洛阳地区）释迦造像流行，官吏和僧尼团体比平民更为热衷；对弥勒的信仰则是平民集团早于官吏和僧尼集团；对观世音信奉以平民个人、家庭为主，平民团体不仅早于官吏和僧尼团体，比例上也远远高于后者①。

近年来，学者们对河北、山东、长江流域等区域的佛教造像题记内容进行了专题整理和研究，研究造像的发愿人和组织状况②。可见，古代造像题记是学者们观察古代社会的一个重要窗口。在这些题记中，不仅有格式化的发愿文，还有一些反映古代社会史实的珍贵的内容。笔者在参与四川、甘肃和河北地区的佛家考古调查工作中，见到了几则反映唐代征边军旅的造像题记。其中，河北南宫后底阁出土造像中有两铺唐代军旅发愿造像题记——韩善行造像题记，学者们对其基本情况进行了介绍和研究③。笔者在邢台文物管理研究所的帮助下，对两铺韩善行题记内容进行完整的转录。结合笔者之前在四川茂县点将台等地的调查中发现的军旅造像题记和甘肃炳灵寺的四则题记，本文拟通过佛教造像

* 本文是陕西省教育厅哲学社会科学重点研究基地"丝绸之路文化遗产保护与考古学研究中心"项目"川北广元地区唐代佛教造像中的长安因素研究"（项目编号 19JZ057）成果。

题记记载,梳理初唐时期征边军旅。

**二、茂县点将台造像题记**

点将台唐代造像位于四川茂县叠溪镇校场坝,海拔高度约 2650 米。"点将台"是一块高约 7 米周长约 40 米的椭圆形巨石,巨石顶部平坦,现存石砌堡垒一座。当地传说唐太宗时,女将樊梨花率军反击西番军队,曾在此巨石上点兵,故此得名。巨石东北壁和北壁上有唐代贞观四年佛教造像。造像共有 21 龛,龛形制多为外方内圆拱形双重龛,主要造像题材有弥勒、释迦牟尼、药师佛并坐、观音菩萨等,造像样式庄严,应与四川北部和长安地区的贞观造像样式有关④。其中 15 龛残存有纪年题记,均为唐代贞观四年(630),造像主多为军旅人员。例如第 6 龛(图一)题记为:

惟大唐贞观四年岁次庚寅九月癸亥(朔)/十五日丁丑大施主持节兼翼州诸军事/翼州刺史上大将军李玄嗣行治中张仲品/敬造释迦及弥勒佛二龛助布施主录事/参军常诠冑司仓参军李德超行司户参/军王季札行参军刘绍约翼针县令范孝/同丞冯师才翼水县令席义静丞杨和鸾/左封县令刘保德丞常白宽如和府统军宋威/右别将王君相石白戌副郑宝贤梓州前州行/参军韩义展等今即像成功就敬造为法界众生/咸同斯福

图一　茂县点将台第 6 龛

第 1 龛的题记与第 6 龛几乎如出一辙,仅最后一句话略有差异。根据题记内容可知,点将台造像的造像主是以"翼州刺史上大将军李玄嗣"为首的翼州、翼针县、翼水县和左封县行政官员和"如和府统军"等戍边武将。笔者考,"李玄嗣"很可能是隋至初唐时期陇西武将李袭志之子。《新唐书·李袭志传》载:

李袭志字重光,本陇西狄道人。五叶祖景避地安康,复称金州安康人也。周信州总管、安康郡公迁哲孙也。父敬猷,隋台州刺史、安康郡公。袭志,初任隋历始安郡丞……武德初,高祖遣其子玄嗣赍书召之,袭志乃密说岭南首领随永平郡守李光度与之归国。高祖又令间使赍书谕袭志曰:"……况卿朕之宗姓,情异于常。家弟侄并立诚效公,又遣首领,申谕诸州,情深奉国,甚副所望。卿之子弟,并据州县,俱展诚绩,每所嘉叹,不能已已。令并入属籍,著于宗正。"⑤

从上述记载可以看出,唐高祖李渊将李袭志称为"朕之宗姓,情异于常",承认了李袭志陇西狄道的地望和与李唐王朝的特殊亲缘关系。李渊所说"家弟侄"和"卿之子弟"应指李袭志的兄弟和儿子们,已经"申谕诸州""并据州县"担任了重要官职。题记中李玄嗣官职为"翼州刺史上大将军",符合陇西李氏的豪门地位。有学者注意到点将台题记中的"如和府统军宋威",如和府统军是驻地于如和县(今南宁)的戍守钦州的府军,被"征发"岷江上游地区。贞观十年,改称邕州如和折冲督尉府⑥。

点将台造像所在的茂县叠溪镇,与吐蕃对唐的第一次大规模入侵之地"松州"相邻。松州在今四川省西北部阿坝藏族羌族自治州,北接党项、白兰诸羌。贞观十二年(638)八月吐蕃赞普亲率二十万大军兵临松州,唐朝派出五万大军分四路迎击,采用夜袭的战法使吐蕃损失千余人,吐蕃撤军。史料记载,吐蕃赞普"勒兵二十万入寇松州,命使者贡金甲,且言迎公主,谓左右曰:'公主不至,我且深入。'都督韩威轻出觇贼,反为所败,属羌大扰,皆叛以应贼。乃诏吏部尚书侯君集为行军大总管,出当弥道,右领军大将军执失思力出白兰道,右武卫大将军牛进达出阔水道,右领军将军刘兰出洮河道,并为行军总管,率步骑五万进讨。进达自松州夜袭其营,斩首千级"⑦。

点将台造像开凿的贞观四年,距离松州之战还有八年的时间,距离《新唐书·吐蕃传》中记载的第一次正式的唐蕃交往——贞观八年吐蕃遣使入唐还有四年时间。李玄嗣率兵进入岷江上游可能与吐蕃无关,而是与吐谷浑犯边相关。史书记载:武德七年,吐谷浑寇松州、扶州、岷州、鄯州、叠州⑧;武德八年,吐谷浑寇叠州、岷州⑨。武德九年,吐谷浑寇岷州、河州⑩。贞观二年,吐谷浑寇岷州,都督李道彦击走之⑪。

通过松州之役,吐蕃赞普可能也意识到由于岷江上游地区所在的横断山脉山高水深不利铁骑,吐蕃的进攻路线便重点转向吐谷浑所在的青藏高原东北部和河西地区了。

### 三、甘肃炳灵寺造像题记

甘肃炳灵寺保存着唐与吐蕃对峙中的军旅造像题记,最早的材料是高宗仪凤三年(678)张楚金题记。另外,永隆二年列龛题记、魏季随撰《灵岩寺记》、灵岩寺记及重修老君洞题记、第169窟防秋健儿墨书题记等都是唐蕃战争的反映⑫。

其中,张楚金撰文题记首行便记"三日大军",阎文儒等学者认为是发生于仪凤三年(678)九月李敬玄、刘审礼率领大军与吐蕃战于青海的战事⑬。刑部侍郎张楚金应随李敬玄参战,大军路过炳灵寺,张楚金乃刻石纪事。由于题记漫漶严重,缺字其多,大致可见描述当地景观的字句。《新唐书》载:"(仪凤)三年正月丙子,李敬玄为洮河道行军大总管,以伐吐蕃……九月丙子,李敬玄、刘审礼及吐蕃战于青海,败绩,审礼死亡。"此次战役由于李敬玄战术决策上的失误,导致了唐军的惨败,这是继咸亨元年(670)薛仁贵在大非川战败后的又一次大败,直接将吐蕃推向全盛。

炳灵寺石窟中著名的永隆二年(681)列龛(图二)的造像风格一般被认为是初唐时期的新样式,与长安造像样式有关系。根据题记,造像主是唐派出的陇右巡察使官员"巡察使典雍州酸泉县骆弘爽"等人,将长安样式直接带到炳灵寺。

图二 永隆二年列龛

李敬玄惨败于吐蕃之后,"尚首鼠不进,乃顿承风岭,又阻沟淖,莫能前"。改由"洮河道经略副使"黑齿常之驻守。黑齿常之"夜率千死士五百人掩其营,杀掠数百人,贼首跋地设弃军走"⑭,让唐军扭转了全军覆没的战局,乃至"帝叹其才,擢左武卫将军,检校左羽林军,赐金帛殊等,进为河源军副使"⑮。此后派黑齿常之驻防唐蕃边境,由于黑齿常之经营有方,唐蕃边境出现了相对的安宁。

黑齿常之是百济降将之中最著名的大唐武将,在唐蕃之战中立下了赫赫战功。显庆五年(660)高宗征伐百济,俘获百济王余义慈、太子隆、泰及大臣等88人至洛阳,百姓有一万余人陆续移居唐王朝⑯。山西太原天龙山佛教造像题记《大唐勿部将军功德记》,记载了一位百济遗民——官至唐朝天兵中军副使右金吾卫将军的勿部珣的故事。该题记撰写于唐景龙元年(707),勿部夫妇所造之像为"三世佛并诸贤圣",可能是今天龙山石窟的第14、15窟造像⑰。该题记载,勿部珣娶黑齿常之的第二女为妻,二人至少育有四子。百济降将成为唐蕃战争中的一份子。

### 四、河北后底阁韩善行造像

百济的降民在唐居住了近三年后,唐高宗发动了对百济的总攻。河北南宫后底阁出土了两尊汉白玉造像的题记反映了这一史实。造像出土地南宫后底阁位于河北省与山东省交界之处,邻于胶东半岛。两尊造像均为如来像，题记内自铭分别为"白玉像""弥陀像"，造像时代分别是"龙朔三年"（663）和"调露元年"（679）。龙朔三年造像通高91.7、通宽40.6厘米，头部尚存；调露元年造像通高71、通宽36厘米，头部残失，二者体量接近。

龙朔三年造像台基阴刻方格字界，正面五行十四列，70个方格；左侧面五行十五列，75个方格；右侧面五行十四列，70个方格；背面五行十五列，75个方格。共识别220字（图三）。录文如下：

（正面）大唐龙□□/年岁次癸亥/六月壬癸朔/廿九日辛亥/大像主云骑/尉韩善行队/下五十人等/虽生在阎浮/依希舍卫之/国奉勅东/罚见亲之

日/不期共发鸿/心造白玉像/□铺誓愿之/（右侧面）后圣泽之/所有征採崐/山之无价镌/成此像诸行/人等沐浴洗/心终身皈敬/镌名于后/维那赵孝强/勋官王弘善/维那张文遇/维那王才卿/维那张祇达/维那张士雅/维那韩客仁/（背面）维那赵孝晟/维那张道仁/维那张大信/维那赵孝恪/维那张君胥/维那王行里/维那王晟感/维那赵善贵/刘玄琰张师/仁张玄远□/玄?张感仁/张弘揩赵元/方张善晏张/菅生张处言/□□生赵大/（左侧面）慈苟玄贵张/高进张黑仁/张善藏林留/客林玄亮张/弘道王广慎/姚通德潘□/德□□□□/维那李□仁/维那王信正/

1. 龙朔三年韩善行造像

2. 座基正面铭文

3. 座基左侧面铭文

4. 座基右侧面铭文

图三　龙朔三年韩善行造像

题记文首年号漫漶，根据"岁次癸亥"，推测此年号应为"大唐龙朔三年"（663）。"奉勅东罚"的"罚"应为"伐"的假借字，即奉皇帝高宗李治敕令东伐。

龙朔三年（663），东境发生了唐灭百济的"周留城"之役。据唐代史料，太宗时期，贞观十五年（641）封义慈百济王。贞观十六年（642），百济兴兵攻伐新罗四十余城，欲阻断新罗入唐朝贡之路，新罗告急求援，唐朝派使臣和解。同年，太宗亲征高丽，百济

与高丽修好，于是百济与唐数年断绝来往。至高宗时期永徽二年（651），百济又重新朝贡，唐使臣告知百济王归还之前侵吞新罗城池。但永徽六年（655），百济与高丽再陷新罗三十余城[18]。显庆五年（660），高宗授苏定方熊津道大总管，征伐百济，俘获百济王"义慈及隆、泰等献于东都"[19]，一举歼灭百济。

其后唐遣刘仁愿镇守百济府城，王文度授熊津总管。但王文度病死后，百济旧将福信等拥立扶余丰为

王,复立百济国,围困府城。龙朔二年(662),高宗派刘仁轨接替王文度统领全局,合新罗兵救刘仁顾。扶余丰则请高丽和倭国出兵助战。刘仁轨求援,高宗诏孙仁师驰援刘仁轨,下诏"发淄、青、莱、海之兵七千人"[20]。龙朔三年九月(663),唐军攻敌据点周留城,水陆夹击,在白江口一战中破敌,最终攻破百济与倭寇屯兵本部周留城。此役之后,扶余丰逃走,余众皆降[21]。

根据上述唐代史料记载,周留城之役发生在韩善行等人在龙朔三年六月"奉勅东征"的三个月之后。朱建路认为韩善行等人参与白江口之战[22],但是韩善行所在的南宫地区紧邻"淄、青",韩善行等人作为紧急发兵的"七千人"之一分子,"龙朔三年"参与对百济征战或参与"周留城"之役的可能性也是存在的。

调露元年(679)造像,台基阴刻方格字界,正面十九列,除第一列以为,其余十八列并未按照方格刻铭文;左侧面十八列;右侧面十六列;背面十八列。共识别384字(图四)。录文如下:

(正面)惟大唐调露元/年十月日大像主/宣勇师上柱国/韩善行队下五/十人等奉/勅东征敬造弥陀/像一躯并二菩萨上/为天皇天后下/为七世先亡

都维那/上骑都尉韩客仁维/那上□军王信政/上柱国张文遇轻车/张弘道维那上□军/赵孝恪上柱国贾/夫造骑都尉张祇达/□军张胡仁上柱国/潘行兴上柱国张仁/亮□军张黑仁/□(右侧面) 上骑都尉张弘怀/上柱国王师受上骑/都尉王金柱轻车/郑义深上□军崔/康师□军李子贡/轻车□玄携骑都/王仁员轻车张感仁/上柱国刘玄嗣□/军刘玄琰轻车瞿及/□轻车姚通德轻车王/元景轻车王德济/□军王文质柱国潘/行宽轻车李□仁/轻车□□果□/张□秀□□□/明轻车□天度□/(背面)□□□□□/轻车寻君武□/军苟玄贵□军/田师楷轻车宋/利轻车王道师轻车/张谨慎轻车候天□/德轻车李怀感□/轻车王玄友轻车□/王师文柱国王钦□/明轻车马小豹□□/轻车王汉贤□□/□军张仁智□□/轻车王习成□□/轻车王智臣□□/轻车王定方□□/轻车王立文轻□/王弘立轻车□□/轻车寻君□□/(左侧面) ……柱国王元礼/骑都寻师表/轻车马留生/轻车郑仁弘/轻车韩文经/轻车田弘昉/轻车李表仁/轻车廿阿孩/轻车张禄专/柱国王弘善/轻车张有道/

1. 调露元年韩善行造像

2. 座基正面铭文

3. 座基左侧面铭文

4. 座基背面铭文

5. 座基右侧面铭文

图四 调露元年韩善行造像

韩善行的第二次东伐目的地为何处呢?朱建路认为调露元年的行军依旧与百济有关,推测无文献记载的原因是政治变动导致的史书空白㉒。

在唐与"东"边的冲突性外交关系中,高丽也占据了一席之地。高丽长期欲占新罗,新罗素与唐交好,贞观十七年太宗派玄奘劝说盖苏文不要攻打新罗,盖苏文不以为然,太宗顾谓侍臣曰:"莫离支贼弑其主……夫出师吊伐,须有其名,因其弑君虐下,败之甚易也"㉓,于是贞观十九年(645),太宗派平壤道行军大总管张亮等领兵渡海至平壤,派辽东道行军大总管李勣等率兵陆路至辽东,两军汇合,太宗御驾亲征,攻至辽东,因后勤补给缺乏,未能推翻盖苏文政权,班师回朝。太宗并不甘心,贞观二十二年(648)想派大军继续讨伐高丽,未料含恨而终。

高宗李治继位后,多次兴兵高丽,均无功而返。"龙朔元年……夏五月,命……契苾何力为辽东道大总管……以伐高丽","(龙朔二年三月)苏定方破高丽于苇岛,又进攻平壤城,不克而还"㉕。龙朔三年高宗有意征伐高丽,此时李君球上书劝谏高宗,提出种种征伐高丽的弊病,然而高宗"书奏不纳"㉖。但史料尚未显示龙朔三年高宗对高丽发动过军事进攻,故无法判断韩善行等人龙朔三年东伐的军旅行动是否与攻打高丽有关。

虽然我们没有直接证据能推断韩善行的第二次东伐目的地是何处,韩善行一生在同一个寺院里留下两铺间隔十六年的题记,为我们管窥他的"东伐"军旅留下了线索。龙朔三年题记载,韩善行奉敕东伐时勋官"云骑尉",即《旧唐书》载"天下诸州差兵……选前勋官……节级擢补主帅以领之"㉗。题记曰"韩善行队下五十人等",说明其身份为统领五十士兵的"正"㉘。面对统治者的战争命令,令他们挂念的是"见亲之日不期",并"沐浴洗心终身皈敬",可见其心情之惴惴不安,发心之虔诚。

调露元年造像题记载,时隔十六年之后,韩善行勋官"上柱国"。据《新唐书》,唐代官制从品、爵、勋、阶四个方面区分官员等级和功劳大小。根据功勋和战功评定勋级,从上柱国、柱国到云骑尉、武骑尉等,自上而下有12个等级。评定相应的等级需要对应的战功,"凡十有二转为上柱国,视正二品……

二转为云骑尉,视正七品"㉙。也就是说,自龙朔三年(663)至调露元年(679)的十六年间,韩善行从云骑尉升至上柱国需要立下功勋至少"十转"。唐制曰"坚城苦战,功第一者,三转";而上阵杀敌,"出少击多,曰上阵……杀获十之四,曰上获……凡上阵上获五转";"破蛮、獠,上阵上获比两番降二转"。韩善行在参与第一次东伐之后,应该获得了一定的升迁,但他参与的战役肯定不止这一次。在调露元年造像题记里,发愿文言语中没有过多的心理表达和返家的期盼,而使用为"天皇天后"与"七世先亡"等格式化发愿用语,表达极简,可能是他已经习惯了战争的残酷吧。

**五、结语**

调露元年(679)韩善行第二次东伐之时,不仅有突厥反叛之乱,还正值吐蕃率大军来袭河西,大唐王朝腹背受敌。

《旧唐书》载:调露元年十月"(突厥)单于大都护府……奉职二部相率反叛……二十四州首领并叛"㉚。《新唐书·突厥传》载:贞观八年(年)东突厥国颉利可汗身亡,唐王朝接收了突厥战败者十万余人㉛。在彦博、李白药等人劝谏下,太宗将突厥残余部族收归㉜。调露元年十月突厥反叛后,高宗派萧嗣业等人征讨,被突厥打败,"兵士死者万余人"㉝,损失惨重。调露二年(680)三月,裴行俭带兵攻破突厥奉职部,平叛了突厥内乱。

同年,李敬玄屯军良非川(青海日月山附近)又遭遇惨败,百济黑齿常之"引精骑三千夜袭其军,斩首二千级,获羊马数万"。此役之后,黑齿常之正式拜为河源道经略大使,替代了李敬玄,担当起西北地区抗御吐蕃军队的重任长达七年之久㉞。同时,黑齿常之在抗击突厥的战争中也青史留名。《新唐书》载,垂拱二年(686)突厥复犯边塞,黑齿常之率兵追击,相遇于两井,常之以二百御敌三千。

但是,黑齿常之抵御突厥的"黄花堆"之战由胜转败㉟,可能是他厄运的开始。《新唐书》载黑齿常之于永昌元年(689)在狱中缢亡,南京博物院收藏了黑齿常之及其子黑齿俊的墓志铭拓片记载,黑齿常之卒年"春秋六十",推测黑齿常之出生于629年,即唐太宗贞观三年。那一年,征发岷江上游的李玄嗣可能已经整装待发,或者已经率军进入了岷江流域。陇西军阀后代李玄嗣,百济遗民将军黑齿常之,普通军人韩善行,因为存世的几则唐代佛教造像题记,在大唐王朝初期的征边战争中被勾连在一起,也算是古人对我们的恩赐吧!

　　致谢:本文在写作过程中得到河北省文物考古研究院张春长研究员、魏曙光先生,河北省邢台市博物馆多位工作人员的帮助,深表谢意!

注释:

①侯旭东:《佛陀相佑:造像记所见北朝民众信仰》,社会科学文献出版社,2018年。

②谷圆圆:《魏晋南北朝时期河北佛教造像题记整理与研究》,河北大学硕士学位论文,2016年;唐成良:《南北朝时期山东地区民间造像组织研究》,曲阜师范大学硕士学位论文,2014年;翟鑫:《隋唐与明清时期长江流域佛教造像愿文比较研究》,湖南大学硕士学位论文,2014年等。

③朱建路:《河北南宫后底阁村唐代佛教造像题记考释》,《中国国家博物馆馆刊》2017年第4期;郭晓涛:《河北后底阁遗址出土造像题记中所见唐东征史事考》,《唐都学刊》2016年第5期;杨洁:《南宫后底阁遗址出土唐代佛造像选介》,《文物鉴定与鉴赏》2015年第8期;魏曙光等:《河北南宫后底阁遗址发掘简报》,《文物》2012年第1期。

④于春、蔡青:《四川茂县点将台唐代佛教摩崖造像调查简报》,《文物》2006年第2期。

⑤[宋]欧阳修、宋祁等撰:《新唐书》卷九十一《李袭志传》,中华书局,1975年,第3789-3790页。

⑥张沛:《唐折冲府汇考》,三秦出版社,2003年;马春华:《唐代折冲府数目及分布研究》,中央民族大学硕士学位论文,2007年,第103页。

⑦[宋]欧阳修、宋祁等撰:《新唐书》卷二百一十六上《吐蕃传》,中华书局,1975年,第6073-6074页。

⑧[宋]司马光编:《资治通鉴》卷一百九十一《唐纪七》,中华书局,1956年,第5984-5993页。

⑨[后晋]刘昫等撰:《旧唐书》卷四十三《职官志》,中华书局,1975年,第5994-5999页。

⑩[后晋]刘昫等撰:《旧唐书》卷四十三《职官志》,中华书局,1975年,第6000-6003页。

⑪[宋]司马光编:《资治通鉴》卷一百九十三《唐纪九》,中华书局,1956年,第6047页。

⑫魏文斌、吴荭:《炳灵寺石窟的唐蕃关系史料》,《敦煌研究》2001年第1期。

⑬转引自魏文斌、吴荭:《炳灵寺石窟的唐蕃关系史料》,《敦煌研究》2001年第1期。

⑭[宋]欧阳修、宋祁等撰:《新唐书》卷一百一十《黑齿常之传》,中华书局,1975年,第4121页。

⑮[宋]欧阳修、宋祁等撰:《新唐书》卷一百一十《黑齿常之传》,中华书局,1975年,第4121页。

⑯"显庆五年,命左卫大将军苏定方统兵讨之,大破其国。虏义慈及太子隆、小王孝演、伪将五十八人等送于京师,上责而宥之。"《新唐书》卷二百一十六上《吐蕃传》,中华书局,1975年,第6073-6074页。

⑰连颖俊:《天龙山石窟艺术》,外文出版社,2012年,第420页。

⑱[后晋]刘昫等撰:《旧唐书》卷一百九十九上《东夷百济》,中华书局,1975年,第5331页。

⑲[后晋]刘昫等撰:《旧唐书》卷八十三《苏定方传》,中华书局,1975年,第2779页。

⑳[宋]欧阳修、宋祁等撰:《新唐书》卷二百一十六上《吐蕃传》,中华书局,1975年,第5332页。

㉑[宋]司马光编:《资治通鉴》卷第二百一《唐纪十七》,中华书局,1956年,第6336-6338页。

㉒朱建路:《河北南宫后底阁村唐代佛教造像题记考释》,《中国国家博物馆馆刊》,2017年第4期。

㉓朱建路:《河北南宫后底阁村唐代佛教造像题记考释》,《中国国家博物馆馆刊》2017年第4期。

㉔[后晋]刘昫等撰:《旧唐书》卷一百九十九上《东夷高丽》,中华书局,1975年,第5322页。

㉕[后晋]刘昫等撰:《旧唐书》卷四《高宗纪》,中华书局,1975年,第81页。

㉖[后晋]刘昫等撰:《旧唐书》卷一百八十五上《李君球传》,中华书局,1975年,第4789页。

㉗[后晋]刘昫等撰:《旧唐书》卷四十三《职官志》,中华书局,1975年,第1834页。

㉘"(士以)五十人为队,队有正。"《新唐书》卷五十《兵志》,中华书局,1975年,第1325页。

㉙[宋]欧阳修、宋祁等撰:《新唐书》卷四十六《百官

志》,中华书局,1975年,第1189页。

㉚[后晋]刘昫等撰:《旧唐书》卷五《高宗纪》,中华书局,1975年,第105页。

㉛[宋]欧阳修、宋祁等撰:《新唐书》卷二百一十五上《突厥传》,中华书局,1975年,第6042页。

㉜谭其骧:《中国历史地图集》,中国地图出版社,1982年,第32~33页。

㉝[后晋]刘昫等撰:《旧唐书》卷一百九十四上《突厥传》,中华书局,1975年,第5166页。

㉞[宋]欧阳修、宋祁等撰:《新唐书》卷一百一十《黑齿常之传》,中华书局,1975年,第4121页。

㉟[宋]欧阳修、宋祁等撰:《新唐书》卷一百一十《黑齿常之传》,中华书局,1975年,第4122页。

(作者单位:西北大学文化遗产学院)

# 傅斯年致刘半农信札识读与考略

◇ 刁文伟

**内容提要**：江阴市博物馆收藏的刘半农信札皆为民国时期的知识界名人写给刘半农的信件，其时间跨度为1930年至1934年之间。这批信札所涉及的名家众多，研究价值极高，是极其珍贵的民国史料。傅斯年致刘半农信札合计4通，本文识读信札的内容并结合史料研究，阐述两者之间不平凡的关系，从而还原刘半农晚年的部分工作经历和学术生活。

**关键词**：信札 傅斯年 刘半农

江阴市博物馆藏刘半农信札，是2003年由中国人民大学移交所得，这得益于刘氏后裔的无私奉献以及中国人民大学的宽阔胸襟。信札本身的经济价值是不言而喻的，更何况其研究价值与艺术价值！据刘半农之子刘育伦先生的回忆，这批信札能得以保全，历经诸多坎坷，而今展现在世人面前，确为万幸之万幸。由于这批信札过去从未公开，因此它为研究刘半农增添了新的史料。

**一、江阴博物馆藏刘半农信札概况**

经过整理研究，这批信札共计185通，其中与刘半农有关的计165通，20通另有出处。现整理出其中的141通信札，从中可以基本了解刘半农工作、生活圈子的概况。信的作者涵盖了当时中央的教育行政机构、科研院所、北平各高校的领导、教授，以及美术界、文博界、出版界、收藏界的顶尖人物，可谓群英荟萃：国民党元老吴稚晖、叶恭绰；教育部连续的三任部长李书华、朱家骅、王世杰；中央研究院院长蔡元培、干事许寿裳；其下属史语所所长傅斯年、气象研究所所长竺可桢；地质研究所所长翁文灏等。更多的是他的同事、同行以及学生，绝大部分都是当时已经成名的知识界精英，如胡适、陈寅恪、周作人、陈垣、钱玄同、顾颉刚、徐悲鸿、齐白石等，还有许多后起之秀，后成为本专业大师级的人物，如罗常培、魏建功、丁声树、孙楷弟等。当时的北平是中国教育界大腕荟萃之地，北大、清华、北师大、燕大、辅仁、中法大学等全国知名高校都集中于此，一些美术、音乐、戏曲等专科类高校也跻身其中。晚年的刘半农作为北京大学的研究教授，担任文史部的主任一职，兼任史语所的研究员、西北科学考察团中方的常务理事等数职。虽然他的专业是语音学，但他兴趣广泛，文学、音乐、戏曲、美术、摄影、考古、收藏无所不包，因而交游广泛，为工作、为爱好逐渐形成了如此庞大的社交圈子，应当说刘半农是当时北平甚至全国知识界有着较大影响力的人物，与知识界诸多知名人士保持着良好的工作往来和私人交情，其人脉关系极广。

## 二、傅斯年致刘半农信札

傅斯年致刘半农信札共计4通,现将之介绍如下:

### 1.信札的释读

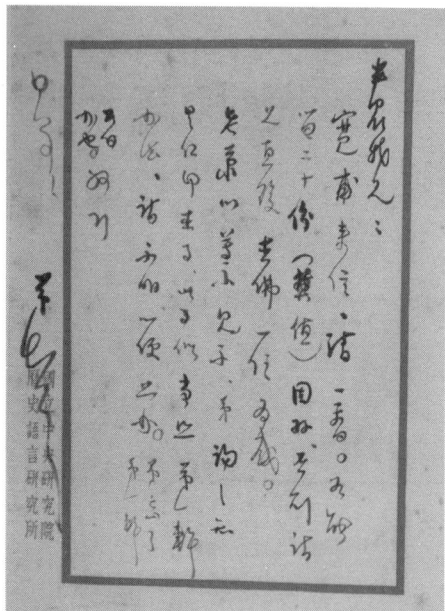

图一 编号:LXC——012

半农我兄:

宽甫来信,请一看。如能留二十份(契值)固好,否则请兄直复杏佛一信为感。老萧以尊示见示,弟询之知是何印杰事,此事似当照第一辑办法,请示明,以便照办。弟忘了第一辑如何办也。

敬颂

日安!

弟 斯年

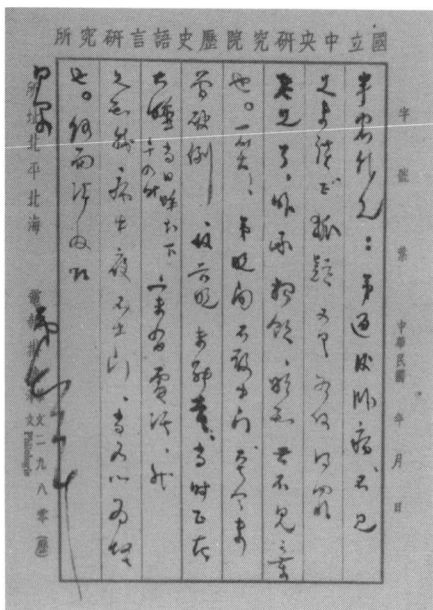

图二 编号:LXC——013

半农我兄:弟返后卧病,不见兄来谈,正狐疑又

是如何得罪老兄了,昨承招饮,始知君不见之奉也。一笑!弟晚间不敢出门,至今未曾破例,故前晚未能去,当时正在大睡当日睡到下亦未有电话,我午四时兄知我病中夜不出门,当不以为怪也。晤面谈,敬颂

日安!

弟 斯年

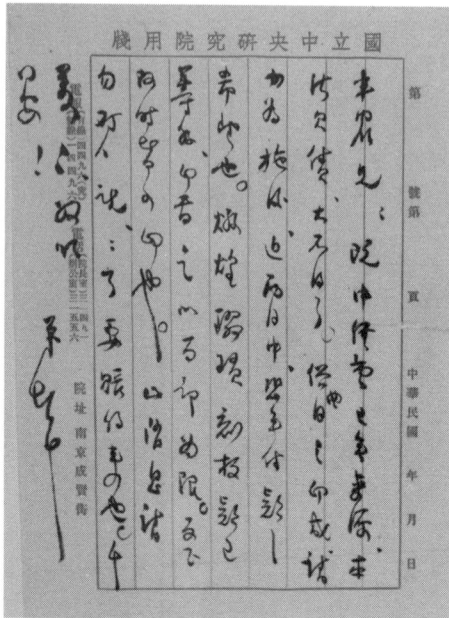

图三 编号:LXC——011

半农兄:既中经堂已无来源,本所欠债,大不得了。俗曲目之印成,请切为拖后,近两月中,恐无付款之希望也。敦煌掇琐刻校款已筹好,印书乞以百部为限。反正何时皆可印也。此消息请勿对人说,说了要账的来也。千万千万,敬颂

日安!

弟 斯年

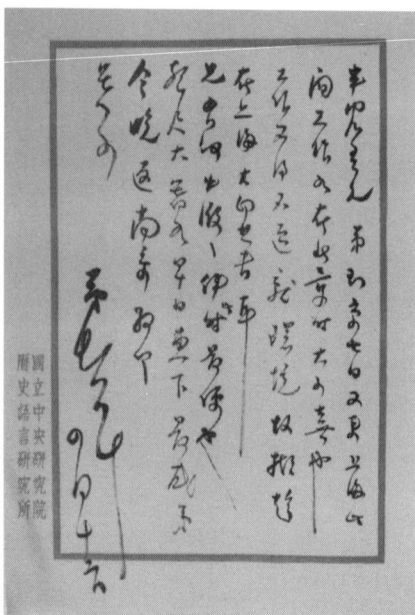

图四 编号:LXC——010

半农吾兄：弟到京七日，又来上海。此间工作如在北京时大可喜也。工作不得不迁就环境，故拟趁在上海大印其书耳。兄有何出版之件，此时最便也。声尺大著如早日惠下最感。弟今晚返南京。

敬叩

著安！　　　　　　　　弟　斯年

四月十二日

2.信札的考略

(1)信札的时间

四封信中有三封未署时间，也未见信封，但从信的内容分析主要是写于1932至1933年史语所由北平迁往上海前后的这段时间，也正是傅斯年奔波于北平、南京、上海之际。傅的信一向是最难辨识的，字迹太过潦草，语句也随意些，连刘半农都对傅的信颇有微词，并要求其端正写信的态度①。可以说识读的过程是有一定难度的，针对这四封信，有个别字难以把握，但应该不会影响到信的整体诠释。

(2)信札的内容

这四封信主要还是谈工作或是生活。

编号LXC—012：写于1932年的年中，其涉及到请刘能给中央研究院留二十套原价的西北科学考察团纪念邮票，故以此确定其写信的时间(图一)。1932年，中国西北科学考察团为了筹集考察经费，曾通过交通部发行了一套（四枚）纪念邮票，当时刘半农担任着西北科学考察团中方的常务理事，负责考察团内的具体事务。由于邮票发行的数量有限，加之邮票由科学考察团加价出售，其差价充作考察经费，故而市面上难以购买，许多人都想通过刘半农的关系获得原价的纪念邮票。作为中央研究院下属之史语所所长傅斯年，凭他与刘半农的关系来讨要这套邮票，应该是情理之中的事。傅斯年想要二十套，而且还要平价，不行的话，就请刘半农直接将原因告知于杨杏佛（时任中研院干事长)，从傅的语气来看，似乎有些把握，但其实这套邮票并非想象的那样容易得到，甚至刘半农自己也仅保留了一套（图五)。

图五　西北科学考察团纪念邮票(江阴市博物馆藏)

编号LXC—013：写于1932年至1933年间，所用信笺上史语所的地址是北平北海（图二)。从信中可以看到，傅在外回到北平家中以后，未能及时与刘半农见面，心中有些疑惑，甚至以为哪里得罪了他，当接到刘半农的信以后，就打消了顾虑，并婉拒了刘的晚宴邀请。信中傅的语气更多的是在解释，是为了避免刘的误解。

编号LXC—011写于1932年（图三)，使用的是中央研究院的信笺。在信中，傅斯年向刘半农抱怨出版经费所面临的窘境，也由此可知诸如此类国家级的学术机构也存在着经费短缺的状况，并且他还嘱咐刘半农要保守秘密，不然会引起集体讨债的麻烦。信中所提到的俗曲目是指史语所1932年5月出版的由刘半农和其学生李家瑞合编之《中国俗曲总目》一书，故而推断此信应写于1932年5月前后。信中还提到《敦煌掇琐》的出版经费已经落实，并向刘提出了先出版百部的建议。刘半农在留学法国期间，利用课余时间在法国巴黎国家图书馆抄录了许多敦煌史料。回国后，他将此分上、中、下三辑出版，信中提到的是1934年出版的中辑，分上、下两卷，下辑为其去世后，由史语所出版，也是傅斯年最终替刘半农完成了全部出版的心愿。敦煌文献有许多散落在国外，刘半农是最早搜集并整理出版境外收藏敦煌史料的中国学者之一，为敦煌学成为一门"显学"做出了应有的贡献（图六)。

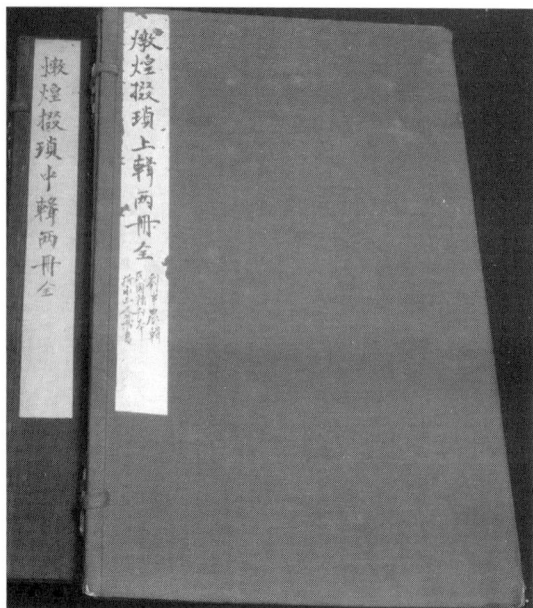

图六　刘半农编辑《敦煌掇琐》上、中辑
（江阴市博物馆藏）

编号 LXC—010，写信的时间为 1933 年 4 月 12 日，使用的是史语所的信笺（图四），此信是傅斯年在上海写给刘半农的，也是这四封信中唯一的一封可以确定写作时间的信件。此时的史语所刚刚搬到了上海，新的环境、新的面貌让傅斯年心情大好，因为可以做自己喜欢的事情——印书。其实印书是这些学术精英共同的爱好，研究、出版是他们最终的目标。故而傅开始向刘半农催稿，其中特别提到了"声尺大著"，"声尺大著"是指刘半农著《乙二声调推断尺》学术专著（图七），是 1934 年在上海由史语所出版。这是一部语音学方面的专业论著，其中详细的介绍了由他自己发明并不断改进后制作的语音实验仪器——乙二声调推断尺。其实刘半农在收到这封信时，这把推断尺还未最终定型，但傅却

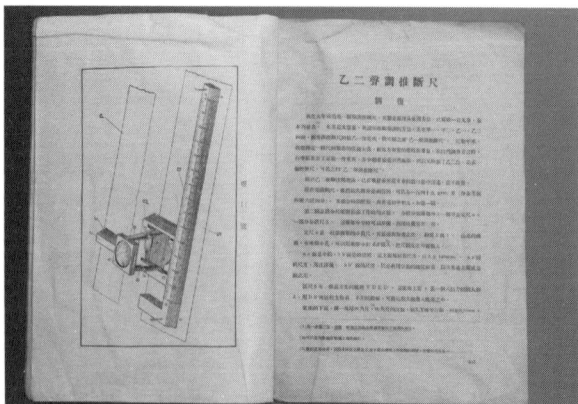

图七　刘复著《乙二声调推断尺》（江阴市博物馆藏）

似乎有些急不可耐了。中国语音学一代宗师魏建功先生称："先生（刘半农）于此一仪器发明上已足不朽"[②]（图八）。

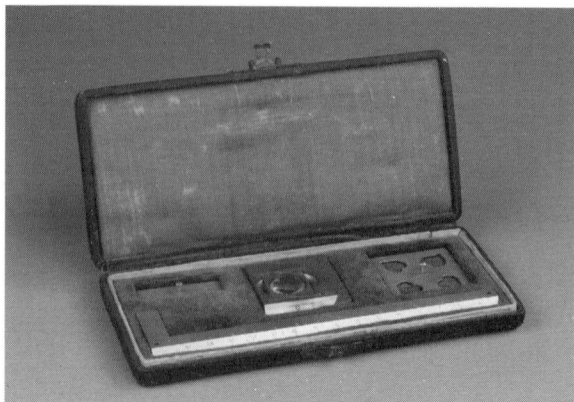

图八　刘半农制乙二声调推断尺（江阴市博物馆藏）

**三、相关研究**

从上述信的内容中可以看出，刘、傅之间的关系是非常融洽和友好的。

1. 求学与工作阶段

傅斯年（1896-1950），字孟真，山东聊城人。我国著名历史学家、古典文学研究专家、教育家、学术领导人。五四运动学生领袖之一、中央研究院历史语言研究所的创办者。

傅斯年小刘半农 5 岁，1913 年考入北京大学预科，1916 年升入本科国文门。刘半农则于 1917 年进入北大预科任教，因此两人交集就由此开始。就像胡适与傅斯年之间尚有师徒之名分，刘与傅最初也应当保持着这种关系。随着五四运动的深入，两人逐渐走近，接着两人又几乎同时赴英国留学，在国外求学期间，师徒关系转而更像是朋友关系了。

《傅斯年全集》[③]第七卷载有 1918 年至 1950 年间许多傅斯年的私人信件，从这些珍贵的史料中梳理出他与刘的关系是很客观和真实的，就像胡适是最了解刘半农的人一样，傅斯年也同样如此，甚至有过之，因为傅与刘不仅仅是朋友，更是知己！

1920 年傅斯年致信蔡元培，信中有："半农先生在伦敦，常相见。均好"。这点从刘半农《旅欧回忆录》[④]中同样可以看到（图九），两人相互鼓励，相互支持，患难中建立起来的感情才是最真实的，这种感情一直延续至 1934 年刘半农去世，甚至以后。刘

小惠在回忆录⑤中也是常提及她的父亲刘半农在欧洲留学期间的往事,从伦敦到巴黎到柏林,傅是他们家的常客,其实刘半农一直将傅当作小弟弟对待,而傅也从不拿自己当外人罢了。

图九　刘半农、傅斯年合照(江阴市博物馆藏)

留学归国后,傅斯年在中山大学任教,后筹建历史语言研究所。他在写给蔡元培的信中也多次提及刘半农⑥,想请他担任史语所的特邀研究员,并为此一直在做刘半农的思想工作,最终圆满解决,刘半农成为了史语所的兼任教授,从此他在史语所担任着民间文艺组主任一职,刘与傅开始进入同事关系阶段。陈寅恪为历史组主任,赵元任为语言组主任,李济为考古组主任,史语所如此豪华阵容,也由此确立了傅斯年作为学术领袖之地位。

傅斯年在中山大学创立的历史语言研究所,在蔡元培先生的鼓励和支持下,纳入到了中央研究院的序列当中。1929年春由广州迁北平 (北海静心斋),1933年4月,史语所自北平迁往上海曹家渡小万柳堂,1934年再由上海迁往南京钦天山北极阁史语所大厦,傅一直为此奔波谋划。这几封信也可以从侧面了解到当时这段艰辛的历程。《刘半农日记》⑦虽仅保存他最后半年的事迹,但研究价值极为珍贵,其中对傅斯年的记载值得寻味,日记中对傅的称谓有四:"傅孟真""孟真""老傅""傅大胖",而"傅大胖"出现的频率最高,没有任何人有如此多且如此"形象"的称谓出现在他的日记当中,不是知己,又该如何解释?

2.傅斯年对刘半农的怀念

仅将傅斯年1934年7月23日致胡适的信⑧来作解答:

适之先生:

闻半农之死,为之流涕者数次。以私论,此公为我之知己,十六七年好友矣;以公论,此为友人中最努力之一位,北大老教员中第一位不该死者。他独先死,想到我们打架时,不知弟之泣然也。

他死后的事:一、抚恤;二、捐赠;三、纪念。吾等公私皆欲竭力。抚恤事,大约所中可出三千元(如不格于功令)。赠事之大家商量。纪念事,拟在本院基金利息下为之,设一Scholar—ship,年约一千二百至一千五百光景,已得在君(丁文江)同意。此节之便告孟鏖先生(北大校长蒋梦麟)

手示一节,自当助成之,惟何位相宜,乞待斯年到平后面商(一周内北返),乞先勿向任何人说也。

敬颂著安!

学生　斯年　七月二十三日

刘半农去世时,胡适正担任着北京大学文学院的院长,作为刘半农的直接领导,应该是属于最了解他的人之一了,胡适对刘半农的评价可以总结为一句话——"一个'勤'字足盖百种短处"(《胡适日记》⑨);作为知己的傅斯年也同样可以用一句话来总结刘半农——"最努力之一位"。刘半农去世后,鲁迅很快就写就了《忆刘半农君》⑩一文,以纪念刘半农的英年早逝。客观的说该文对刘半农的评价还是相对中肯的,特别是他在五四新文化运动的那段时期。但有关刘半农晚年"不断的做打油诗,弄烂古文"从而"憎恶他的近几年"的论述,似乎值得再商榷。因为不断涌现的新史料,包括这批信札的出现,让我们看到了一位勤于学术,反日爱国的知识分子形象,更何况他还是一位殉职于学术之路的殉道者。

傅斯年对于刘半农,已经尽到了一个知己应尽的责任。在王汎森著《刘半农与史语所的"民间文艺组》⑪一文中有傅于1937年2月9日写给刘半农夫人朱惠的一封信,也就是在刘半农去世三年后,此时的傅还在竭尽全力的给予刘家帮助与关怀,或许能做到这点的也只有他了罢!

注释:

①王汎森:《刘半农与史语所的 "民间文艺组"》,载杜正胜、王汎森编,《新学术之路专著——中央研究

院历史语言研究所七十周年纪念文集》,台北"中央研究院历史语言研究所",1998年,第125-126页。

②魏建功:《故国立北京大学教授法国国家文学博士刘先生行状(节录)》,收录鲍晶编,《刘半农研究资料》,天津人民出版社,1985年,第19页。

③欧阳哲生主编:《傅斯年全集(第七卷)》,湖南教育出版社,2003年。

④刘半农:《旅欧回忆录》,《新文学史料》1991年第1期。

⑤刘小蕙:《父亲刘半农》,上海人民出版社,2000年,第33页

⑥欧阳哲生主编:《傅斯年全集(第七卷)》,湖南教育出版社,2003年。

⑦刘半农著、刘育敦整理:《刘半农日记(一九三四年一月至六月)》,《新文学史料》1991年1期。

⑧欧阳哲生主编:《傅斯年全集(第七卷)》,湖南教育出版社,2003年。

⑨胡适著、曹伯言整理:《胡适日记全编(六)》,安徽教育出版社,2001年。

⑩鲁迅:《且介亭杂文》,人民文学出版社,1973年,第54-57页。

⑪王汎森:《刘半农与史语所的"民间文艺组"》,载杜正胜、王汎森编,《新学术之路专著——中央研究院历史语言研究所七十周年纪念文集》,台北"中央研究院历史语言研究所",1998年,第130页。

(作者单位:江阴市博物馆)

# 汪廷儒《望湖草堂图》考述

◇ 程晓伟

**内容提要**：《望湖草堂图》是清代仪征籍书画家汪廷儒为甘泉人王开益的望湖草堂所绘画卷，其上有汪廷儒题款以及吴熙载等人题跋。本文通过对《望湖草堂图》及其题跋的初步考述，揭示了王开益与汪廷儒、吴熙载等诸友人交往的信息，为研究清代扬州北湖地区的人文历史及士人交游之风提供了新的资料。

**关键词**：汪廷儒 望湖草堂图 阮元 吴熙载 扬州北湖

浙江省长兴县博物馆收藏有一幅清代仪征籍书画家汪廷儒绘制的《望湖草堂图》，纸本设色，卷轴，纵长 81.5 厘米、横宽 35.5 厘米（图一）。其上有汪廷儒题款，另有高颂禾、吴熙载、唐沂、吴清鹏等人的题跋。此画涉及清代扬州地区重要历史人物，具有较高的史料研究价值。本文拟就《望湖草堂图》及其题跋进行初步考述。

## 一、汪廷儒与《望湖草堂图》

《望湖草堂图》画面由近及远观之，近处湖岸上杨柳数株，柳枝低垂，数间茅屋掩映其中。湖面水波荡漾，湖中小舟七只，舟上人物姿态各异，有的独坐，有的捕鱼，有的似是远行的旅人。彼岸近水处蒲草丛生，岸上杨柳成林，望湖草堂便筑于柳林之中。靠近湖岸的一处房屋内，透过窗户依稀可见成摞的书籍。画面更远处，柳树在雾霭里若隐若现，虚无缥缈。此画用笔沉着苍润，疏朗有致，气韵清新，描绘出一幅恬静安然之景。画面右上方有画家题款："望湖草堂图。十顷湖光碧，诗人寄此居。柳丝烟霭里，吟兴近何如。望三大兄大人属画并题，即乞两正，醇

卿弟汪廷儒。"钤白文印：廷儒之印（图二）。题诗与画意融为一体，亦相得益彰。

根据题款可知，《望湖草堂图》是汪廷儒应望湖草堂主人望三大兄所嘱而作，并题诗咏之。汪廷儒（1804–1852），字醇卿，又字莼青，江苏仪征人。道光二十四年（1844）进士，授编修。二十六年（1846），典试江西。辑纂《广陵思古内外编》，著有《延月轩古文钞》《知菜根味轩诗集》。其书法、绘画，用笔苍润，似董其昌、查士标。《清民两代金石书画史》载："书画皆法思翁，用笔沉着苍润，有时似查梅壑。"[①]《墨林今话》曰："书法董思翁，画亦如之。曾见其小景数帧。用笔沉着苍润，亦极似查梅壑云。"[②]《扬州画苑录》引汪鋆按："工书，善山水，极得香光用笔用墨之妙，皴减而有法，墨晕驳宕，一种书卷之气流露行间，尤长在册扇。"[③]清初因扬州徽商钟情乡梓文化、振济遗民画家，使得新安画家的作品在扬州颇有市场，包括查士标在内的大量新安画家长期流寓扬州，深刻影响了后来的扬州画派。有研究者将汪廷儒归为新安画派传人，查士标从人[④]。

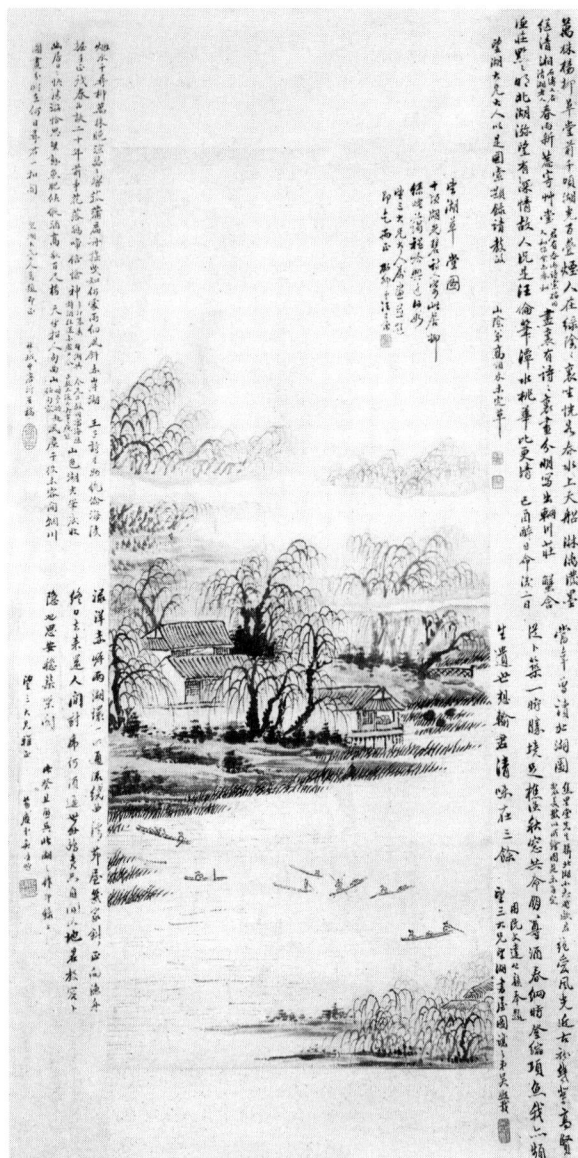

图一 《望湖草堂图》

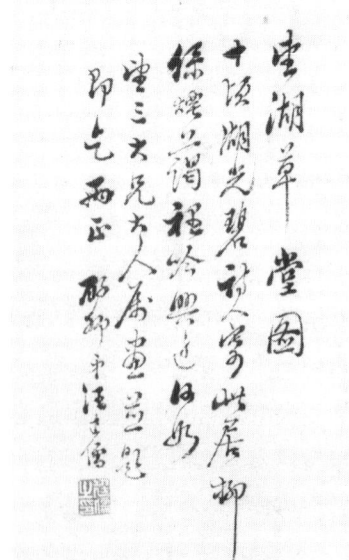

图二 汪廷儒题款

望湖草堂主人望三大兄,即王开益。王开益,号望湖,亦称望三,江苏甘泉人。附贡生。撰有《望湖随笔》《望湖杂录》《望湖诗钞》等。曾参与校补阮先所辑《北湖续志》《北湖续志补遗》。据王开益自记,望湖草堂位于北湖之赤岸湖野牛湾,初建于道光元年(1821),倾圮后于道光十四年(1834)重新修葺,为其读书、养息之所。"道光辛巳春,家君构草屋数间,环以柳、梅、松、竹,命益读书其中。未几倾圮。甲午冬,又从而修葺之,基址增高,拓径栽花,凿池成沼,夕阳帆影,摇曳湖光。……以其西枕碧流,万顷练铺,烟霞出没,皆可收诸一览之间,故颜之曰'望湖草堂'。"[5]由于汪廷儒题款未记作画日期,暂且结合望湖草堂落成时间(道光十四年)以及其他题跋所作时间(约道光末年至咸丰初年,详见下文),初步推测该画大致作于道光中后期。

**二、题跋考述**

《望湖草堂图》除汪廷儒题款外,在画幅两侧另有四处边题,分别是高颂禾、吴熙载、唐沂、吴清鹏的题跋。现按照从右往左、从上到下的顺序,逐一进行考述。

第一篇是高颂禾题跋,在图画右上方。"万株杨柳草堂前,千顷湖光百叠烟。人在绿阴阴里坐,恍如春水上天船。淋漓泼墨继清湘(石涛又名清湘老人),春雨新篇寄草堂(君有春雨诗索诸同人和作,余亦奉和)。画里有诗诗里画,分明写出辋川庄。蟹舍渔庄点点明,北湖濔望有深情。故人况是汪伦笔,潭水桃花比更清。己酉醉司命后二日,望湖大兄大人以是图索题,录请教政。山阴弟高颂禾未定草。"钤白文印:高颂禾印。钤朱文印:右诵。高颂禾,原名学淇,字稺仲,号茗卿,又号稿山、粟庵,浙江仁和人,一作山阴人(此题跋"山阴弟"可证)。工书法,亦能诗。官两淮吕四场大使。著有《暴麦亭集》。春雨诗索和之事,是为王开益曾邀请诸友唱和孙韶(莲水)名作《春雨诗》,后辑成《春雨诗唱和集》。醉司命,民间年终祭灶神的一种习俗。此题跋作于己酉年即道光二十九年(1849),诗中对望湖草堂如诗如画的景致风光赞誉有加,亦流露出对草堂主人的深厚友情。

第二篇是吴熙载题跋,在图画右下方。"当年曾读北湖图(焦里堂先生辑北湖小志时,欧君制美,数以所绘图见示商定),绝爱风光近古初。几辈高贤从卜筑,一时胜境足樵渔。秋窗共命朋尊酒,春网时登缩项鱼。我亦频生遗世想,输君清味在三馀。用阮文达公韵奉题望三大兄望湖书屋图,让之弟吴熙载。"钤白文印:吴熙载。吴熙载(1799-1870),原名廷飏,字熙载,号让之,亦作攘之,又号让翁、晚学居士、方竹丈人,江苏仪征人,诸生。擅书画,尤精篆刻。包世臣入室弟子,篆刻师邓石如,对清末印坛的影响很大。著有《通鉴地理今释》,其印谱《吴让之印存》《师慎轩印拾》等行世。诗中所记焦里堂,即焦循。焦循(1763-1820),字理堂,一字里堂,江苏甘泉人,嘉庆六年(1801)举人。以孝友笃行著,恬淡寡欲,不干仕禄。博闻强记,于经史、历算、声韵、训诂之学都有研究。著作甚丰,撰有《雕菰集》《易学三书》《孟子正义》等。欧阳锦,字制美,诸生。著有《西江吟草》《制美诗集》等。作为焦循同里,曾协助校录《北湖小志》,凡志前图说、方位,多为其参酌。

此篇题跋是吴熙载"用阮文达公韵奉题",推知阮文达公(即阮元)当有题诗在先。阮元(1764-1849),字伯元,号芸台,又号雷塘庵主,晚号怡性老人,江苏仪征人。乾隆五十四年(1789)进士,官历乾隆、嘉庆、道光三朝,晚年官拜体仁阁大学士,致仕后加官至太傅。谥号文达。其在经史、数学、天算、舆地、编纂、金石、校勘等方面多有建树,生平著述丰富,撰有《揅经室集》《十三经注疏校勘记》等。据《阮元年谱》记录,道光二十二年(1842),阮元以石涛《柳渔》小幅借装为《南万柳堂堤外渔庄图》,并题二律于其上。其中一首:"学画渔庄到七图,石涛图我未生初。偶然泼墨知何地,如此荒庄但可渔。君子其荐杨及柳,牧人乃梦众维鱼。婆娑老树饶生意,罨罨淼然百载余。"又载,阮元在道光二十七年(1847),复将此诗题于《望湖草堂图》。"汪醇卿翰林为王望湖写《望湖草堂图》,颇似余旧藏石涛小幅。余旧题曰:学画渔庄到七图……罨罨淼然百载余。牧人句,以毛诗对石鼓文,尝写为万柳堂楹联。望湖此堂与余万柳堂相近,景亦似此,望湖以此属题。丁未春二月,春柳正茂,心欲往焉。有事雷塘,不能往也,特跋数语以归之。"⑥王开益望湖草堂与阮元万柳堂相距

不远,同在赤岸湖畔,风景亦近,阮元心爱之,故将其旧题诗复题于望湖草堂。这首诗与吴熙载题诗韵字一致,应是吴诗所依原本。吴熙载既然称阮元为阮文达公,说明题跋时间在阮元过世以后,即道光二十九年(1849)之后。另查《吴让之年表》,吴熙载于咸丰三年(1853)为避兵乱流寓泰州,直至同治三年(1864)才返回扬州⑦。由此推测,吴熙载题跋或作于道光末年至咸丰初年间。

第三篇是唐沂题跋,在图画左上方。"烟水千寻柳万株,晚凉瑟瑟响菰蒲。扁舟摇曳知何处,雨细风斜赤岸湖。王子诗才妙绝伦,海陵握手正残春。为谈二十年前事,花落鹃啼倍怆神(辛卯暮春,望湖与令兄子骏同寓海陵,诗酒往还无虚日。今子骏不复见矣,言之黯然)。山色湖光笔底收,幽居日日快清游。恰思蟹熟鱼肥候,纵酒高歌百尺楼。天半招人句曲山(时予将赴任句容),风尘于役未容闲。辋川图画分明在,何日寻君一扣关。望湖大兄大人属题即正,楚城弟唐沂呈稿。"钤朱文印:春从天上来。唐沂,字楚城,举人,江苏甘泉人。咸丰年间曾任句容县教谕。辛卯年即道光十一年(1831)。海陵,泰州古称。子骏即王开益兄长王开业。王开业,字子骏,号宛人,廪生。卒于道光三十年(1850)。诗中提到"为谈二十年前事",说明题诗时间约在咸丰元年(1851)以后,或在其赴句容任之前。

第四篇是吴清鹏题跋,在图画左下方。"渌洋赤岸两湖环,一水通流绕曲湾。茆屋几家斜正向,渔舟终日去来还。人间豺虎何须避,世外鸥凫只自闲。此地若教容卜隐,也思安稳筑柴关。此癸丑避兵北湖之作,即录上。望三大兄雅正,笏庵弟吴清鹏。"钤白文印:臣清鹏印。吴清鹏,字程九,号西毂,又号笏庵,浙江钱塘人。嘉庆二十二年(1817)进士,官顺天府丞。解组后,主讲乐仪书院。晚年卜居公道桥,闭户著书。咸丰年卒。著有《笏庵诗钞》。此处癸丑年即咸丰三年(1853)。是年,太平天国起义军攻占扬州。此后,太平军和清军在扬州城反复较量,大批民众离开扬州城避难逃生。此题诗为吴清鹏躲避战乱寓居北湖时所作,诗意寄情于北湖风光。

《望湖草堂图》画家题诗和诸友题跋中,汪廷儒题诗见于《北湖续志卷三》望湖草堂条,吴熙载题诗

见于《北湖续志补遗卷一》望湖草堂条。高颂禾、唐沂、吴清鹏题跋未见，可补史缺。除此之外，《北湖续志》《北湖续志补遗》两书亦收录有仪征阮元、高邮宋茂初、蓬莱王绍复、甘泉林溥、仪征李允洵、仪征郭春藻等人题诗，如宋茂初："银河赤岸本相通，无限风光占此中"、王绍复："地近珠湖夜有光，荷花世界柳丝多"、林溥："湖波渺渺月溶溶，不意仙缘此地逢"等⑧，多为吟咏望湖草堂湖滨美景，或抒发感情之作。

### 三、结语

望湖草堂所在地赤岸湖属于通常所说的扬州北湖。北湖，不是一个单独的湖名，而是甘泉上河六湖统称，包括邵伯湖、黄子湖、赤岸湖、朱家湖、白茆湖、新城湖，六湖相通，没有明确界限。其地大致隶属明清扬州府江都县和甘泉县，在今扬州市邗江区北部。由于水域阻隔，北湖虽隶属扬州府，但仍属僻远之地。在政治动荡之时，北湖被视为避难之地，而在和平时期，则吸引了大批有隐逸志向的士人。乾隆、嘉庆之际，阮元、焦循等"扬州学派"代表性人物享誉海内，北湖地区也由此声誉鹊起，名震东南。北湖士风，注重交游聚会，歌咏诗赋，切磋学术，而精心建造的书斋居所、园亭别墅，则成为士人交游聚会之场所⑨。阮元的万柳堂、王开益的望湖草堂等就是昔日士人游宴之地的典型代表。如今，从《望湖草堂图》题跋中依稀可见文人墨客之间相互题咏奉和的场景，亦可窥当时北湖地区官宦名士交往聚会的风尚。

**注释：**

①龚方纬著、宗瑞冰整理：《清民两代金石书画史》(上)，凤凰出版社，2014年，第160页。

②[清]蒋宝龄撰、程青岳批注、李保民校点：《墨林今话》，上海古籍出版社，2015年，第430页。

③曾学文校注：《扬州著述录》，广陵书社，2011年，第118页。

④安徽博物院编：《新安画派》，文物出版社，2013年，第9—23页。

⑤[清]焦循著、[清]阮先辑、孙叶锋整理：《北湖小志·北湖续志·北湖续志补遗》，广陵书社，2017年，第204页。

⑥王章涛编著：《阮元年谱》，黄山书社，2003年，第978—979页、第1019页；[清]焦循著、[清]阮先辑、孙叶锋整理：《北湖小志·北湖续志·北湖续志补遗》，广陵书社，2017年，第143页、第204—205页。

⑦祝竹、朱天曙：《吴让之年表》，《扬州文化研究论丛》(第5辑)，广陵书社，2010年，第115—140页。

⑧[清]焦循著、[清]阮先辑、孙叶锋整理：《北湖小志·北湖续志·北湖续志补遗》，广陵书社，2017年，第151页、第205页。

⑨安介生：《明清扬州世族与景观环境之营建——以北湖地区为核心的考察》，《中国历史地理论丛》2013年第4期。

(作者单位：长兴县博物馆)

# 《贺若嵩墓志》考略

## ——兼议周隋之际贺若氏家族政治命运

◇ 安 育

**内容提要**：西安出土的《贺若嵩墓志》，记录了墓主贺若嵩历北周、隋两朝的任官情况，弥补了《周书》《隋书》《北史》贺若氏列传之空缺。通过出土墓志与史书文献二重证据的比较分析，以贺若嵩的任职经历为起点，历数贺若氏家族在北周、隋二朝任官变迁。周、隋统治者与该家族之间的微妙权力关系是此现象的直观反映。
**关键词**：贺若嵩墓志 隋代周 贺若氏家族

## 一、墓志详情

《贺若嵩墓志》现藏西安文物保护考古研究院，由陕西古籍整理办公室捶拓(图一)。志、盖呈方形，志边长 28 厘米，盖边长 23 厘米。盖文 3 行，满行 3 字，篆书"大隋上仪同贺若君铭"，志文 16 行，满行 17 字，共 272 字，楷书①。下录志文②：

大隋上/仪同贺/若君铭

大隋上仪同车骑将军北陆浑公墓誌

公讳嵩，字陀罗。曾祖伏连，安富公。承藉豪/雄，世传将相，从孝文卜居河洛，便为桑梓。/父统，属魏代两分，拥旆关右，去北芒而来/西华，仍为雍州长安人。周太祖雅相礼接，赠司空哀公。公即哀公第六子，少小聪令，/文武备通。保定元年起家都督，寻除周蕰/王府长史，领亲信大都督。俄迁江州千乘郡/守，又任司衛都上士。大象元年，授仪同。二/年，已公巴蜀有勳，授上仪同。开皇六年，任/车骑将军。十七年四月寝疾，未旬暴薨于/第，春秋五十八。以其年其月廿四日庚子权窆于长安县龍首乡。呜呼

哉，乃为铭/曰：

雲州之孙，司空之子，世不乏/贤。傅芳襲美。方局台鉉，忽迫崦嵫，千龜定卜，駟馬縈悲。泉扉一閉，魂氣何之。

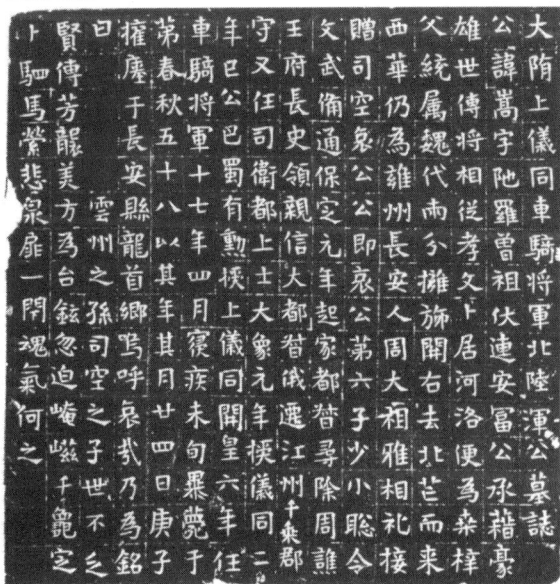

图一　隋《贺若嵩墓志》拓片

## 二、墓主身份

《贺若嵩墓志》显示，墓主贺若嵩是贺若统第六子，死于开皇十七年（597），时年 58 岁。据推断可知墓主生于大统六年（540），保定元年（561）即 22 岁时任都督。按《周书》卷五《武帝本纪上》，宇文泰第八子宇文俭于武帝建德三年（574）进爵为谯王，故贺若嵩应在 574 年前后任谯王府长史，其时 35 岁左右。不久之后贺若嵩担任了江州千乘郡守，对于志中"江州"一地，《疏证》一书引《隋书地理志》指出北周同一地名有两处，一在今四川，后废州置隆山郡，一在今湖北，隋改为津州。但根据后文"已公巴蜀有勋"可知，贺若嵩所任之地应为今四川彭山及仁寿县所在的江州。在任江州千乘郡守没多久之后，贺若嵩被调回京师任司卫都上士一职，相当于为东宫宿卫官员，贺若嵩此时应为 37 岁前后，宿卫之官的职务并没有使他进入中枢权力系统，此后他的仕途滞留于此而无大升迁。贺若嵩 40 岁时，即大象元年（579），授仪同，次年授上仪同，上仪同一职于大象元年罢，唯任总管、刺史及行兵者加持节，下置有长史、司马、司录、中郎、掾、属、参军等府僚。所以，北周末上仪同是具有军事性质、可以独立聘任属吏、执掌实权的官员，但由于贺若嵩本人非地方大员，故这可能只是象征性的勋职，至隋开皇元年（581）取消此职，不再设立。入隋之后的贺若嵩在开皇六年（586）被授车骑将军，隋袭周府兵制度，十二府所辖诸骠骑府或车骑府，分驻各地统领府兵，皆置车骑将军，正五品上。此时担任车骑将军的贺若嵩年值四十一，为正五品官。由《贺若嵩墓志》可知，至贺若嵩去世之时仍然担任车骑将军一职，十余年滞留在车骑将军一职未曾调动，可推测贺若嵩入隋以后并没有显著的政绩功勋，这也许是前述三史没有为其列传的原因。

纵观贺若嵩一生，从 20 岁任都督至死前任正五品的车骑将军，其始终是较低等级的武职，并没有能够参与地方或中央的决策层。这种遭遇除了个人能力有限外，很大程度上也与其东魏旧臣身份有关，尽管在战事频仍的后三国时代，本身具有胡族血统的贺若氏更应该因军功而升迁无阻，但其父为东魏降臣，其兄在周因忤逆谤议坐诛，身为贺若氏

家族的他不可能不受到牵连。值得注意的是，贺若嵩在江州任上为期太短就被召回担任东宫宿卫，这对贺若嵩来说意味着今后仕途命运滑坡的开始，因为江州位于南梁与北周交界的前线，权责重而升迁快，对于 30 多岁的贺若嵩是建立功勋的绝佳机会，但他任期只有短短一两年时间，从时间先后顺序来看，这应与其兄贺若敦治罪下狱一事不无干系。而贺若嵩被召入京后便一直担任较低等级的下层武职，只是间或授予其无实权的勋职，这很有可能是宇文护出于防范贺若氏而实施的一种变相监控和打压。

## 三、史书所见其他家族成员

贺若嵩的仕途仿佛是其家族命运在政权迭代之际的缩影。其兄长贺若敦随父贺若统降西魏，仕北周朝。在独孤信被围于洛阳时，贺若敦"弯三石弓，箭不虚发"，被授都督，封安陵县伯。后迁太子庶子，从四品上。废帝二年，拜右卫将军，不久迁骠骑大将军、开府仪同三司，进爵广乡县公。后攻破据南梁州的巴西人谯淹，封为金州都督，保定五年，迁中州刺史。期间因为与陈将侯瑱在湘州决战时"全军而反"，但宇文护认为贺若敦失地无功，将之免职为民，虽然保定二年复出继而任金州总管、七州诸军事、金州刺史。但这次起用贺若敦很大程度上出于为平齐之战筹措军事将领、稳定人心的考虑，可见贺若敦在宇文护眼中不过扮演了对北齐、南梁战事出力的角色，而对于降臣的猜忌也使得贺若敦在甫建战绩之后不久即面临被贬斥和赐死的结局：贺若敦在保定五年中州刺史任上，"顾其流辈皆为大将军，敦独未得，兼以湘州之役，全军而反，翻被除名，每出怨言"，因此最终被宇文护赐死。《周书》《北史》称贺若敦"方正有志度"③，如果不是因为政治上的猜忌与刻意打压，宇文护是不大可能因为一介武职的牢骚之辞动辄斥死。

回顾史书，贺若氏家族于宇文泰在位时期投奔西魏。贺若统受到宇文泰的接见，即使未曾重用贺若氏家族也给予其一定爵位特权以示优待。虽然在文帝宇文泰时期贺若敦的仕途升迁很快，但其升迁大多是因一些普通战功而得的，如勋职和无法长期发展权力的职务，如平定地方寇盗、狩猎表现突出

受到文帝赞赏等,因为这些所授予的官职在日后实际的军政授任中往往不具有太大的竞争优势,宇文泰毕竟是一代豪雄,对于故旧之子也给予了一定情义上的关照,其在位时使贺若敦迁任太子庶子即是一例,该职虽无实际权力但仍然为东宫要职,从四品上,在新皇帝即位后很容易获得近侍的特权,这与宇文护当权时的态度迥然不同。在废帝时期,宇文护掌权带给贺若氏家族的是严厉的政治打压,贺若敦被任为右卫将军,该职虽为从三品却也基本上丧失了日后进入中枢权力系统的机会。至被赐死之际他仍然只是随战事需要而被随时弃用的博弈工具。

与其兄不同,贺若敦之弟贺若谊因为平齐之役与政权迭代之际支持新政权从而经历了与其兄完全不同的政治命运。贺若谊初使柔然,说使之与周交好,为文帝宇文泰赞许。不久任车骑大将军、仪同三司、略阳公府长史,闵帝时任灵、邵二州刺史,原、信二州总管,虽然总管为地方军政实权掌握者,但因贺若敦之事牵连而被免职。在武帝宇文邕在位时期又重新起用,任熊州刺史,熊州为周齐争战的前线,这给贺若谊提供了绝佳的锻炼机会,在后来周齐之战中,贺若谊攻据洛阳、擒齐范阳王高绍义,因功授洛州刺史、进位大将军。贺若谊的仕途命运显然与其兄贺若敦大不侔,这与武帝时期对北齐的战略进取姿态密不可分,武帝宇文邕在位期间平灭北齐,因而其对原山东旧将的起用远多于前朝,贺若谊从平职起用显然就是这一军事需要的结果。同时,随着贺若氏家族在北周两代定居,北周朝廷对贺若氏的猜忌也逐渐变淡。在另一方面,如杨翠微指出,"宣帝更进一步集权于宫禁,对宇文氏宗室猜忌和打击,信任身边的近臣。宇文氏在加强中央集权的过程中,起用文化水平较高的关陇、河东汉人及北齐降臣参与政治决策,以此对抗和抑制功臣集团的权势"④。以上原因共同促成了贺若谊授大将军这样掌握实际军政大权的三品官阶。但实际上,贺若谊本人亲近杨坚一派也许是他仕途顺达更为主要的原因,"高祖为丞相,拜亳州总管,驰驿之部。西遏司马消难,东拒尉迥"。这是政治博弈中常见的利益共谋,杨坚欲篡权必须笼络这些本朝的边缘人

物,而贺若谊本身既不是皇室宗族,在本朝又无任何政治后台,若想改变自己在北周朝作为降将之子的身份,转而成为新朝的开国功臣,就极可能向杨坚这样新兴政治团体靠拢。贺若谊在入隋后,先任为右武候将军,北征突厥后转为左武候大将军,拜华州刺史,俄转敷州刺史复转泾州刺史,因突厥屡为边患,又拜灵州刺史。尽管开皇三年罢郡,以州统县,刺史名存实亡,但《隋书》并未记载贺若谊拜刺史具体年份,而且入隋后贺若谊所任刺史治所尽在长安京畿周边各州,华州是长安东部的重要出口,泾、灵二州是长安西部首当其冲的军事重镇,《读史方舆纪要》称泾州"外阻河朔,内当陇口,襟带秦、凉,拥卫畿辅,关中安定,系于此也",正是因为贺若谊为隋文帝所信任与及其"素有威名",杨隋政权才委以长安周边各州刺史的重任。贺若谊在任期间军功卓著,以致突厥不敢来犯,后乞骸骨,享寿七十七。

平陈名将贺若弼因时代较其父辈晚,故其降臣之子的身份特征并不明显,且其成长于北周武帝时期,处于北周政治的上升期,且于隋代周之际并未有立场的失误,反而因其叔贺若谊的投效之功倍受恩泽,因此受到的政治倾轧比其父叔辈更少。与此同时,因其材优干济,受命戍镇江淮地区,受到隋文帝的恩遇,尽管后期恃功自大,多出怨言,文帝"亦忌之,不复任使,然每宴赐,遇之甚厚"。至于隋炀帝时期因言被杀,则属于杨隋政权内部的矛盾。

### 四、小结

纵观贺若氏三代人的政治命运,其于北周是降臣,于隋是功勋,贺若嵩保定元年(561)起于都督,正值宇文护当权,其兄贺若敦保定五年(565)被诛,他也因而受到牵连。宇文护天和七年(572)被宇文邕诛除,他才于574年任谯王府长史,其兄贺若谊也几乎是同一时期被起用为熊州刺史,这种任命方式是武帝肃清内部之后稳定朝政的必然之举,也是动员一切平齐力量的客观需要。就墓主贺若嵩来说,任期很短的江州千乘郡守期间是他寡淡的为官生涯中少有的上升期,但不久之后被召回京中授予闲职,包括后来授予名高权微的勋职,勋职的授受本身虽是出于防范抵触、稳定人心的需要,但此时

宇文护已死,北周正筹划平齐的战争,一方面刻意打压已无需要,另一方面与其兄贺若谊在此期间战功显著也有间接关系。由于史料局限,我们无法得知开皇初年贺若嵩的任职情况,以及为何直到开皇六年才赐车骑将军一职,假设开皇初年仍然沿用北周的职官体系,到开皇六年担任车骑将军本身已是不小的升迁,这或许是隋文帝对贺若氏家族成员的酬劳。另外,开皇九年大举伐陈,此前封官作为隋文帝稳定内部的手段也是常理之中。

总体来看,贺若氏家族在北周一朝所遭遇的政治不信任因为贺若谊对杨坚代周的支持态度而转变。这不仅是新政权给立国勋贵的恩荫,更是由于贺若氏家族主动的政治选择。在北周一朝感受到降臣身份带来的猜忌和打压,即使在武帝朝经历短暂的起色也随着宇文邕的短寿而告终结。降臣身份转化为开国功勋,选择与新政权合作,因此贺若谊、贺若弼叔侄两人在隋的境遇远远胜于北周。贺若弼能有机会成为与韩擒虎、杨素齐名的平陈名将,与贺若谊在朝政迭代之际的投效密切相关,而贺若嵩能安于四品职官十余年,虽无升迁,但也得以善终,这意味着贺若氏家族终于在杨隋一朝彻底完成政治身份的转变。

注释:

①孟庆恒:《贺若嵩墓志书法艺术浅析》,《名家名作》2019 年第 3 期,第 94 页。

②罗欣、叶炜:《新出魏晋南北朝墓志疏证》,中华书局,2010 年,第 432 页。

③[唐]令狐德棻等:《周书》卷 28《列传第二十》,中华书局,1959 年,第 73 页。

④杨翠微:《论杨坚代周建隋》,《齐鲁学刊》1998 年第 3 期,第 3—5 页。

**(作者单位:江西师范大学历史文化与旅游学院)**

# 清代洪亮吉墓志铭考证 *

◇ 吴冬冬

**内容提要**：洪亮吉是清代著名学者，在当时和后世颇具名望。墓志档案记载了洪氏家族世系、仕宦沉浮与学术事功，涉及洪亮吉进谏戍边、白莲教起义等重大历史事件，对于研究清代政治具有参考价值。洪亮吉为清代多产学者，其诗文、方志、考据、人口论都在清代学术思想史上占有重要地位。墓志撰书人出自清代名家之手，与传世文献相互印证，反映了清代江南文人交往实态，对于研究清代社会文化、江南地区望族，具有重要的史料价值。

**关键词**：清代　洪亮吉　家世　仕宦　学术

常州市文物保护管理中心珍藏洪亮吉墓志拓片档案 2 纸①，记载了洪亮吉家族世系、宦海沉浮、学术成就等内容，且墓志撰书人均为清代文化名家，具有重要的学术研究价值。洪亮吉，初名莲，又名礼吉，字君直，一字稚存，号北江，晚号更生居士，江苏阳湖人。洪亮吉六岁丧父，家贫寄居外家，早年教馆、游幕养亲，乾隆五十五年进士及第，授翰林院编修，五十七年出任贵州学政，嘉庆四年上书进谏，免死发配伊犁，后遇赦返里，自此遍游东南，著书立说，终老于家。

**一、墓志释读**

洪亮吉墓志拓片 2 纸，志盖拓片长、宽各 61.5 厘米，志文拓片长、宽各 62 厘米。志盖篆书，5 行，内容为："皇清诰授/奉直大夫/翰林院编/修加三级/洪君墓志"（图一）。志文小楷，30 行，满行 34 字，共 950 字（图二），文字释读如下：

皇清诰授奉直大夫翰林院编修加三级洪君墓

图一　志盖拓本

志铭/

武进赵怀玉撰　钱唐梁同书书　阳湖孙星衍篆盖/

* 本文是常州青果巷历史文化研究院青果文丛资助项目"常州碑刻整理与研究"（QGWC2017-15）成果之一。

图二　志文拓本

　　君姓洪氏，讳亮吉，字君直，一字稚存。曾祖璟，山西大同知府；祖公寀，考授直隶州州同，赠/承德郎，祖妣赵氏，怀玉之王姑也；考翘，国子监生，赠奉直大夫，妣蒋氏。先世居歙县，承德/赘于赵，始为阳湖人。君生六岁而孤，家贫就外家塾读书，聪颖出诸同学上，年二十四补/县学生。朱学士筠视安徽学，往从之游，所交多知名士。始君擅词章，至是乃兼治经。以乾/隆甲午副榜贡生，举庚子顺天乡试，庚戌成进士，殿试一甲第二人，授翰林院编修。明/年为石经收掌及详覆官，以旧书十三经多伪俗，白总裁欲更正之，未能从也。旋充壬子/顺天乡试同考官，督学贵州。奏请以《礼记》郑康成注，易陈澔，为部议所格。教士敦励实学，/购经史足本及《文选》《通典》等书，俾诸生诵习，所识拔者多掇科第。去，黔人争知好古。/还朝充咸安宫官学总裁，入直上书房，侍皇曾孙奕纪读书。弟霭吉卒于家，引疾归。/高宗纯皇帝升遐，赴都哭临，充实录馆纂修官教习庶吉士。时川陕贼未靖，/上宵旰焦劳，君目击情状，欲有献替，顾翰林例不奏事，于是上书成亲王及座主朱尚/书珪、刘尚书权之，冀其转奏。大指谓圣躬宜勤政远佞，臣工多奔竞营私。语过激，有/旨交军机大臣与刑部会鞫谳上，当君大不敬，拟斩立决。特恩免死，发往伊犁，交将/军保宁管束。当会鞫时，予省之都虞司，次日省之刑部狱，第三日追送广宁门外，虽

勉以/正谊而生死未卜，泣不能忍。君则辞意慷慨，无可怜之色。未抵戍所，将军奏：该员如蹈故/辙，当以事置之法。有旨，申饬以免。庚申四月京师旱，/上亲书谕旨释令回籍，旋得甘雨。御制得雨敬述诗纪事，有将原书装潢成卷，常置/座右以作良规之注。计居伊犁甫及百日，新疆汉员赐还之速，未有如君者。自此傲/游山水者十年，卒得告终家巷。国家所以成就而安全之者，可谓至矣。君既归，自号/更生居士。丁卯吾乡岁祲，首请当事设局赈济，而自捐金为倡，主其事颇力，乡人赖以就/苏。君笃于伦谊，志行卓然，然明好恶、别是非无所回护，议论激昂伉爽，有古直者之风。诗/文涉笔有奇气，举世称之。生平所著书凡二百六十余卷，训诂、地里尤所专门云。嘉庆十/四年五月十二日卒，春秋六十有四；配蒋氏，前卒。子五人：饴孙，嘉庆戊午举人，议叙知县；/盼孙，殇；符孙，国子监生；胙孙、齮孙。女二人，孙四人。以是年十二月己酉葬武进县德泽乡/前桥之原。饴孙等来乞铭，予既与君中表，又数十年丽泽之雅，周知始终，无以辞也。铭曰：/君之制行，惟孝友，爱及宗姻，如身与手。君之致身，在忠谠，主圣臣直，令终高朗。君之/力学，经为基，六书指掌，九域列眉；君之行文，古是则，环玮连犿，飙驰电激。嗟乎！洪君家邦/之华，年甫协乎卦气，遽托体乎山阿。谓予言为可信，庶识石而弗磨。　　　　毛渐逵印

## 二、洪家世系

　　洪氏祖籍徽州歙县洪源，墓志追述了洪亮吉历代家世。洪氏始祖洪经纶，唐天宝六年进士，历官谏议大夫、宣歙观察使；八世从祖洪远，明成化十四年进士，官至南京工部尚书，谥号恭靖[2]，《明史稿》记载洪远"言事不避权贵""服官素廉，谨习政事"[3]。高祖洪宗彝，赠中宪大夫、山西大同府知府。

　　曾祖洪璟，字昆霞，江南歙县拔贡。康熙戊寅贡于京师，己卯被选八旗教习，丙午授交城令，其后牧霍州，官至大同知府[4]。交城县任上，洪璟"慈祥清察，勤政爱民，继赵吉士之治，修邑治，兴学校，敬重士林，孜孜不倦，有百废俱兴之致，交人感之。至今□□诸寺，设位以祀，与赵并重焉"[5]。大同府任上，洪璟有德政，曾入名宦祠。洪亮吉曾有诗赞颂曾祖父："十载并州政声起，穷边民富家如洗。"[6]洪家在

歙县不失为"百年古歙称高门"。洪璟死后葬于歙县祖茔,洪亮吉有诗云"我寻先世垄,人指大同阡"⑦。洪璟有子十一,众子散占他籍。

祖洪宷,字封旅,洪璟仲子,考授直隶州州同,赠承德郎。因洪璟与武进赵熊诏交谊甚笃,两家结为姻亲,康熙甲申"践婚姻之约",洪宷入赘赵家,始为阳湖人。"妣赵氏,武进翰林院修撰熊诏女也。"⑧洪家故素封,家道中落自洪宷始,志书载他"以好义破其家"。先是洪璟大同任内,修缮城垣,被诬亏欠,"上官用私憾,劾公(洪璟)去,且诬公侵国计十万余。檄下阳湖县追逋。时大同公卒,有子十一人,皆惶骇不知所为。丰旅公慷慨出曰:'父官山西,某在侧,知状,遂鬻私产偿公逋,家中落。'"⑨康熙五十四年,赵凤诏贪墨案发,洪家再受牵连,"事急寄孤于公宷,为怨家所告,并籍其家,公宷弗置辨,卒保全赵氏孤"⑩。"外姻株累""尝大同城工核减帑项"⑪,致使洪家陷入"儌陋室,日不能一食"的破产境地。洪宷有子五人,长翰,夭;次翘,亮吉父;次翔、次翾,皆卒;次翱。

考洪翘,国子监生,赠奉直大夫,洪宷仲子,倜傥有志,不善治生,有义行。家贫,挟策走四方,资束脩自给,"公宷以尚义破其家,翘走四方,赀束脩以给,而勇于为义,与父同"⑫。有故人欠金三千,奉旅公命讨债,故人抵赖,洪翘竟取异时逋券,悉焚之。弟洪翱聪慧有志于学,"父以贫令辍业从贾人游",洪翘"质衣,携翱入里塾,日市饼饵,给食数月,丰旅公始知之,俾卒业,后为县学生,有文名"⑬。乾隆十六年,洪翘疾卒,年三十有六。因贫不能葬,寄柩天宁寺,远近聚哭者百余人,皆曰:"于我有恩"。妻蒋氏,洪亮吉母亲,云南嶍峨知县蒋斅淳女。洪翘有子二人,长礼吉,次霭吉。女三人,芮官桂、汪德渭、史桂其婿也。

洪亮吉生于没落的官宦之家,三岁识字,四岁跟随叔父洪翱读《四书》。六岁而孤,与母亲蒋氏寄居外家读私塾,早年生活备尝艰辛,母亲、诸姐纺绩做活,赚取洪亮吉读书塾银,"诸姐遂太安人作苦,终岁不下楼"。洪亮吉成名后,为纪念母亲养育,绘《机声灯影图》《寒檠永慕图》,延请友人题诗。18岁染疾,延及全家,祖母赵氏、祖父封旅公相继病故,

无力安葬,直到26岁,依靠微薄的束脩方安葬祖母、父亲、叔父母于城北前桥。配蒋氏,舅蒋实君之女。有子五人:饴孙,字孟慈,洪亮吉长子,嘉庆戊午举人,议叙湖北东湖知县,在任有惠政⑬;盼孙,殇;符孙,字幼怀,国子监生,精研史学,著有《齐云山人文集》⑮;胙孙。麟孙,又名蕙方,字子龄,洪亮吉幼子,道光十九年举人,广东知县,少孤刻苦自励,精研史学,著有《补梁疆域志》八卷⑯。女二人,孙四人。

### 三、史实记载

#### 1.仕宦沉浮

墓志记载了洪亮吉的宦海生涯,详细叙述了洪亮吉因言获罪的始末。乾隆五十五年恩科,洪亮吉中一甲第二名榜眼,授翰林院编修,五十七年擢为贵州学政,倡导"实学",教育士子诵习经史,读《文选》《通典》等书,以通经学古为先"所识拔者多掇科第"。离任之际"黔人争知好古"。嘉庆元年充任咸安宫总裁。咸安宫学是雍正时为八旗包衣而设立的专门学校。随着八旗贵族的腐朽,乾隆末年八旗包衣教育废弛,咸安宫学沦为装点门面的清闲差使。嘉庆二年委派上书房行走,教授皇孙奕纯读书,差使更为清闲。

嘉庆初年爆发了川楚白莲教起义,沉重打击了清朝封建统治。为挽救统治危机,嘉庆亲政之初即以"求言为急务",下诏广开言路:"凡九卿科道有奏事之责者,于用人行政一切事宜,皆得封章密奏,俾民隐得以上闻,庶事不致失策。诸臣务须宅心虚公,将用人行政,兴利除弊,有裨实政者,各抒诚悃,据实敷陈。佐朕不逮,用副集思广益至意。"⑰洪亮吉官虽居翰林,无上奏言事之责,但目击时事,每闻川楚战况,感叹焦劳或至中宵不寐。出于对清王朝的忠诚,洪亮吉走上了投书进谏之路。八月二十四日,洪亮吉"自以曾蒙恩遇,不当知而不言,因反复极陈时政数千言,上书成亲王及吏部尚书朱珪,左都御史刘公权之,冀其转达圣听"⑱。二十五日,成亲王将洪亮吉投书进呈皇帝,"大指谓圣躬宜勤政远佞,臣工多奔竞营私",内有"宵小荧惑,视朝稍晏"等语,言辞激烈,触怒了嘉庆皇帝,下旨革职,投入南监。二十六日,军机大臣会同刑部审讯,按照大不敬

律,拟斩立决。"乃洪亮吉辄作私书,呈递成亲王处,并称有分致朱珪、刘权之二书,……若洪亮吉以此等语言,手疏陈奏即荒诞有甚于此者,朕必不加之罪责,更当加以自省,引为良规。今以无稽之言,向各处投札,是诚何心?"⑲封建统治者因洪亮吉违例言事,被治以重罪。皇帝杀文士有污声誉,洪亮吉反倒"窃取直名",因此洪亮吉"著从宽免死,发往伊犁,交与将军保宁严行管束。"嘉庆四年八月二十七日离京,嘉庆五年二月初十达到伊犁;闰四月初三日谕旨赦免,二十七日谕旨到达伊犁,九月二十七日返里。墓志云"计居伊犁甫及百日,新疆汉员赐还之速,未有如君者。"嘉庆五年上谕云"洪亮吉所论,实足启沃朕心,故置诸座右,时常观览"。即墓志云:"将原书装潢成卷,常置座右以作良规之注。"可见洪亮吉投书进谏完全是出于对朝廷的一片赤诚。

2.学术成就

洪亮吉以进谏获罪,是其人生的重大转折。经历了这场生死劫难,洪亮吉遂自号"天山戍客""更生居士",自此著书讲学、诗文唱和,漫游东南数十年,直至去世。洪亮吉是一位多产学者,墓志云"诗文涉笔有奇气,举世称之。生平所著书凡二百六十余卷,训诂、地里尤所颛门"。洪亮吉诗文俱佳,常与孙星衍切磋学问,很有见地,人称"孙、洪";也与黄景仁赋诗唱和,人称"洪黄"。著有诗集《卷施阁诗》二十卷、《更生斋诗集》八卷、《更生斋诗续集》十卷、《更生斋诗余》二卷、《附鲔轩诗集》八卷、《北江诗话》六卷、《拟两晋南北朝史乐府》二卷、《附鲔轩外集唐宋小乐府》一卷;文集《卷施阁文集》二十一卷、《更生斋文集》十卷。洪亮吉也是一位考据学家、地理学家、方志学家,洪亮吉潜心研究经史,考据词章,著述颇丰。经学考据著作有《汉魏音》四卷、《公羊榖梁古义》二卷、《左传诂》二十卷、《尔雅》十二卷、《六书转注录》八卷。地理学著作有《三国疆域志》二卷、《东晋疆域志》《十六国疆域志》《乾隆府厅州县图志》五十卷、《贵州水道考》。尤精心于方志编撰,所编方志包括《澄城县志》《泾县志》《淳化县志》《宁国府志》等。

同时,洪亮吉也是一位具有远见卓识的人口学者,著有《意言》二十篇,其中《治平篇》《生计篇》对我国古代人口问题进行了剖析。在"康乾盛世"的光环下,洪亮吉敏锐地观察到人口的剧增与粮食产量的现实矛盾,分析了人口过剩而产生的贫困问题,并提出解决之策,与同时期英国学者马尔萨斯的《人口原理》观点别无二致,在我国人口思想史上占有重要地位。

**四、撰书人考证**

洪亮吉墓志由赵怀玉撰文,孙星衍篆盖,梁同书书丹,毛渐逵钩刻上石,均为当世名家。洪亮吉与赵怀玉、孙星衍同里,幼年相识,青年即订交,均跻身"毗陵七子"之列,为乡邦俊彦。"其同里学人后于(赵)翼而知名者,有洪亮吉、孙星衍、赵怀玉、黄景仁、杨伦、吕星垣、徐书受,号为'毗陵七子'。亮吉、星衍、怀玉自有传。"⑳

赵怀玉,字亿孙,号味辛,常州武进人,尚书申乔四世孙。乾隆中召试举人,授中书,青州府同知,性坦易,工古文词;诗与孙星衍、洪亮吉、黄景仁齐名,时称"孙、洪、黄、赵",著有《亦有生斋文集》。墓志云"祖姒赵氏,怀玉之王姑也","予既与君中表,又数十年丽泽之雅",可知赵怀玉与洪亮吉为表亲,两人志趣相投,交情深厚,洪亮吉言事获罪,怀玉曾数往探监、送行,"予省之都虞司,次日省之刑部狱,第三日追送广宁门外,虽勉以正谊而生死未卜,泣不能忍"。

孙星衍,字渊如,常州阳湖人,乾嘉学派重要人物。乾隆五十二年进士,授翰林院编修,官至山东布政使,清廉有政声。少与同里杨芳灿、洪亮吉、黄景仁齐名,博极群书,勤于著述,袁枚赞为"天下奇才"。孙星衍精研金石碑版,工篆、隶、刻印,洪氏志盖篆书精妙圆润,工稳遒劲。著有《尚书古今文注疏》《周易集解》《寰宇访碑录》《芳茂山人诗录》等。

梁同书,字元颖,号山舟,晚号石翁、新吾长,浙江钱塘人。乾隆十二年中举人,十七年特赐进士,官侍讲。梁同书家学渊源,工于书,尤擅楷、行书,融汇贯通,纯任自然,自立一家,为人书碑文墓志,终日无倦容,所书碑刻甚多。著有《频罗庵遗集》《频罗庵论书》等。

墓志由江南篆刻能手毛渐逵钩刻上石,志载"毛渐逵,亦工篆刻,家藏碑版甚富"㉑。据毛氏谱记载:毛渐逵系出常州先贤毛宪之后。毛宪,字式之,号古庵,主讲常州道南书院,著有《毗陵正学编》《毗陵人品记》《古庵文集》。其父毛燧传亦清代名士,"掌教湖北勺庭书院",著有《味蓼文稿》,子四,履坦、渐逵、师坚、颐域。"毛渐逵,字骏衢,一字湘渠,乾隆丙申生……子一,天锡,女一,适陈渡桥王汉。"②常州现存碑刻"卜氏祠堂记""刘种之墓志铭"均为毛渐逵镌刻。市级文保单位意园内旧藏石刻"餐霞阁法帖"六方,也为毛渐逵镌刻,志载"国朝餐霞阁法帖三十四种,存,阳湖毛渐逵镌藏"③,足见毛氏为江南篆刻名家。

### 五、结语

墓志对洪亮吉家世、仕宦、学术成就进行了详实记载,尤详于洪亮吉上书获罪一事,反映了清代中期社会、政治、文化变迁实态,且墓志撰书人赵怀玉、孙星衍、梁同书、毛渐逵均为清代中期文化名流,为研究清代学术文化和江南望族提供了珍贵的第一手资料。

**注释:**

①墓志由常州市洪亮吉纪念馆保管。

②[清]洪亮吉:《更生斋诗续集》卷一《洪源谒宗祠》。诗注:祠前即月华,一名司空山,以八世从祖恭靖公长工部时得名。自唐天宝时,始祖谏议公为宣歙观察使,始家于此。

③[清]万斯同:《明史稿》卷二五一《洪远传》。又见乾隆《歙县志》卷八。

④[清]赵熊诏:《赵裘萼公剩稿》卷二《祭大同洪昆霞年兄文》。

⑤《光绪交城县志》卷四《官政》。

⑥[清]洪亮吉:《附鲒轩诗》卷二《夜坐忆舍弟清迪》。

诗注:先曾祖守大同,有德政,里民建生祠以祀。

⑦[清]洪亮吉:《更生斋诗续集》卷一《雄村上先冢》。

⑧[清]朱筠:《笥河文集》卷十四《国子监生洪君权厝碣铭》。

⑨[清]邵晋涵:《南江诗文钞》卷十《国子监生洪先生行状》。

⑩《道光徽州府志》卷十二《人物·义行》。

⑪[清]洪亮吉:《卷施阁文乙集》卷二《伤知己赋》注。

⑫《道光徽州府志》卷十二《人物·义行》。

⑬[清]邵晋涵:《南江诗文钞》卷十《国子监生洪先生行状》。

⑭[清]李兆洛:《养一斋文集》卷十二《东湖县知县洪君墓志铭》。

⑮张惟骧撰,蒋维乔等补:《清代毗陵名人小传》卷五《洪亮吉》;卷七《洪饴孙》。

⑯张惟骧撰,蒋维乔等补:《清代毗陵名人小传》卷五《洪亮吉》;卷七《洪饴孙》。

⑰《清实录·嘉庆朝实录》卷三十七,嘉庆四年。

⑱王云五主编,林逸编著:《清洪北江先生亮吉年谱》,台湾商务印书馆发行,民国七十年十月初版,第183页。

⑲《清实录·嘉庆朝实录》卷五十,嘉庆四年。

⑳[清]赵尔巽:《清史稿》卷四百八十五《文苑二·赵翼传》。

㉑《光绪武进阳湖县志》卷二十六《人物·艺术》。

㉒[清]《常州刘村毛氏世谱》,道光二十五年刊本。

㉓《光绪武进阳湖县志》卷二十八《艺文·金石》。

(作者单位:**常州市文物保护管理中心**)

# 征稿启事

《常州文博论丛》是常州博物馆主办的连续性学术辑刊,本论丛立足常州,兼及周邻地域,是面向国内公开发行的文博类综合性学术刊物,主要征稿范围涵盖文物研究、博物馆学研究、考古学研究、文化遗产研究、历史学及地方史志研究、文化名人研究以及自然研究类论文等。本刊旨在加强业界同仁的交流与争鸣,促进常州文博事业的发展,提升常州文博的科研水平,推动文博行业的繁荣。为了保证刊物的高质量出版,现对论文来稿的要求、格式及规范等统一作如下要求:

一、须严格遵守学术规范,无剽窃、抄袭行为;切勿一稿多投,文责自负。

二、普通论文篇幅以 4000 至 5000 字左右为宜,考古报告、简报类一般不超过 10000 字。

三、来稿须提供文稿的电子文本(word 格式)。

四、论文依次由标题、作者、工作单位、摘要、关键词、正文、尾注或参考文献组成。务请在来稿正文前提供中文摘要(200 字左右)、关键词(3~5 个),摘要应能客观反映论文或报告的主要内容,文博类论文的注释和参考文献一律采用尾注,以序号①、②、③的形式标注;自然科学类论文可以在后文标示出参考文献。

论文注释详尽、准确。著作类包括作者、著作名称、页码、出版社、出版时间,译著可在作者前加国别。古文献类包括作者、文献名称、卷号、本纪或列传等名称、出版社或版本、出版或刊印时间、页码。期刊论文类包括作者、论文名称、期刊号、页码。文集或辑刊论文类包括作者、论文名称、编者、文集或辑刊名称、出版社、出版时间、页码。学位论文类包括作者、论文名、学校名、学位名、时间、页码。

例如,巩启明:《仰韶文化》,文物出版社,2002 年,第 1 至 8 页;司马迁:《史记》卷 11《孝景本纪》,中华书局,1959 年,第 439 至 450 页;宋向光:《博物馆定义与当代博物馆的发展》,《中国博物馆》2003 年第 10 期,第 1 至 6 页;毛昭晰:《关于良渚遗址的发现》,载浙江省文物考古研究所编,《浙江省文物考古研究所学刊》(第八辑),科学出版社,2006 年,第 9 至 13 页;郑奕:《博物馆教育活动研究》,复旦大学博士学位论文,2012 年,第 22 页。

自然博物类论文参考文献格式为:作者、出版时间、论文或著作名称、刊物名称或出版社名称、期卷号和页码。

例如,汪筱林,周忠和,2002。辽西早白垩世九佛堂组一翼手龙类化石及其地层意义。科学通报,20:1521-1527;张弥漫主编,2001。热河生物群。上海:上海科学技术出版社,1-150.

五、论文插图清晰,插图单独打包,与论文一并投递。图片须为 JPG 格式,扫描件 300 像素以上,照片 500K 以上,图片命名清楚。

六、本论丛有权依据审稿专家意见对来稿提出修改建议,并会及时告知作者;在最后出版前有权对文字内容进行文辞语法上的适当删改,如不同意,请在来稿前告知。

七、来稿请注明作者信息,包括单位全称、地址、电话和邮编。

八、本刊不收版面费,并实行实付稿酬的用稿制度。

九、本论丛坚持以质论稿、择优录用的原则,并实行匿名审稿制,稿件一经采用,即通知作者本人,征稿截止日期为每年 8 月 30 日,如当年 9 月 30 日前未收到用稿通知,可另投他处。

十、未尽事宜,请咨询《常州文博论丛》编辑部。

**地址:江苏省常州市龙城大道 1288 号常州博物馆《常州文博论丛》编辑部　　邮编:213022**

**电话:(0519)85165080—8031　　联系人:雷倩萍　　投稿邮箱:wbeditor@czmuseum.com**